合作实施城市更新法律实务指引

——基于上海的探索与实践

韩春燕　张莹琳　林　烽
袁　青　李文一　著

法律出版社
LAW PRESS·CHINA
北京

金茂法律丛书

图书在版编目(CIP)数据

合作实施城市更新法律实务指引：基于上海的探索与实践／韩春燕等著. -- 北京：法律出版社, 2024
(金茂法律丛书)
ISBN 978-7-5197-8586-4

Ⅰ. ①合… Ⅱ. ①韩… Ⅲ. ①城市建设-法律-研究-上海 Ⅳ. ①D927.510.229.74

中国国家版本馆 CIP 数据核字(2023)第 228554 号

合作实施城市更新法律实务指引
——基于上海的探索与实践
HEZUO SHISHI CHENGSHI GENGXIN FALÜ SHIWU ZHIYIN
—JIYU SHANGHAI DE TANSUO YU SHIJIAN

韩春燕 张莹琳 袁 青 林 烽 李文一 著

策划编辑 肖 越 魏艳丽
责任编辑 肖 越 魏艳丽
装帧设计 马 帅 臧晓飞

出版发行 法律出版社
编辑统筹 法商出版分社
责任校对 晁明慧
责任印制 胡晓雅
经 销 新华书店

开本 710 毫米×1000 毫米 1/16
印张 19.25 字数 298 千
版本 2024 年 6 月第 1 版
印次 2024 年 6 月第 1 次印刷
印刷 固安华明印业有限公司

地址：北京市丰台区莲花池西里 7 号(100073)
网址：www.lawpress.com.cn
投稿邮箱：info@lawpress.com.cn
举报盗版邮箱：jbwq@lawpress.com.cn
销售电话：010-83938349
客服电话：010-83938350
咨询电话：010-63939796

书号：ISBN 978-7-5197-8586-4
定价：78.00 元
凡购买本社图书，如有印装错误，我社负责退换。电话：010-83938349

金茂律师著述倾听市场关切

金茂律师专业著作一本又一本、一批又一批陆续出版发行,令人欣喜。

金茂律师事务所建所以来,每隔五年,出版一本金茂律师文集,回顾总结五年间金茂律师法律服务优秀专业成果,记录金茂律师的不俗业绩和执业经验。

金茂律师在为当事人服务中,在不同领域呈现了一批专业团队,不仅专业水准高超,且专业著作频出,形成了金茂律师专业著作系列。如金茂环境专业委员会单独或与复旦大学、华东理工大学等高校专家教授合作,自 2015 年以来的九年间,出版发行了《非公有制企业经营管理法律知识及风险以案释法读本》《HSE 法治热点面对面》《企业环境法律风险管理实务》《企业环境健康安全风险管理》《ESG 理论与实务》《环境法律实务——争议解决与合规发展》等六部专著,在生态环境、员工健康、公共安全领域形成了系统性研究成果。

自 2021 年以来,金茂法律丛书系列已陆续出版了《外商投资法律实务》《科创企业运营与上市法律实务》《建设工程全流程实务指引——基于司法裁判的大数据分析》《房地产全流程实务指引——基于司法裁判的大数据分析》《城市更新法律实务指引——基于上海城市更新的探索与实践》《数据与个人信息疑难问题法律指引》《行政法律实务笔记》等专著,目前又有两部专著即将出版发行。

本次出版发行的金茂法律丛书,包括由韩春燕、张莹琳、袁青、林烽、李文一律师撰写的《合作实施城市更新法律实务指引——基于上海的探索与实践》,张莹琳律师撰写的《城市建设类国有企业全流程法律实务指引》。这使得丛书又有了新的视角和主题,有关对特大型国际大都市上海城市更新中合作开发重大课题,以及城市建设类国有企业全流程的法律观察和实践思考,从实务操作的角度来回应市场关注热点。

倾听市场关切,凭借丰富的实践案例和经验,以实务类法律著作给出解答,金茂律师创作著述已入佳境。金茂已有众多律师构成了著书立说的群体,而源源不断的高质量法律服务实践,为著述提供永不枯竭的创作源泉。金茂律师的创作热情,会催生更多更好的律师专著。

希望更多的金茂律师参与出版发行更多更优秀的金茂法律丛书,不断提高律师法律服务的专业水平和执业能力,更好地服务当事人,服务社会,引领法律服务业发展。

上海市金茂律师事务所创设律师、合伙人

吴伯庆

2024 年 6 月

序

党的二十大报告中指出，要“坚持人民城市人民建、人民城市为人民，提高城市规划、建设、治理水平，加快转变超大特大城市发展方式，实施城市更新行动，加强城市基础设施建设，打造宜居、韧性、智慧城市”。实施城市更新行动，推动城市结构调整优化和品质提升，转变城市开发建设方式，对全面提升城市发展质量、不断满足人民日益增长的美好生活需要、促进经济社会持续健康发展，具有重要而深远的意义。

笔者作为城市更新法律服务领域的先行者，越发感受到：以前的城市发展，着重于创造空间增量、兑现局部土地建筑价值。但未来的城市发展，需要塑造新动能、新优势，围绕人民群众对美好生活的需要，重塑城市空间和街巷肌理；需要在创新中保留传统，在发展中发扬文化传承，防止千城一面，一拆了之；需要围绕场景重构创造品质增量，培育城市区域各有特色但整体兼容并蓄的繁荣；需要充分调动各类市场主体的积极性，同时充分尊重城市发展的自然历史规律；等等。

自参与城市更新法律服务以来，笔者有幸持续为城市更新和治理等工作的法律研究和项目推进建言献策，深入跟进了上海首宗“场所联动”城市更新项目——虹口区弘安里项目，全面参与了上海及长三角地区多个“标杆性”“示范性”城市更新项目，对城市更新法律服务领域有了一定的理解，也更加深切地认识到，城市更新是一项复杂、庞大的社会系统工程，包括了街区改造、城中村改造和旧住房更新改造等形式，涉及历史风貌保护、国土空间综合规划、市场运作、资本运作、公众利益表达等多个领域，其中问题错综复杂，与百姓民生息息相关。

随着旧改项目的深入推进，上海已试点通过场所联动等交易模式，以股权合作为主的方式与不同类型市场主体共同开发建设项目。合作开发阶段需要各合作主体共同协商、共同投资、共担风险、共享利润，并同步实现国有资产管理和对外投资的保值增值,达成旧改项目建设“好作品”的目标。金茂律师团队通过多次调研、研讨、交流等活动,检索、梳理了法规、政策,收集、归纳了众多相关案例、材料等,旨在在符合国有企业管理要求的前提下,梳理出一套标准化的公司治理规范及决策管理流程,并通过公司章程和合作开发协议进行落实,以明确各市场主体的权、责、利,最大程度优化合作项目的管理与运营,实现城市更新项目合作开发模式的可复制性和可持续性。

本书撰写过程中,适逢《公司法》(2023 修订)颁布之际,笔者根据最新立法改革思路及团队长期为市场主体提供公司治理法律服务的经验,对国有参股公司治理的实务要点提出了法律建议。

本书经过反复讨论、打磨,历时两年,终于付梓。也谨以本书,抛砖引玉,以期帮助读者更好地理解城市更新及相关政策,为我国的城市更新发展贡献金茂之力。

当然,虽勉力而为,无奈绠短汲深,谬误纰漏难以避免,还请方家不吝赐教、匡之正之,以便将来修订时进一步完善。

上海市金茂律师事务所
韩春燕　张莹琳　袁　青
林　烽　李文一
2024 年 6 月

CONTENTS 目　录

上　篇　城市更新概况与现状

中篇　公司章程与公司治理

上　篇

城市更新概况与现状

第一章　城市更新的概述

第一节　城市更新的起源与形态变革

一、引言

近现代意义上的城市更新起源于产业革命，迄今已有 200 余年的历史。第二次世界大战以后，城市更新成为全球最具影响力的城市政策，以欧洲和美国为代表的城市更新政策，对城市的物质形态和社会结构产生深远影响。

城市更新概念的内涵非常宽泛，大体涉及物质性的更新和非物质性的更新，包括城市结构和城市空间的更新，建筑的更新，城市环境和道路的更新，城市意识的更新。在政治、历史、经济、文化、宗教、伦理、人口等因素的作用下，城市总是处于更新过程中。欧洲那些中世纪和文艺复兴时期留存至今的城市，城市空间虽然没有根本性的变化，然而城市依然是在更新中的。城市更新有不同的规模和时间的延续，或者是累积添加城市新开发区域，建设大型的项目；或者是城市的蔓延，新的城市元素取代已经存在的元素，包括拆除和重建；或者是在原有城市空间插入新的元素，将消极的城市空间转换为积极的公共空间。城市更新包括新区开发、旧城区改造、土地的二次开发，用地性质和功能的转换、工业区转型、港区和滨水区的整治和改造，以及近年来的城市生态规划和可持续发展等。城市更新有程度和规模的差异，既有小修小补拼贴式的更新，也有如同巴黎 19 世纪奥斯曼计划中“一年一个样，三年大变样”那种大刀阔斧的翻新；既有已经实施完成的城市更新，也有停留在计划和设计阶段的城市更新。

二、城市更新的起源

现代意义上的城市更新发生在 19 世纪下半叶，为了消除工业化带来的影响,推动社会变革,改善交通,改善城市卫生和居住条件,避免城市衰退,开始了城市更新。由于城市美化运动、奥运会、博览会以及其他城市大事件的需要所进行的城市更新成了城市发展的促媒。欧洲许多城市的林荫大道和步行区都是城市美化运动的范例,其影响遍及巴黎、伦敦、维也纳、柏林、莫斯科等城市,甚至一直延续到今天世界的其他地区。欧洲许多城市在第二次世界大战后采用了复建历史城市,重建历史记忆的方法进行更新,德国的法兰克福和波兰的华沙就是典型的例子。就整体而言,发达国家的许多城市的建设可以说已经告一段落。以英国为例,计划于 2050 年落成的建筑有 80% 都已完成。城市的发展主要是城市的更新和复兴,城市空间和城市功能的修补和改善。由于我国大规模的建设和快速的城市化已经基本结束,城市发展的主要方面也将转向城市更新、复兴、发展和建筑文化遗产的保护。

城市更新运动起源于西方第二次世界大战后大规模的城市推倒重建式更新活动(urban renewal),这种机械的物质环境更新破坏了城市原有社会肌理和内部空间的完整性,受到广泛的质疑和反思。"urban regeneration"一词最早是指西方尤其是英国在经历全球产业链转移后衰败旧工业城市的一种城市复兴策略,以及其他改善内城及人口衰落地区城市环境,刺激经济增长,增强城市活力,提高城市竞争力的城市再开发活动。随着"全球化"和"地方化"的不断深化,与城市更新相关的各类再城市化运动引起了世界更广泛国家和地区的关注。

由于各地区所处的城市发展阶段和区域背景差异,各地的城市再开发活动呈现出与当地发展背景和地方区域特色紧密联系的多种类型与路径,如在应对工业城市向后工业城市转型的产业结构调整与经济重组过程中,对旧工业用地的再利用,对已污染"棕地"的可持续再开发,对原有旧制造业中心低技能劳动工人的再安置,对新产业类型的规划与再投资活动;在促进中心城区经济复兴的过程中,实现对被剥夺社区及边缘化弱势人群的重返社会主流,对衰败地区城市形象的再塑造策略以及在快速城市化过程中的各种旧城改造、历史遗存的保护式再开发活动,和城市晋升全球城市网络过程中的自上而下、自下而上的多种更新活动。

至此,不同地区城市再开发活动的目标多元化及内容差异化丰富了城市更新的内涵和广度。

欧洲是城市更新的发祥地,在城市更新方面有许多重要的案例,例如英国伦敦的考文垂花园和皇家歌剧院地区、金丝雀码头项目的改造,法国巴黎的卢浮宫金字塔、中央市场、拉德芳斯地区和拉·维莱特公园等首都工程的规划和设计,意大利热那亚的港口改造,西班牙巴塞罗那为举办 1992 年奥运会所进行的城市更新。西班牙的毕尔巴鄂自 20 世纪 90 年代启动第二次城市革命,将一个原先作为冶金工业基地的城市转变为重要的文化胜地,为古老的城市带来生机,使城市得到复兴。德国柏林在东西德合并后有一些具有世界影响力的重大建设项目,例如波茨坦广场、莱比锡广场、总理府、中央车站、柏林新机场等。今天的柏林已经成为德国最具创造力的城市,被联合国教科文组织命名为"设计之都"。波茨坦广场在第二次世界大战前曾经是柏林的中心,战争期间被夷为平地,战后柏林墙的建立使这里成为被废弃的荒地。东西德统一后,波茨坦广场成为城市的重点发展地区,1992 年德国发起了国际城市设计竞赛,最终决定由德国、意大利、英国和日本建筑师设计这一项目。波茨坦广场规划用地 34 公顷,总建筑面积为 60 万平方米,拥有多种功能,项目于 1994 年启动,1998 年建成。

汉堡是欧洲发展最快的城市之一,为加快全球化进程,汉堡进行了城市空间规划,这是大范围城市设计的案例,汉堡提出了"城市中的城市群"的概念。城市空间规划的目标是加快建设城中之城,改造公共空间,使开放空间连成系统,增加公园和绿地,建设生活品质优良的城市空间,促进地区经济成长,致力于培养具有高尚品位的创意城市,将城市中心区和周边地区纳入大都市区的发展。

汉堡海港城是近年来欧洲最大的城市更新项目,海港城自 1997 年启动,2002 年通过总体规划。该规划的目标是将原先的港口区转变为一个全新的城区。海港城规划总面积为 157 公顷,建筑面积为 232 万平方米,预计于 2025 年建成。规划设计体现功能混合,将办公、商业、科研、文化、居住、学校、公园等混合布置。规划将绿化融入大都市,重视空间的密集型利用,设置临水的居住和工作环境,建设文化汇聚的舞台,建设广场、公园和林荫道,发展公共交通,注重城市的生态环境。海港城的发展也大幅提高了汉堡中心城区的城市空间环境和品质,使汉堡的内城面积扩大了 40%,为汉堡未来的发展展示了新的前景。

意大利的城市更新比较注重与历史和文脉的联系。建筑师阿尔多·罗西把城市看成是"集体记忆的场所",从城市的结构中寻找模式,应用了场所类比,将历史、理论与实践综合形成一个整体。一方面,城市与建筑互相依存,城市是一种能在时代中成长的大规模而又复杂的工程或是建筑。另一方面,城市建筑又是城市空间中的一个局部,城市建筑组成具体的、有特性的城市。意大利的港口城市热那亚于1992年举办世博会,热那亚自20世纪80年代中期开始,就对港口地区实施全面的改造和再生计划,目的是建设一个"都市港口花园",在功能和形态方面使历史城市与海洋连成一个整体。原有的港口建筑——仓库、工厂等经过改造之后,向公众开放。开发公共场所和设施,增建电影院、博物馆、水族馆等休闲设施,使港口区成为城市生活的核心,将古老的城市与海洋重新联结在一起。该改造和再生计划修复了许多历史建筑,以往被掩盖的历史面貌和历史遗迹重新进入人们的视野,使整座城市发生了根本性的变化,甚至改变了热那亚的生活方式。

罗马为庆祝建城2000年,同时也为城市的现代化转型发展,进行了一系列的城市规划和城市设计,包括修缮历史建筑和整治公共空间等。实际上,即使像罗马这样具有2000年历史的城市也一直处于变化之中,在不断的修补和拼贴中适应城市的发展,并且始终保持城市的建筑遗产、空间结构和场所精神。

城市的高架铁路和高架道路也是城市更新涉及的领域。巴黎将市区东南部1859年建造的全长4公里的已经废弃的巴士底—凡塞纳高架铁路桥改造成巴士底高架步道。纽约将1930年建造的全长2公里的废弃的高架铁路改造成高架公园,于2006年起分三期在繁华的市区提供给人们休憩、交往、聚会和举行各种文化活动。波士顿从1982年开始计划、1991开工建设的"大开挖"计划,于2006年通车、2007年最终建成。该计划将原先横亘在城市中心的高架公路拆除,代之以隧道连接城市与机场。"大开挖"计划完成后城市与海滨通畅地联系起来。首尔在2002~2005年完成的清溪川工程也是城市更新的典型案例,为了城市的可持续发展,也为了消除高架道路的结构安全隐患,首尔启动了清溪川工程,该工程将城市的东西向高架主干道拆除,恢复为原来的河道。清溪川工程对城市中心地区的复兴,中心城区经济的发展,城市机动车流量的减少,公共交通的发展,城市生态环境的改善,城市空气质量的优化,都具有重要的意义。

三、城市更新的形态变革

(一)城市更新指导理论与目标理念的转变

无论是政府主导的福利色彩社区更新,还是商业导向的旧城开发,其基本指导思想都是形体主义规划理论。形体主义规划思想本质上把动态的城市发展看成一个静态过程,并且寄希望于“整体的形态规划来解脱城市发展的困境,寄希望城市的田园诗歌般的图画和理想能促使拥有资金的人们去实现他们提出的蓝图”。形体主义规划思想的核心是形态决定论、功能主义和机器增长。规则、次序、唯美成为早期城市更新运动的主要指导思想,以物质环境改造为重点的城市美化运动由于缺乏对社会问题的关注和破坏城市社会肌理,其意义有所折损,这也是前期西方城市更新运动的主要问题和特征。

在形体主义思想在实践中陷入困境时,人本主义思想悄然兴起,成为当前西方城市综合社区邻里复兴的理论基础。“人本”思想强调城市发展中应主要考虑人的物质和精神需求,强调“利人原则”在城市更新中的核心地位,城市多样性、历史价值保护和可持续发展观是人本主义规划思想的主要内容。取代单一维度的物质环境更新,社区环境的综合整治、社区经济复兴,以及居民参与下的社区邻里自建是未来城市更新的发展方向。

推土机式重建提升城市的物质面貌,丰富城市功能,但由此产生更多问题:异地安置后贫穷阶层的居住条件并未得到任何改善,城市更新只是在空间上对贫民窟转移,同时造成沉重的社会成本和经济成本。于是,推土机式的城市更新在大多数国家备受指责。

为了协调贫穷社区的人口社会问题,带有福利色彩的社区更新逐步在西方国家得到推广和采纳,这在一定程度上缩小了社会贫富差距,被改造社区的原居民享受到更新带来的各种社会福利和公共服务。虽然最终社区改造仍以住房和基础设施更新改造为主,但通过提高社会服务解决人口社会问题的视角至少被提上议程。也有人提出城市更新的受益者局限于社区居民,地方很难享受到更新带来的“外部性”好处,而被更新邻里的社会经济地位也并未改变。但问题的关键是,越来越多的贫困社区希望加入到更新计划之中,而政府投入资金有限,于是“承诺和现实之间的差距越来越大”,政府背上沉重财政负担,随着西方城市经济增长放缓,福利主义政策迅速陷入困境。

为了刺激地方经济增长和促进私有投资,摆脱政府财政压力,市场导向的旧城再开发应运而生,并取得了商业上的巨大成功。中心城区重新吸引中产阶级回归,市中心对商业投资、地方消费者和旅游者的吸引力大大增强了。不同于20世纪80年代的社区重建,地产开发模式显著提升了被更新地区的社会经济地位,但是由此带来的绅士化和人口置换却让人忧虑,“没有住房的修缮和重新开发,街区的房产将会继续破败下去;而一旦出现了复兴,居民又面临被迫迁居的窘境”。同时,绅士化和人口置换带来的“门禁社区”和对社区长期邻里关系的破坏也是致命的,“邻里关系的形成是一个长期过程,一般需要 20～40 年,而在新建的高楼大厦和封闭居住区中,邻里关系在某些社会意义上已经不存在了”。此外,房地产开发的城市更新毫无疑问让贫富差距进一步扩大了,为了迎合私人部门的投资意愿,决策部门不得不刻意压制公众和社区在更新决策中的参与作用,令其缺乏横向协调和公众问责性,忽视大众的实际意愿和需求,低下层社区人士也很难感受到“涓滴效应”的惠泽。

在众多批评声中市场导向的旧城再开发不得不重新反思城市更新的本质,并迎来人本主义社区复兴的到来,居民意愿和公众参与得到越来越多的考虑和重视,更新和改造的关注点从单一物质环境维度扩展到社会、经济、环境和文化等多方面,以弥补之前的问题和不足,城市更新理念也在问题导向下不断发展成熟。

(二)西方城市更新形态演变概述及其指导意义

学习和借鉴国际成功经验也是推进我国城市更新工作的重要方法。

尽管不同国家社会经济条件和历史背景不同,在城市更新实践中遇到的问题各异,但其城市更新的基本发展趋势却大致相同。西方城市更新发展历程大致可分为 4 个阶段,每个阶段都有独特的历史发展背景、参与对象、更新途径和更新结果。各阶段在美国、英国和其他欧洲国家都有所体现,尽管他们的体现方式和推进时间有所不同。

第一阶段:清除贫民窟。“二战”之后,后工业化时期经济快速增长背景下,人们越来越不满足于残败、破旧的居住环境,出于对改善城市形象和更好利用市中心土地的愿望,西方许多城市开始大规模清理贫民窟运动,取而代之以新建购物中心、高档宾馆和办公室。

英国是世界上最早开始关注城市更新的国家,其大规模的清除贫民窟运动始于 1930 年的《格林伍德住宅法》(Greenwood Act)。美国的城市更新运动也始于大规模清除贫民窟。1937 年出台的《美国住房法》(Housing Law)目标就是改善住房。总体而言,这一阶段城市更新的特点是推土机式推倒重建,通过大面积拆除城市中的破败建筑,来全面提高城市物质形象。虽然在某些地区有一部分私有企业资金参与,但更新资金大部分来源于政府公共部门,政府对搬迁者提供补贴,对更新区域和更新过程有很高决定权。

第二阶段:福利色彩的邻里重建。20 世纪 60 年代福利色彩的社区更新逐渐取代了推土机式的重建,这是由当时西方的社会经济背景变化决定的。首先,20 世纪 60 年代是西方国家经济快速发展和社会普遍富足的黄金时期,人们希望在“富足社会重新发现和消除贫穷”。其次,凯恩斯主义—新政城市在西方兴起,人们认为政府有能力也有责任为居民提供更好的公共服务,社会公平和福利受到广泛关注。于是,这种背景下催生的城市更新制度注重对弱势群体的关注,强调被改造社区的原居民能够享受到更新带来的社会福利和公共服务。20 世纪 60 年代中期,美国现代城市计划(Model Cities Program)在大城市几个特定地区制定了一套综合方案来解决贫穷问题。英国政府在 20 世纪 60 年代中后期也开始实施以内城复兴、社会福利提高及物质环境更新为目标的城市更新政策。福利色彩的社区更新在欧洲其他国家,如瑞士、荷兰和德国等国也得到广泛开展,加拿大、法国和以色列等国家,甚至照搬了美国的综合改造模式。

第三阶段:市场导向的旧城再开发。进入 20 世纪 80 年代,西方城市更新政策出现明显转变,从政府导向的福利主义社区重建,迅速变为市场导向的以地产开发为主要形式的旧城再开发。究其原因,首先,从 20 世纪 70 年代开始全球范围的经济下滑和全球化经济调整,对西方国家经济增长造成极大冲击,政府工作重点转移到如何刺激地方经济增长上来;其次,政权更替是城市更新政策转变的催化剂。强调自由市场作用的新古典主义发展模式成为英国政府的重要支柱,这恰恰与大洋西岸美国的自由市场政策体系遥相呼应,构成 20 世纪 80 年代西方城市更新政策体系的基石。

20 世纪 80 年代,整个英国充斥着各种地产开发项目,商业、办公及会展中心、贸易中心等旗舰项目成为地方主要更新模式。私有部门被奉为拯救城市衰退区经济的首要力量,公共部门首次在城市更新中变为次要角色,其主要任务是为私有部门的投资活动和经济增长创造良好宽松的环境。在美国,联邦政府实施“城市复兴”政策,取消或减少对“现代城市计划”资助,让州和地方政府对城市计划负责。市场导向城市更新的显著特点是政府与私有部门的深入合作,政府出台激励政策为私人投资提供宽松和良好环境,私有部门提供资金在市中心修建标志性建筑、豪华娱乐设施,借以吸引中产阶级回归市中心,并作为催化剂刺激旧城经济增长。因此,市场导向旧城再开发项目大多能够获得商业上的成功,直至今日仍然是大多数城市广泛采用的更新模式。

第四阶段:注重人居环境的社区综合复兴。进入 20 世纪 90 年代,人本主义思想和可持续发展观逐渐深入人心,高度注重人居环境,强调从社会、经济、物质环境多维度综合治理城市问题和强调社区角色参与,成为城市更新的重要指导思想。人们越来越清晰地认识到:城市更新应该是对社区的更新,而不仅仅是房地产的开发和物质环境的更新。社区历史建筑的保护,邻里社会肌理的保持,与消除衰退、破败现象同样重要。

这种城市更新理念最早体现于 1991 年英国的“城市挑战”计划中,英国中央政府将 20 个与城市更新有关的基金合并为“综合更新预算”。

强调居民参与是社区综合复兴的重要特点,其关键是设定那些拥有原有产权的居民愿意将他们的所有权联合,以在所有开发收益中按比例分享利润。Robert(2000)概括当前西方城市更新特点:“城市更新是用一种综合的、整体性的观念和行为来解决各种各样的城市问题;致力于经济、社会、物质环境等各个方面,对变化中的城市地区做出长远的、持续性的改善和提高。”

(三)西欧城市更新形态的演变

德国城市更新的公共资助体系、荷兰城市更新的政策转型影响、卢森堡城市更新的内外部关系以及瑞士城市更新的非正式规划路径,“窥豹一斑”地提供了探讨西欧城市更新形态演变的不同视角。

西欧国家在“二战”后经历了较长时段的经济蓬勃发展,创造和积累了大量财富。这不仅让政府因丰厚的税收而具有更强的改善公共服务和提供社会福利的能力,也让社会个体能够获得更好的工作岗位、享有更好的住宅和进行更多的消费,私人企业则在这个过程中实现了资本积累和社会影响的不断扩张。然而,20 世纪 70 年代的油价上涨、经济衰退、局部战争和民主意识上涨,打断了这一看似没有代价的持续增长时代:在经历了城市建设的“大跃进”后,欧洲许多老旧城市地区开始面临经济基础的彻底重组,传统工业的衰落或消失在城市中留下一片片棕地等待更新;逐步老化的市政基础设施需要巨大的成本投入来加以升级;经济竞争和城镇化造成的环境问题亟待可持续的发展模式应对;住房问题和社会隔离始终存在而没能得以有效解决;城市贫困和社区破裂引发的其他社会问题也变得越来越明显,如关系疏远、种族紧张、犯罪涌现、婚姻破裂和精神疾病等。与此同时,失业率的急剧上涨、经济增长的不稳定、资本生产成本的加剧、企业在竞争中失败倒闭、人口下降和老龄化、社会隔离等冲击,造成了国家和地方的政府财政压力以及公共支出和公共服务的削减。

针对欧洲城市面临的这一系列复杂的政治、经济、社会、空间和环境问题,以尊重现状为主的城市更新成为解决困境的重要公共政策手段。20 世纪 50 年代的战后重建主要是为了解决住房紧张问题。德国是当时住房短缺最为严重的国家之一,在 1936 ~ 1945 年损失了大约 550 万套住宅,导致每套住宅的平均居住人数从 1936 年的 3.6 人上升到了 1945 年的 6 人。然而,以大拆大建为特征的改造行动在许多地区造成了负面影响:原有居民被排挤、小型有活力的商业空间被毁坏、市民熟悉的周围环境和地标不断消失等。因此以简·雅克布斯于 1961 年出版的《美国大城市的死与生》为代表,人们在 20 世纪 60 年代开始逐步反思现代主义导向下的建筑与规划做法,追求更加人性化和更加有机的城市更新。英国政府意识到拆除贫民窟及老旧住宅的成本越来越高,高楼大厦并非最佳选择,并开始摒弃大规模拆除老旧住宅的做法,代之以既有房屋改造及社区有机更新。同样在荷兰,由于拆除老旧住区的资金不足和居民抗议,大规模拆除模式亦不得不被放弃。

对历史遗产价值的关注也促进了城市更新这种思想与模式的转变。1964 年发布的《威尼斯宪章》作为国际公认的文物保护准则,呼吁对历史建筑和历史街区进行积极的保护和维修。1975 年的"欧洲历史遗产年"活动更是对整个欧洲的城市发展理念产生了深远影响。并且,随着城市更新过程越来越注重公共参与,需要耗费的社会成本也越来越高。

在英国、法国和荷兰等外来移民较多的国家,来自前殖民地的大量移民引发部分社会冲突,促使城市更新政策不得不更加谨慎小心地处理"人"的问题。英国 1968 年推出的"都市计划"(urban programme)即为应对社会冲突而实施的城市行动方案,也被认为是英国城市更新政策的转折点。此外,城市更新对城市交通的发展模式也进行了反思。随着环境保护意识的增强和机动车成本的提高,大力增加车行道和停车场不再是城市发展的主导方向,更加多样化的交通发展策略被积极采用。

由此,20 世纪 70 年代成为新思潮下的西欧城市更新制度奠基时期,亦是从"二战"后大规模新城建设发展到重视既有城区更新的转型时期。城市更新的政策和制度建设进一步兴起,成为城市更新实践开展的重要机制保障。政策发布上以英国 1969 年颁布的《住房法》(Housing Act)为标志;荷兰和德国紧随其后分别制定了旧城区房屋改造的相关措施;法国也在 20 世纪 70 年代颁布了名为“实施计划”(opérationsprogrammée)的促进微更新项目的相关法律规定。

综上所述,虽然城市更新是已有城市建设和规划管理的组成内容,而非全新的工作领域,但近几十年的西欧城市更新与过去有所不同,不再是简单地清除贫民窟或建设更多马路与住宅,而是展现出了更多差异化的特征。

首先,西欧国家在变化转型的过程中逐渐意识到,建成区中的城市衰退和破败问题亟须解决,而仅仅依靠传统的拆除重建并非切实合理的应对方案,尤其是人们对经济快速增长付出的环境和空间代价日趋关注并转向支持可持续发展。单纯的“拆旧建新”并不能必然解决城市涌现的各种社会经济问题,对历史环境和既有建筑的保护利用成为诸多欧洲国家和地区城市更新的重要关注点,如 20 世纪 70 年代中期,德国全国上下公开达成了对建筑遗产和历史风貌延续性加以保护的共识。1987 年,世界环境与发展委员会指出“可持续发展”是要“满足当代人的需求而又不损害子孙后代发展的需要”。1992 年,国际社会在巴西里约热内卢讨论实施可持续发展的具体方法,通过了《21 世纪议程》这项在国家、区域和国际各层级实现可持续发展的行动计划。欧洲委员会在 1990 年出台的《城市环境绿皮书》中指出,保护和改善现有城区有助于全球环境保护,尤其是“强调高密度紧凑发展、土地混合利用,减小对小汽车的依赖、发展公共交通,保护城乡遗产,重新利用废弃地和建筑”等措施。这一文件为欧洲此后的城市更新方向奠定了基石。

其次,“自下而上”与“自上而下”的城市规划管理是推进城市更新有效运作的重要工具。一方面,在越来越多地区关注“多中心”均衡、简政放权和权力“分散”的欧洲,自上而下的城市更新运动在许多国家涌现,并逐步被纳入各国的政策体系之中而得以制度化。另一方面,尽管大部分欧洲国家实行土地私有,但在福利国家思想和法制体系的保障下,国家依然能够通过直接投资及法律规定等来对私有财产进行有力的公共干预。例如,高税收制使得一些西欧国家拥有相对强劲的财政实力对城市更新进行补贴,国家也可依法介入私有财产领域来推行必要的强制性更新。

最后,随着新自由主义思想的兴起,近半个世纪来欧洲各国形成的城市更新计划受到了不同程度的影响,公共部门对地方城市建设事务的干预有所减弱,私营企业的话语权逐渐增强。21 世纪初,西欧城市更新参与的主体和融资途径出现分化趋势。投机性房地产市场引发的金融危机、公共预算的高负债率以及由此导致的政府投资疲软,使得为城市更新调动新的财政资源在整个欧洲变得越来越重要。城市更新仍然被视为公共事务,但它不应再仅仅依赖国家,而是需要吸纳更多的公共和私人资源。城市更新的调整方向之一是通过政策和制度建设推进"非政府化",即让市场和民间社会的行为者参与到更新措施的构思、实施和监督中来。公共企业私有化而产生的一些机构也成为城市更新重要的资金和行动参与者。虽然市场力对城市更新的左右日趋强烈,但欧洲城市更新的基本理念并未变动,各国的具体措施及实施路径在半个世纪的实践中已经日趋成熟,自上而下的城市更新行动基本成为普遍共识。欧洲各国及其城市纷纷认识到对建成环境的改善与维护是一项长期且需坚持不懈的常态化工作,城市的外部蔓延应当加以抑制,而既有城区的内部更新应当成为城市建设采用的优先策略,以实现更加集约合理的土地利用——与这种"紧凑城市"发展思路相匹配的是欧洲国家对于公共交通建设的重视,这同小汽车主导的诸多美国城市有所差异。

1. 德国城市更新的公共资助体系

"提供"并"用好"公共资金是政府干预城市更新的重要手段。《国家资助引导下的德国城市更新》一文介绍了德国的城市更新国家资助项目,该项目成立于 1971 年,距今已有 50 多年的历史。资助项目以解决特定城市问题为导向,据此提供的城市更新公共资助总费用会在联邦政府、联邦州(16 个)和地方政府之间进行平均分摊,也即三级政府各出三分之一。这种不同层级政府之间的资助联动,既有助于推动更新指引的上下传导,也有助于实现责任、风险和权利的各级政府共担:地方政府确定存在城市问题并需要改造的地段,申请将其纳入年度更新资助计划;各州根据规定的标准选择资助地段,具体更新措施包括物质空间改造升级、社会措施等;联邦政府则扮演着超越地方权力的重要角色,负责组织全国范围的城市更新实践。公共资金作为激励可以撬动和引发大量私人投资——这些投资不仅仅用在实体建筑和物质空间等的更新改造上,还会一定程度上用于支持社会融合与社会平衡等措施的开展。

从时间维度来看,大多数城市地区的更新改造需要耗费十多年时光来建设实施,这显然比当地政治家的任期更长——因而德国的资助项目由国家引导,可以避免更新推进受到地方政府换届的严重影响,并成功地促进了诸多城镇市区的持续升级。得益于该资助项目的支持,德国前东德地区的许多历史遗迹能够免于被拆除,原西德地区的雷根斯堡古镇(现为联合国教科文组织世界遗产)保护更是一个特别成功的例子。

2. 荷兰城市更新的政策转型影响

政策导向的阶段性变化,会直接影响城市更新工作的重心设定和市场等主体参与的积极性。在欧洲,现代主义思潮鼓动下的大拆大建造成的历史空间破坏、郊区化与旧城衰败、社会网络解体等现象在20世纪七八十年代遭到广泛的批判与反思,强调社会、经济、生态、历史、文化等多维度可持续发展的新观念逐渐上升为认识主流,诸多国家的城市更新政策转向鼓励通过多方参与和综合手段来更新和改造城市空间。

荷兰是欧洲国家中城市更新制度建设的典范,深深影响了其他国家更新政策和制度的形成。但与德国等国家相比,荷兰的更新政策受新自由主义思想的影响较大。《荷兰城市更新政策回顾和述评》一文批判性地总结和评述了荷兰的城市更新和住房政策变迁,并分析了其与社会经济发展之间的关系。长期以来,荷兰城市更新的主要政策受福利国家思想的影响,其特点可以归结为整合、社会凝聚力、片区干预、促进社会融合,以及公众、市场和居民的多方参与。

但在最近十多年中,新自由主义导向下的更新政策(主导了2010~2020年)取代了荷兰过去以实现社会复兴和解决住房问题等为导向的更新政策——其特点是促进和激励几乎所有领域的市场化进程。在国家的鼓励下,由私人投资者和私人开发商等主导的政策和市场化进程日趋重要,社会性政策正在被不断压缩,因此研究呼吁国家应重新重视那些有助于促进社会平衡的更新政策应用,考量在弱势城市社区推行社会阶层混合的国家住房策略等,而不是放弃福利国家的概念引导。研究也侧面证实了:国家的社会问题或许并不能完全通过城市更新政策来彻底解决,不能期望城市更新政策可以充分应对城市社区的社会问题。

3. 卢森堡城市更新的内外部关系

城市应该内生发展还是外向扩展的“存量”与“增量”策略选择在一些欧洲城市还存在讨论。此外,城市的经济足迹几乎总会延伸到城市边界之外,许多城市的发展理想需要在更大尺度的都市区或城市区域范围内进行实现,这使得跨区域或行政边界的城市更新联合行动在欧洲国家时不时出现。欧洲的城市相距普遍较近,城市和城市之间常常存在重叠的功能地区,呈现出“多中心”的城市结构或区域城镇体系——人们可以在一个地区生活,在另一个地区工作,并在第三个地区购物。因此对于卢森堡这样的小国,一方面需要处理好内部更新和外部扩展之间的关系,另一方面需要与邻近政府(跨国)和其他伙伴开展合作,推行跨区域的更新策略和日常行动成为其城市内生发展有效推进的重要举措。

卢森堡在欧洲国家中是个特例,它的发展显著受到周边国家乃至全球的影响。卢森堡作为重要的全球金融中心和劳动力市场,其运作深度依赖于国家以外的通勤者(每天往返于卢森堡和它的邻近国家之间),这对国家的土地利用和空间功能布局造成了巨大压力。卢森堡国土面积小且缺乏可供发展的空间,向外扩张和向内转换都明显受到限制。因此文章在概述卢森堡城市发展总体背景的基础上,首先探讨了"内生发展"和"外部蔓延"之间存在的潜在冲突和艰难抉择——由于经济发展是卢森堡政府工作的重中之重,城市建设应该进一步提高建成区的密度,还是去消耗非建成区的土地,这两者之间长期存在矛盾和争议。经济政策、对住房的私人投资、外来资本等力量主导着卢森堡的城市建设,因此卢森堡需要立足多部门、多机构的合作伙伴关系来应对城市更新挑战,从整体发展角度入手平衡和制约内城更新与外向蔓延的互动关系。卢森堡城市更新的关键行动领域包括工业棕地改造、城市内部用地再利用及"填充式"内城发展等。由于城市经济活动、工作人员的日常通勤等频繁跨越国境(卢森堡与毗邻国家一同构成大区域的通勤中心),地方社区与周边跨境地区的沟通、互动和协作对于卢森堡的城市更新来说变得重要,需要城市更新让大都市地区的人们广泛受益,并让他们为属于这个城市地区、可以为其作出贡献而自豪。

4. 瑞士城市更新的非正式规划路径

城市之间相互竞争,各个城市需要展示足够的竞争力来吸引可持续、能创造财富的公司和有进取心的个人来到自己的城市中。故而改变一个城市的前景常常首先取决于如何创造出对有进取心和选择性的企业与个人具有吸引力的环境,因此制定和实施城市更新战略使一个城市既具有空间吸引力和特色,又能方便用户(个人和企业)行动变得至关重要。

当城市更新成为城市广泛的社会经济政策的一部分时,可以更好地获得成功。与关乎城市更新的常规话题讨论不同,《以内城更新带动的瑞士城市改造——非正式规划的视角》旨在描述一种特别的方法,来处理如何对已建成的城市地区进行改造和推行"致密化"(增加建设强度),从而保护非建成区免受新的城市发展的冲击。文章首先介绍了瑞士城市更新的国家政策，特别强调了“内城更新优先于城市蔓延”这项法定化更新决策，即相对于发展新城和新区，对既有城区进行更新在瑞士享有城市建设的优先权。随后，文章阐述了用于城市转型和填充性内城发展的“非正式”操作工具（试验性规划）和以人为本的方法论，并给出了一个具体案例，即对瑞士最大棕地埃迪肖尔兹（Attisholz）地区进行的再开发，以揭示“试验性规划”等非正式规划在更新实践中可以起到的实质性推动作用。瑞士与西欧一些国家的城市发展制度有很多近似的地方，但由于瑞士为直接民主国家，民众的话语权相对更大，这对城市更新共识的达成来说是极大挑战，而试验性规划有助于推进各方共识的达成。作者认为“试验性规划”等非正式规划作为对正式规划的重要补充，在内城更新项目中发挥着极其重要的作用——因为只有在找到已知且明确任务的解决方案之后，正式规划才会在内城更新的后期阶段被引入。“非正式规划”通过多元主体的互动参与、头脑风暴式的策略探寻，为全方位寻找适宜的城市更新战略和行动做法提供了有价值的工作路径。“试验性规划”方法或许能引发我国政府和规划从业者的兴趣，但需要根据我国的具体条件和相关法规加以量身定制，同时离不开当地政治家、投资者等的参与和合作意愿。

5. 经验启示

首先，城市更新通常由国家的资金投入和法律建设而全面带动。西欧各国现行的城市更新制度主要奠基于20世纪70年代，以颁布法律或者实施国家资助制度（如德国）为标志。不论欧洲各个国家的政治体制如何，城市更新制度供给的顶层设计必不可少，也即城市更新制度自上而下启动，从而带动省级和地方级的实践。其次，受到新自由主义思潮的冲击，自21世纪初，城市更新的主体和融资方式有所改变，非政府部门的角色力量逐渐增加，具有社会福利性质的城市更新不再被特别强调（如荷兰），国家在地方事务中的角色和影响有所削弱。然而，尽管城市更新的重心和融资方式在改变，对居民的保护有所减弱，但是以保留现状为主的城市更新在欧洲依然是常态和主流。最后，对于一些欧洲小国（如瑞士和卢森堡）或小城镇来说，只有从更大的地域范围或者区域整体化的角度出发推进城市更新，才能制定出和实施好综合性的城市发展策略。

（四）美国城市更新形态的演变

美国的城市更新政策经历了几次起伏。19世纪后半期曾经有城市公园运动,对城市进行绿化美化,改善视觉环境,增加公共空间,一定程度上改善了城市的面貌。19 世纪末 20 世纪初,美国开展了城市美化运动,追求对城市街道的视觉改造,虽然没有涉及城市矛盾的深层社会原因,但也起到了城市改善作用。

"二战"后,作为一项联邦政策,美国启动了大规模的城市更新运动。这一运动从 1949 年《住房法》颁布开始至 1972 年终止,在 20 余年的发展中,有 1000 多个城市参与其中,对城市社会经济发展产生了巨大的影响。运动初期以贫民窟改造为目标,采取的是大拆大建的模式,后来经过政策改进,逐步缩小拆建规模,把空间更新的注意力集中到对局部微观区域的改造上。具体来说,此运动大体经历了三个阶段性演变。

1. 改造贫民窟的第一阶段

第一阶段以清理贫民窟为主,主要目标是改造贫民窟,"向城市贫穷开战",同时解决大量涌入的移民和战争归来人口及新成立家庭的住房问题。这一阶段大约持续到 1954 年。这一阶段的主要特征是"工程计划多、实施少、完成少、清理大于建设"。

就纽约市而言,其贫民窟主要聚集在曼哈顿北部哈莱姆和布鲁克林的贝德福-斯特维森特地区。在哈莱姆每个街区至少杂居了 4000 名的黑人,这样的人口结构导致城市更新不可避免地与种族问题联系起来。清理贫民窟的项目大多落实在对非裔贫困社区的改造上,再加上清理出来的地块在区域重建的过程中也很少为穷人造屋,导致"城市更新就是清除黑人"的口号出现,极大地损害了非裔美国人的福利。为了满足《住房法》规定的住宅比例,1949 ~ 1958 年,纽约在东哈莱姆、南布朗克斯、中布鲁克林和下曼哈顿共建设了 1082 幢公共住宅,容纳了 55.5 万居民。但这些住宅外观单调、体积巨大,同时建造的大量公房在实际上执行着按照种族和阶层招租的原则,造成大量同质性社区的出现,加大了城市的阶层、种族区隔。

2. 商业性大规模开发的第二阶段

第二阶段的城市更新以商业性大规模开发为主。1954 年《住房法》对原来的城市更新做法进行了修订,政策目标由改善贫民窟住宅条件调整为城市整体改造,非住宅项目占开发的比重越来越大,城市更新越来越表现为城市中心区的综合开发。城市中心区迅速被改造为中心商务区,吸引了大量人口,提高了中心区的就业和居住密度,带来了新一波再城市化过程。

这一时期纽约最重要的城市更新项目是以林肯艺术中心为核心的曼哈顿上西区的项目。该项目得到洛克菲勒家族的大力支持,同时也受到联邦、纽约州和纽约市的资助。当时对该项目虽然也有很多反对的声音,却获得了巨大的成功。林肯中心的成功更新为纽约带来了巨大的创收。目前,林肯中心以及所属机构每年吸引超过500万观众,雇用6000名员工,教育2000名学生,为纽约大都市地区创造了相当于价值30亿美元经济活动的效益,同时促进了曼哈顿上西区新餐馆、酒店、商业与住宅区、零售场所的建立。

3. 城市综合治理的第三阶段

城市更新运动第三阶段发展为以城市综合治理为主。1965年《住房与城市发展法》改变以往"城市更新计划"的援助模式,把更新主体由原来的私人部门调整为住房与城市发展部,由其负责制订更新计划,依靠社区力量对城市问题进行专项治理。在这样的政策背景下,20世纪60年代纽约市很多社区参与城市更新项目,开始自愿式的城市更新尝试。

因为有社区力量的介入,城市面貌就不仅是政府或资本的意志单方或联合决定,民众愿望成为决定城市面貌的重要因素。这一时期民众意愿成功影响城市更新过程的例子是纽约的格林威治,该社区居民在城市更新中成功地维护了本社区的形态。格林威治村主要有3个组成部分:意大利社区、爱尔兰社区和一个显贵社区,居民以知识分子为主,社区整体认同感很强。1961年,曼哈顿区的工程师为了扩大车道,决定将哈德逊街的人行道缩窄5英尺。这条街道的居民纷纷发表向政府的请愿书,同时组织一个代表团到区里找区长和负责官员申诉,因为有大量市民力量的介入,最后社区取得了这次斗争的胜利,成为城市更新过程中民众意愿成功表达的案例。

20世纪70年代之后,作为一场运动的城市更新结束,美国的城市更新进入了新的阶段,政府不再负担主要责任,城市更新的方式也发生了变化。城市更新从大规模的以开发商为主导的剧烈的推倒重建的方式,转向小规模的、分阶段的、主要由社区自己组织的谨慎渐进式改善。20世纪90年代以后,美国城市更新遵循"精明增长"理论。它主要针对低密度郊区对土地和自然资源的吞噬、环境破坏以及单调乏味的建成环境等城市发展问题,主张用足空间存量,限制盲目蔓延,注重经济、社区和环境的动态平衡。

4. 经验启示

美国城市更新的主要经验教训在于协调公共政策目标与私营企业利益的矛盾。美国城市更新肇始于改善内城区居民的居住条件,消除贫民窟,提升城市的生活质量,用意不可谓不好。但是在具体操作过程中,依赖私营企业完成更新与重建,导致城市更新政策的公共目标与私营企业的营利需求冲突,虽然在一定程度上完成了改善城市物质环境的政策目的,但是在内城区社会环境的提高和改善上却没有多少进展。如研究者所说,"由于联邦政府的理想目标与房地产开发商的整体利益大相径庭,结果原有的衰败社区和贫民窟虽然被拆除,但由于其整个社会生存土壤没有改变,充其量只是'搬了一次家','搬家'之后,这些社区受到的种族与收入隔离更加严重,在中心城市产生了两个截然不同的地区:底层阶级聚居区和中心商业区"。

美国近年来采取的鼓励居民参与、自愿更新的做法是对此前片面追求城市物质环境改善的纠正,所取得的综合社会发展效果良好,其及时进行政策反思和勇于纠正偏差的做法值得城市发展政策制定者参考。

第二节　城市更新的动因与中国政策演进

一、城市更新的宏观动因

(一)全球经济重组下的城市重构及新经济的复兴

在全球经济重组过程中,世界城市体系和城市内部空间均发生巨大的重组和转型,旧的制造业中心伴随全球产业链转移引起原第二产业衰退而逐渐成为城市衰败地区,出现人口衰减、失业率上升等经济、社会问题;而在全球网络中担任重要经济节点的城市,由于经济重组带来的产业结构的升级转型,城市内部社会结构出现极化加剧等二元性特征,进而在城市内部空间出现了低收入人群或弱势群体、少数族裔集聚的边缘化衰退地区。因此针对旧制造业中心城市的后工业化(post-industrial city)转型以及全球产业经济的服务化和创意文化转向,利用产业转型、重塑城市形象、提高城市竞争力,吸引外资,实现对衰败旧工业城市经济复兴,以及通过创造更多就业机会,改善居住环境,帮助弱势群体融入社会主流，解决内城衰败以提高大都市中心区经济活力与多样性的一系列城市策略构成了西方国家城市更新的主要内容。

随着20世纪末网络信息和电子通信等高新技术的飞速发展，以及“福特主义”、流水线工厂化生产向“后福特主义”、个性化柔性生产的转型，新经济（new economy）逐渐成为推动大都市区内城复兴，旧工业城市产业重构的重要力量。新经济被界定为一种复杂的经济组合，包括“neo-industrial”新产业的项目密集组织形式或者混合制造业和服务业的复合经济（hybrid industry）。这种以新经济为载体的城市更新和内城复兴多发生在城市原有的工业用地上，或是伴随城市产业服务化和文化转向而衍生出的城市高级新兴产业。

全球生产网络的重组，使得很多西方国家将新经济作为实现原有制造业中心产业升级，实现内城复兴的重要力量，以期在生产价值链的设计研发和服务销售环节创造更高价值，弥补制造环节向发展中国家迁移而带来的制造业衰退。在全球经济重构背景下，新经济将成为实现城市复兴，推动城市产业重组、旧工业区改造升级的主要途径，进而对城市内部的社会结构、城市功能、城市形态与肌理等产生深刻的影响。

（二）城市治理理论转变：从市场导向的企业化城市经营到基于社区尺度的城市管治

20世纪50年代到20世纪60年代，英美国家对城市中心区大规模推倒重建式的更新，引发学者借用城市政体理论（urban regime theory），形成了主要研究中央和地方政府在更新过程中分析二者之间权力关系和制度结构的城市更新联盟（urban renewal coalitions）理论。进入20世纪80年代后期，随着“福特主义”向“后福特主义”的社会生产方式转型，以及西方国家城市管理和公共政策的改革，出现了企业化城市（entrepreneurial urban）、地区营销（place marketing）、经营城市（city marketing）等一系列政治经济学理论。将城市视为寻求经济效益最大化的经济体，通过引导私人部门进入政府公共服务领域，借助私人资本的开发和企业化的管理，以市场化的运作模式推动各种城市更新项目的实施，成为以英国城市发展公司（urban development corporation）为代表的很多西方国家城市更新的主要策略。近年来，随着对城市社会公平和环境可持续等多元化更新目标的提倡以及对市场主导的城市更新过程中如绅士化现象对原住低端收入人群的置换等负面社会效应的批判，包括原社区居民、非营利组织等多元关系主体共同参与的社区更新(community regeneration)、邻里更新(neighborhoods renewal)等更新理念得到广泛的关注,进而推动了城市管治(urban governance)理论在城市更新研究中的深化。

管治在城市更新中的理论应用,主要是研究基于新制度主义对城市的地方竞争力和更新项目中参与主体的权益关系,管理结构的分析等。从最初对更新项目中中央和地方政府的权力关系博弈研究演化到当前对社区和公众参与的解释。随着新区域主义的兴起以及公共政策领域扁平化管理的趋势,城市管治在城市再开发项目中融入了对社会资本(social capital)、根植性(embeddings)以及授权(empowerment)等社会学理论的参考和新区域主义对城市管治、城市决策的再尺度化,使得更新尺度进入社区、邻里级别的本地化更新为主的公众参与和居民自治的研究。

(三)城市的文化复兴的需求

对工业遗存的保护式再开发,以及全球经济社会的文化力转向,催生了以升华文化主题为导向的城市更新活动的大量开展。早期的文化更新活动主要是利用更新地本身特有的文化特征对原有工业建筑予以娱乐休闲、特色餐饮、艺术展示等功能置换形式的再利用。炼造并提升工业遗址背后特殊的文化符号及文化标识,作为优化提升旧工业城市原有制造业中心文化形象的标志和代表。

其后在日益增多的以应对内城衰败为目标的更新案例中,利用文化力量,以大型旗舰式更新项目的开发重塑城市形象,成为文化主导的城市更新的主流。这些旗舰式更新项目一般包括大型主题购物广场的零售业更新,国际性重大艺术体育类赛事或展会活动推动下的标志性场馆重建,还包括体现现代艺术或高科技成果的城市新地标的建造,以及其他挖掘城市原有文化底蕴和历史内涵的大尺度更新活动。

强调文化力量的旗舰式更新项目丰富了更新形式的多元化,深化了更新内容的深度与内涵,成为许多城市实施城市更新的重要策略。此外,各国纷纷将文化经济和创意产业作为产业未来发展的主导方向,以从事文化活动及文化产品的生产消费为功能的集聚区成为文化主导城市更新的新形式。

通过引导更新地区成为文化经济的集聚中心,或营造适宜产生创意活动的SOHO区,实现更新地区的文化、创意式转型。基于文化在城市复兴中所发挥的积极作用,有关文化和城市的关联性研究,成为大量文献的关注重点。如在创意城市理论(creative cities theory)中提出利用各种艺术和文化的创意活动提供新的产业和就业岗位,以解决地区衰败等各种城市问题,实现经济复兴和社会融合的城市更新目的。体验经济理论(experience economy)认为营造富有特色地方感的历史遗存、场景购物、艺术街区(culture quarter),将吸引更多的参观者、消费者、投资者,增强地区经济活力,同时吸引创意阶层(creative class)在更新地区的居住及从事艺术创作,进而加强地区创意文化活动的经济产出,扩大地区吸引力和美誉度。创意阶层和创意活动的集聚过程,同时也是完成城市更新和形成创意集群(cultural clusters)的过程,而相关文化活动如消费实践、艺术休闲娱乐等将激发文化的经济潜力,最终形成完整的文化或创意产业链,为更新地区提供能够自身发展的持久性经济活力。

二、城市更新的中国动因

(一)中国城市发展的总体环境

20 世纪 80 年代以来,受到巨大的国内经济体制转型和全球经济一体化的影响,中国城市发展的宏观环境发生了巨大而深刻的变化,其特征主要体现在 4 个方面。

(1)全球化。经济全球化促进了全球范围的资源重组,打破了城市原有的行政边界壁垒,许多个体城市为了不被全球资本流排除在外,就必须在更大的范围与更多的对手展开竞争与抗衡。中国城市更面临着国内转型的困难和国际城市竞争的双重压力,因此,提升城市综合竞争力被上升到各城市发展的空前高度和战略地位。在强烈的经济增长目标驱动下,中国许多地方城市将促进经济发展作为提高城市竞争力的主要举措。

(2)市场化。在实现市场经济转型后,中国地方城市逐渐摆脱了过去由中央垂直控制所有发展资源的规制模式,获得了更加灵活的自主发展权。与此同时,城市的规划建设、城市更新改造也不得不面临着市场因素的巨大冲击和挑战。

(3)分权化。分权化即中央政府不断地把行政控制权下放到地方,以增强地方城市的自主发展能力。改革开放以来我国已经采取了诸如产权制度、财政分灶等改革措施,这一系列的制度变革深刻体现了中国分权化的方向。在接受行政分权带来更大的发展主动权的同时,地方政府对于其所肩负的城市经济社会发展的责任也同时被加重。

(4)民主法治化。中国改革开放带来的经济发展、民众素质提高,使得对民主社会建设的重视程度越来越高,通过法治规范和健全民主社会已经成为中国城市发展的重要内容。目前我国许多地方政府在发展决策中开始引入公众参与决策机制,以获取市民更多支持。通过各种不断健全的交流平台,市民能够多渠道地参与和影响城市规划建设的决策。

自20世纪90年代以来,城市更新逐渐成为中国许多地方城市建设的重要内容,但由于受到有限的财政力量限制,地方政府为了能确保资金运作的有效性,开始将城市经营的做法引入城市更新,以寻求更为积极主动的筹资渠道,这就是所谓的"经营型城市更新"。总体上而言,经营型城市更新极大地推进了我国旧城改建的进程,然而地方政府在这个过程中往往过分追求经济效益和地方财政收入,在社会实践中表现出明显的"资金导向"的短视特征,因此造成了严峻的经济问题和社会矛盾。

(二)新一轮城市更新的主要驱动力

随着我国转向高质量发展阶段,城市更新发展进入快车道,城镇化、产业结构、住房土地供应等多重宏观经济因素的变化加快推动城市内部"新陈代谢"的过程。这正是我国开展新一轮城市更新的主要驱动力。

一是多地城镇化进入成熟发展阶段,城市更新的重要性日渐突出。按照城市发展的S形曲线衡量,我国城镇化率在2011年越过50%的拐点,目前已步入城镇化进程的"下半场"。目前,常住人口城镇化率以年均超过1个百分点的速度提高。截至2019年年底,全国常住人口城镇化率首次突破60%(为60.6%),且高于全球平均水平(2018年全球的城镇化率为55.3%),城镇常住人口达到8.48亿人。其中,有多达13个省份的城镇化率超过全国平均水平,尤其是上海、北京、天津、广东的城镇化率在70%以上,进入了城镇化的成熟发展阶段。从国际经验看,美国推进城市更新改造始于1949年通过《住房法》之后,当时美国的城市化率为64%;日本是在1969年颁布实施《都市再开发法》,当年日本的城市化率刚过70%。因此,城市更新将成为我国城镇化进入新阶段下城市建设实现可持续发展的重要方式。

二是城市加快产业结构转型升级,推动城市更新优化城市内部空间结构。从全国整体看,随着城镇化进程的不断推进,我国也加快了产业结构转型升级的步伐,其中,发展壮大服务业是产业结构优化升级的主要方向。城镇化过程中带来的人口大量集聚、要素优化配置、生活生产方式改变,在很大程度上扩大了生活性与生产性服务需求。近年来,我国服务业增加值占国内生产总值的比重快速提升,从2009年的44%升至2019年的54%,10年提高了近10个百分点。从各大城市看,"退二进三"的产业结构变迁趋势愈发明显。一方面,为更好适应多样化的居民消费需求,亟须提升城市的生活性服务业水平,扩大服务供给、提高服务质量,推动特大城市和大城市形成以服务经济为主的产业结构。另一方面,为适应制造业转型升级的要求,推动生产性服务业朝专业化、市场化、社会化方向发展,引导生产性服务业在中心城市、制造业密集区域集聚。2017年,地级以上城市第三产业增加值所占比重为55.7%,比第二产业增加值占比高出了近15个百分点。因此,城市更新成为中心城区的主要改造方式,重点针对老工业区搬迁改造,优化城市内部空间结构,提高城市空间利用效率,全面改善人居环境。

三是城市的住房土地供应状况发生改变,倒逼城市加快更新改造。近年来,以内涵提升为核心的"存量"甚至是"减量"规划,已成为我国空间规划的新常态,而原先推行的城市空间增长主义正走向终结。目前,各地的房地产市场逐步进入存量优化时代,以摊大饼式地规划新区、依靠增量土地供应新房建设为特征的开发模式正日渐式微。如"十二五"末深圳市城市更新项目所供应的商品房已占到全市房地产市场供应总量的1/2,城市更新完成投资额也占到全市房地产开发投资额的41%。与此同时,伴随着我国城市前期快速发展,目前建成区内已出现大量需要物质形态改造的老旧建筑。可见,按照规划减量增长的要求,城市更新项目必将成为商品房和保障性住房供应的重要来源,特别是在未来,当各地陆续进入存量房交易为主的发展阶段之后,住房土地供应将愈发依赖城市更新方式,以解决新增的居住需求。

三、城市更新的中国政策演进

(一)城市更新的国家政策演进

2013年,中央城镇化工作会议明确提出"严控增量,盘活存量,优化结构,提升效率""由扩张性规划逐步转向限定城市边界、优化空间结构的规划"等政策方针,从而将城市更新工作提高到了国家战略高度。2015年,中央城市工作会议再次指出城市"要坚持集约发展,框定总量、限定容量、盘活存量、做优增量、提高质量"。

近年来,国土部门也相继发布有关“严格控制城市建设用地规模”的多项通知,设法利用好城市现有已建设土地,而非继续圈地开发成为城市建设的大势所趋。因此,如何科学全面地理解城市更新的内涵,建立起完善的城市更新制度体系,有效推进城市更新工作的有序开展,是新常态下各大城市亟待解决的现实问题与重大挑战。

2021 年 3 月,时任国务院总理的李克强在政府工作报告中提出深入推进以人为核心的新型城镇化战略,加快农业转移人口市民化,常住人口城镇化率提高到 65% ,发展壮大城市群和都市圈。实施城市更新行动,完善住房市场体系和住房保障体系,提升城镇化发展质量。政府投资更多向惠及面广的民生项目倾斜,新开工改造城镇老旧小区 5.3 万个,提升县城公共服务水平。

(二)上海城市更新的政策演进

梳理上海城市更新政策的沿革,可以看到随着城市发展的进程不断变化的过程。

20 世纪 80 年代以住房改造为主;20 世纪 90 年代初期开始实施以拆除重建为主的旧城改造计划;20 世纪 90 年代后期,在“退二进三”政策的指引下,调整城市产业结构、优化产业布局,提高中心城的综合服务功能,建成以浦西外滩和浦东小陆家嘴为核心的中央商务区,对产业工业用地开始升级改造,尝试创意产业园区、高新技术园区等多种更新方式。

在此政策和城市总体规划下,城市基础设施和生活环境得到了显著改善,但仍然存在土地利用结构不够合理的情况,工业用地占比仍然高达 27% ,且仍存有大量低效工矿仓储用地和农村宅基地。

2017 年 11 月 17 日,上海市规划和国土资源管理局印发《上海市城市更新规划土地实施细则》①。该细则为规范城市更新活动,建立科学有序的城市更新实施机制进一步细化工作流程,提出动态、可持续、以人为本、多方参与共建共享的工作原则。

2017 年 12 月 15 日,《上海市城市总体规划(2017—2035 年)》获得国务院批复原则同意。该规划明确了“推动城市更新,注重存量优化”的发展模式转型,积极推进渐进式、可持续的有机更新模式的探索,明确“集约紧凑、功能复合、低碳

① 现已被《上海市城市更新规划土地实施细则(试行)》取代。

高效”的空间利用目标,倒逼土地利用方式“由外延粗放式扩张向内涵式效益提升”的转变。

与政策相配套,上海也同步建立健全多级联动的城市更新组织体系。

2019 年 11 月 11 日,上海市政府研究决定合并原先的旧区改造工作领导小组、大型居住社区土地储备工作领导小组、“城中村”改造领导小组及城市更新领导小组,成立上海市城市更新和旧区改造工作领导小组,由时任上海市市长的应勇担任组长。

2020 年 7 月 13 日,上海市城市更新中心在上海地产集团揭牌成立,此举将进一步加快现状成片二级以下旧里的旧改攻坚,并助力旧住房改造、城中村改造等项目的实施,探索“政企合作、市区联手、以区为主”的旧改新模式;同时,积极探索建立城市更新基金,提升服务中心城区功能。

2021 年 8 月 25 日,上海市第十五届人大常委会第三十四次会议表决通过《上海市城市更新条例》,并于 2021 年 9 月 1 日起实施。这是继《深圳经济特区城市更新条例》后,我国第二部有关城市更新的地方立法,也是上海市首个关于城市更新的立法文件,是指导上海实施城市更新行动的“宪法性”文件。

(三)深圳城市更新的政策演进

早在 20 世纪 80 年代,深圳就开始了摸索城市更新的进程。

1986 年 6 月 27 日,深圳市人民政府发布了《关于进一步加强深圳特区农村规划工作的通知》。以此文件为开端,直至 21 世纪初,形成了以改造城中村为抓手的城市更新系列政策体系。

2009 年 10 月 22 日,深圳市政府四届一四六次常务会议审议通过的《深圳市城市更新办法》,是国内首部针对城市更新出台的地方政府规章。该办法首次提出了“城市更新单元规划”的概念,将其作为管理城市更新活动的基本依据。

与之配套的,2012 年 1 月 21 日深圳市人民政府发布了《深圳市城市更新办法实施细则》,进一步细化了城市更新项目的各项措施,就申报条件、程序和手续等作出更为细致的规定。至此,深圳城市更新体系已经形成相对完善的体系。

同时期,深圳市又进一步提出多项优化政策,密集出台如《深圳市城市更新单元规划编制技术规定(试行)》①《深圳市城市更新单元规划容积率审查技术指

① 该文件已因《深圳市拆除重建类城市更新单元规划编制技术规定》的实施而废止。

引(试行)》[①]等文件对城市更新工作提供指导。

2020 年 12 月 30 日,深圳市第六届人大常委会第四十六次会议通过并公布《深圳经济特区城市更新条例》。该条例于 2021 年 3 月 1 日起施行,是全国首部就城市更新问题进行的地方立法。

整体上来看,深圳城市更新思路从拆除重建逐步发展为综合整治,在全国范围内形成了一套有参考意义和参考价值的城市更新政策体系。

(四)广州城市更新的政策演进

广州城市更新探索至今已有 20 余年,从 20 世纪 90 年代开始的危房改造开始,2009 年广东省人民政府发布《关于推进"三旧"改造促进节约集约用地的若干意见》,切实推进广东省旧城镇、旧厂房、旧村庄(简称"三旧")改造工作,促进节约集约用地试点示范省建设。

2015 年广州市人民政府发布《广州市城市更新办法》,按照"三旧"改造政策、棚户区改造政策、危破旧房改造政策等,在城市更新规划范围内,对低效存量建设用地进行盘活利用以及对危破旧房进行整治、改善、重建、活化、提升,进一步推进城市更新有机有序有效开展。

2021 年广州市住房和城乡建设局发布《广州市城市更新条例(征求意见稿)》,该条例将广州市 10 多年来行之有效的城市更新规章、政策进行总结提炼并上升为地方性法规,运用法治思维和方式解决城市更新工作中的痛点、难点、堵点问题。

第三节　城市更新的实施策略与流程模式

一、城市更新的实施策略

城市更新策略是决定更新效果好坏的关键。更新策略的制订不仅仅受到当时国际流行思潮的影响,更取决于更新地区本身的制度文化、社会经济及环境条件;即使是同一地区也会由于不同时期执政理念的差异,而影响到更新策略的变

① 已废止。现行规定为 2019 年 2 月 1 日公布实施的《深圳市拆除重建类城市更新单元规划容积率审查规定》。

化,进而产生不同的更新效果。因此,对更新策略的演化过程、理论溯源及绩效对比成为城市更新领域学者关注的重点。自“urban regeneration”一词成为城市更新的主要内容以来,西方国家的城市更新策略主要有企业化、文化主导和可持续性等3个特点。

(1)企业化城市策略。自20世纪90年代初开始,经营城市的理念逐渐在欧美城市得到广泛运用,主要指允许私人企业承担部分城市公共服务职能或负责城市标志景观的建造,通过组织城市发展公司等形式的公私合作机构负责更新的实施。公私合作更新的各种策略演化包括对以激励商业投资为导向的更新政策,私人企业在更新决策中的角色以及对城市营销商业化手段等。

随着城市更新的不断深入,为应对企业化经营中不可避免的负面社会效应,英美国家的企业化城市更新策略也出现相应的转向和调整,并融入了更多对实现地方经济持久复兴及更新公平性的思考。

(2)文化主导的城市更新策略。文化主导的更新模式可大体归为两类:通过大型的更新改造项目,建立城市旗舰式地标建筑对城市文化形象的重构;从文化产业的角度出发,研究以创意阶层的融入城市,形成创意产品与创意消费相结合的创意街区。具体策略包括发展文化、创意设计活动作为城市品牌,如英国衰退旧工业区发展会议旅游塑造新的城市形象;利用文化产品和消费促进城市复兴,利用文化创意与已有制造业基础的结合,以混合使用(mix-used)的方式实现对旧制造业中心的升级,如对伯明翰旧珠宝产业集聚区的更新。

(3)可持续发展策略。可持续发展策略最初多用于“棕地”再开发过程中被污染土地的环境整治,强调对植被及生态系统的恢复,即从环境生态的角度提出可持续发展的思考。随着城市更新目标多元化的演进,可持续发展的内涵逐渐延伸到环境、社会、经济的多个方面,更新项目的好坏不仅仅是一个点状的物质更新,而且是具有广泛的正外部性,能够带动地区经济复兴及持久增长的多元化更新。目前流行的可持续发展城市更新策略主要是针对内城衰退等问题,提出通过发展住宅提高城市生活多样性,尤其是利用夜晚的休闲、娱乐产业促进市中心夜晚经济活力,使市中心更新呈现社会生活多样化的可持续复兴。但从当前已完成的更新案例来看,可持续发展策略多停留在理念认知层面,在实际更新过程中,仍然缺乏有效的介入途径,或因为与更新的经济利益相左,而存在实施困难。

二、城市更新的方法途径

城市更新的具体方法由早期单一的房地产主导型,逐步演化出旗舰项目激励型、大型赛事推动型、产业升级改造型以及其他多元化的更新形式。

就城市低效利用土地和旧工业建筑的再开发途径而言,从可持续利用的角度,可置换为个性化和社会化的城市公共空间、城市绿地以及发展文化创意经济的城市休闲娱乐场所;对于内城的经济衰退区和弱势群体聚居的边缘化地区,可通过建设大型零售购物业态等大型更新项目,促进地方经济复兴,扩大就业,实现对地区形象的重塑;在新经济的带动下,特色都市新产业集聚区成为内城旧制造业改造升级的重要手段,如约翰内斯堡利用服装产业对大都市区内城的经济复兴;世界性体育和文化活动也是推动城市更新,提升城市形象的重要途径,如鹿特丹 2001 年欧洲文化展览会,希腊雅典 2004 年奥运会推动的城市更新。

三、城市更新的非正式规划趋势

21 世纪初,非正式规划逐渐在欧洲规划界兴起,成为与传统规划有所区别的新探索。西欧国家是世界上现代规划学科及实践发展较早的国家。德国在 20 世纪初成为世界上首先对城市开展功能区划的国家,其理论被引入英国并进一步传到纽约,促进了美国区划的形成。与过去自上而下的规划模式相比,非正式规划因具有更大的灵活性而在某些规划领域独具优势,例如针对比总体规划更大的空间范围开展的远景规划以及聚焦小尺度的具体城市更新等。在城市更新领域,非正式规划的优势在于它能够自下而上地将利益相关者组织起来,通过共建共治达到有效实施地块更新的目的。

城市更新的规划与传统规划方式不同,需要“量身定制”,这也成为非正式规划介入的长处所在。在非正式规划中,规划专家往往来自外部,而不是当地部门;非正式规划结束后,其成果可以纳入地方规划体系中得以正式化,成为地方规划的一部分。非正式规划的兴起同时回应了城市更新从单一主体到多元主体的转变趋势:尽管地方市民在城市更新中受到的保护逐渐变弱,但他们有着强有力的社会影响力,会在与他们自身利益紧密相关的城市更新中强烈发声。因此,市民社会是城市更新中一股不可忽视的力量,而非正式规划能够有效地纳入地方市民代表,在平衡多方主体利益方面效果显著。

第二章　城市更新的实施现状

第一节　城市更新的参与主体

早期的城市更新是以政府主导的，房地产开发为主的城市更新，当地居民参与环节和途径的有限性，造成其在更新中利益空间的损失。近年来的更新案例开始侧重对社会动员、居民自建和社区参与式重建、邻里更新的关注。强调利用社会资源的合理再分配以减少弱势群体的边缘化差距，提倡发挥多元民间力量，肯定社会网络在促进城市融合中的积极作用。利用多元城市主义理论，分析城市各利益阶层在自上而下及自下而上更新中的权力分配。公众参与多元化同样是城市更新参与主体的一个重要方面，如地方社团领袖的领导力在社会资本、权力关系以及协同网络等方面的重要性，非政府组织在更新过程中的沟通作用。

在更新参与主体的决策能力和权力关系方面，主要涉及中央政府和地方政府之间，以及公私合作的各角色之间的职权能力和权益分配。不同层级政府主导的城市更新将产生不同的更新效果，地方政府积极的更新成果会吸引更多来自中央政府的政策和资金倾斜，而强化中央集权的更新将边缘化地方政府的决策权。公共政策和城市管理领域的研究发现，尽管英美城市更新的决策组织关系近年来出现较大的改革和变动，但更新案例中的管治及合作关系仍然受到中央集权的有力干涉，受到执政党更替的影响和理论界对邻里更新的强调，地方政府和当地企业之间新的合作制度正处于路径形成期。

随着城市更新理念演变，其运作模式也发生变化，大致可总结为 3 种类型：政府主导型、公私合作型和社区参与型。

20 世纪 70 年代之前的清理贫民窟和福利色彩社区更新政策中央和地方政府都扮演某种主导作用，更新资金绝大部分来自公共部门。以英国为例，对清除贫民窟提供的人口安置补贴,最高可达住房整修改善费用的 50%,到 20 世纪 70 年代甚至将配额标准提高到 75%。相比之下,私有部门和社区居民仅扮演辅助角色。

20 世纪 80 年代则是明显的市场机制主导的时代,公共部门与私有部门的深入合作是这种模式的最大特点,社区作用被显著边缘化。公私合作模式分为两种形式:公共部门和私人个体的合作,公共部门与私有部门合作。前者是指个人投资者、家庭和小业主在公共部门支持下,对自身所有房屋和居住环境的更新。后者是指私有部门在地方政府支持下,对某地区进行商业性改造和翻新。在美国,一些大型私有部门甚至会撇开政府公共部门,自己绘制城市更新的规划蓝图。直至今日,公私合作仍是许多城市最行之有效的城市更新运作模式。

20 世纪 90 年代以来的城市更新试图改变市场主导机制下对社区问题的忽视,倾向于加强社区在更新中的作用:一方面,社区居民意愿和利益被纳入更新计划中来,成为公共部门和私有部门两点角色之外的制衡第三极;另一方面,城市居民在政府和开发商协调下对居住社区进行自助改造并分享更新带来的收益。政府、私有部门和社区的多方参与使城市更新运作模式从自上而下拓展到自下而上的新机制,各方权力相互制衡更加保证多维度更新目标的可实现性,这是西方城市更新政策的最新发展方向。

第二节　城市更新的资金来源

一、城市更新资金保障的国际经验

城市更新实践离不开资金保障,涉及政府公共资金支持、市场资本投入和居民出资等不同来源。在很多情况下,欧洲的城市更新不只是为了改变某一项目所在地点的衰败状态,而是要借由持续的努力来转变城市的整体形象,实现城市战略地位与经济水平等的稳步提升。西欧国家除了主要依靠市场力量来推动城市更新外,国家通过公共资金支持保障城市更新的项目开展和目标达成也成为广泛的行动。

尽管一系列经济与社会危机反复发生,包括新冠疫情等,但在许多欧洲国家,城市更新仍然是政府资助的重要领域。

在法国,“国家城市更新计划”得到了社会经济促进住房联盟的高度支持,该联盟从 20 世纪 50 年代以来负责征收房产税。仅在 2011 年,法国有高达 6.15 亿欧元的房产税收被分配给国家城市更新计划。法国一些市镇非常小,他们的市镇间协会和公共执行机构经常在城市更新中扮演起开发机构的重要角色,国家代表在指导委员会的监督下也会参与其中。由于良好的财政和人力资源,开发机构可以在短时间内实施大型城市发展和改造项目,但他们的有效性取决于各层级政府之间的良好协议。

意大利则在 2008 年引入了一个全国性的房地产基金系统,由国家控制的意大利国有银行管理。除 CDP 向该基金捐款 10 亿欧元、意大利政府捐款 1.4 亿欧元外,意大利五大银行、保险公司和养老基金将基金总资产增加到了 20 亿欧元。这项国家基金与地区投资基金相连通,意大利各地区和各城市政府、银行基金会、私营部门投资者等均可按照相关法规要求,利用该基金的收益来投资当地的城市更新和提高城市密度的建设项目。这些融资做法对法国和意大利等国的城市发展意义重大,其依赖于政府对储蓄存款和国有企业储备的控制。

传统上,政府的政策干预及资金补贴是西欧国家城市更新的重要基础。但新自由主义的兴起将市场经济带向了一个极端,政府对经济活动的干预逐渐减弱。反映在城市更新实践中,私人投资部门的话语权增强,政府对居民利益的保护日渐式微。2008 年金融危机再度暴露了市场经济的弊端,时任法国总统的萨科齐曾经大力呼吁终结市场垄断以及加强政府干预,但这并未导致相关政策的彻底转向,或者折回新自由主义之前的政府强干预时代。在很多国家,偏向政府干预和偏向自由经济的不同政党处于长期的博弈中,从而将国家对城市更新的干预和支持力度维持在一种动态平衡中。

总体上,新自由主义的冲击使得曾经在城市更新中步调相似的西欧国家迈出了不同的步伐。西欧各国的政府干预有所减弱,但程度有所不同。英国在撒切尔政府的领导下,积极推行新自由主义,期望通过市场机制来引导经济发展,减弱政府干预并对破产的企业少有救助。因此在城市更新领域,英国发生了大量以房地产开发为导向的城市更新。荷兰的城市更新也受到较大冲击,新政策更多支持倚靠市场力量来实施城市更新。德国由于各种政治力量的反对——包括各州政府、社会民主党、绿党、工会运动和福利组织等,而没有追随这一策略,迄今为止德国城市更新的政府干预依然较为明显。在偏向自由经济的自由民主党于2011年参与执政后，德国曾经有过取消城市更新国家补贴的议案，以便让德国走向更加自由的市场经济，但这一政治构想在不同政治权力的博弈过程中并未实现。同样在法国，中央权力在下放的同时，城市更新依然保持了较强的国家财政资助和政策干预力度。

二、我国城市更新投融资模式的历史变迁

政府与市场都是推进城市更新的重要力量。无管是政府主导还是以市场为主，最大区别在于对城市更新投融资模式的选择。这一选择既受到来自某一特定时期财政金融因素的深刻影响，同时也在一定程度上决定了某种特殊的财政金融支持方式。回顾历史，受不同时期财政金融因素的影响，我国城市更新经历了多次政府与市场之间的摇摆，曾先后出现“毛地出让”“土地储备”“棚户区改造”等多种投融资模式，这为下一阶段的城市更新工作提供了丰富的实践经验。

（一）从房地产开发导向的“毛地出让”模式到政府主导的“土地储备”模式

在我国早期的城市更新（原先称为“旧城改造”）进程中，先后出现了两类主要的改造模式，即房地产开发导向的“毛地出让”模式、政府主导的“土地储备”模式。自20世纪90年代开始，地方政府主要通过“毛地批租”的方式将更新改造地块出让给开发商进行房地产开发。在“毛地出让”模式下，政府与开发商签署协议，开发商通过政府划拨、出让等方式获得建设项目的土地使用权，并自筹资金或向银行贷款来筹措建设资金，最后建成楼盘一部分用于拆迁安置、剩余部分用于市场销售。该模式解决了当时更新改造的资金问题，不仅减轻了政府的财政压力，同时也加快了旧区改造的速度。

进入21世纪以来，随着国家土地使用制度的不断完善，以及“毛地出让”模式持续引发了一系列拆迁矛盾、土地闲置等尖锐的社会问题，各地转而推行“土地储备”模式，政府重新主导旧城改造工作。在“土地储备”模式下，政府专门设立土地储备中心，先是通过征收、收购、回收等方式取得旧改土地，而后对旧改地块上的房屋权利人进行动迁安置补偿，并对土地进行前期整理开发，之后再将净地通过市场出让，以土地出让收入来弥补居民的安置补偿与前期开发成本。不同于“毛地出让”模式，“土地储备”模式的拆迁人从开发商转变为土地储备中

心,融资方式也由开发商自筹转变为土地储备中心通过银行贷款等途径筹措。这一模式不仅规范了征地、拆迁、安置行为,而且也将旧改土地的级差收益收归政府所有,通过旧改项目的滚动循环以实现政府在财政金融上的自我平衡。

在成功应对2008年国际金融危机之后,我国愈加重视快速膨胀的地方政府债务问题。受此影响,"土地储备"模式在融资上逐渐面临较大约束。一方面,土地储备中心的相关债务被纳入地方政府性债务统一管理,并对地方政府融资平台类贷款开展清理整顿工作,进一步加大后续融资难度。另一方面,银行等主要融资渠道日益受限,前期较为依赖的银行信贷受到监管部门加强对土地储备贷款的各种限制,无法继续提供新增贷款支持。另外,因监管政策收紧,企业债券、信托产品等其他融资途径也日渐收窄,发行新产品难度加大。因此,财政金融因素的变化导致城市更新需要探索找寻一种新的投融资模式。

(二)针对公益性城市更新项目的"棚户区改造"模式

棚户区改造是中央政府为改善城镇危旧住房、解决底层家庭住房条件与生活环境而推出的一项重大民生工程和发展工程。由于针对特定范围内的居民住宅进行大面积拆改,棚户区改造属于城市更新的重要组成,是典型的由政府主导的公益性城市更新项目。2008年,中央正式提出启动棚户区改造,将棚户区改造纳入城镇保障性安居工程。2013年,国务院发布《关于加快棚户区改造工作的意见》,棚户区改造领域正式出台法规,在全国各地大规模推进实施。此后,棚户区改造依次经历了积极推进货币化安置、发行专项债券代替政府购买等政策的变化,并取得了积极成效。2014~2019年,全国各地累计实施棚户区改造3228万套,超额完成原有计划数量。随着2019年改造套数大幅减少,改造工作已接近收尾。

从投融资角度看,政府主导的"棚户区改造"模式是由政府提供主要的资金支持。按时间先后顺序,依次采用政府购买棚户区改造服务与发行地方政府棚户区改造专项债券两种模式。其中,政府购买棚户区改造服务模式的支出纳入地方政府预算,使用方式较为灵活,但政府具有一定偿付责任,易产生加大政府隐性债务的风险;发行地方政府棚户区改造专项债券是按照总量控制和专款专用的原则进行管理,要求偿债来源必须是对应项目所产生的政府性基金收入或专项收入,不得使用其他收入进行偿还。这既保证了项目收益与融资之间实现自我平衡,也有助于防范化解地方政府债务风险。

值得说明的是,在政府购买棚户区改造服务模式中,多数情况是政府委托市场主体实施改造,财政直接出资一般用作项目资本金,市场主体可将政府购买服务的应收账款质押给金融机构申请贷款或在金融市场筹措资金。其中,最具代表性的便是政策性银行贷款。2014 年,人民银行创设抵押补充贷款,通过向国开行、农发行等政策性银行提供定向贷款,为发放棚户区改造专项贷款提供长期稳定、成本较低的资金来源。在实际操作中,实施改造的市场主体可利用政府购买服务的应收账款质押给政策性银行申请贷款,此类方式是 2018 年之前棚户区改造资金的主要来源。

第三节　城市更新的经营价值取向与效应

一、城市经营成为当前城市更新的主要价值目标取向

城市更新具有比新城开发更高的门槛效应。对于许多地方政府而言,在自身财政能力有限的现实下实施投资庞大的城市更新往往力不从心,诸多城市都面临着城市更新的资金困境。从市场的角度看,由于城市更新的投资风险大、盈利小,出于对盈利的担忧,其往往不会轻易进入城市更新的项目。基于如此复杂的现实发展矛盾,为了弥补资金缺口,城市经营的理念被引入了城市更新的实践。旧城土地资源相对有限、社会矛盾复杂,相对制约了政府出让土地的收益,于是通过调整用地性质、提高容积率等做法,成为地方政府实施经营型城市更新的主要选择。同时,政府利用各项优惠条件吸引开发商投资,在保证开发商获取一定的经济利益回报的同时,也将具体的改建任务转嫁给开发商予以完成。

城市经营所倡导的各种经营模式在城市更新实践中都得以体现,尤其是建立基础设施投资回报机制、拍卖公共设施的特许经营权和冠名权等做法。事实上,经营旧城改建的最大收益还是来自房地产开发收益。市场化运作城市更新的做法,使得我国地方政府的财政压力得以缓解,开发商则能获得相应的投资收益,基于此,我国地方政府纷纷将原属于其责权范围的责任转嫁给更具开发实力的市场微观主体——企业来完成,市场体制模式的各种特点在城市更新过程中被极大地发挥。

二、对经营型城市更新的经济与社会效应分析

经营型城市更新是以获取最大的经济回报为目标,其追求的是短期的、现实的利益,因此在实践过程中就必然与城市长远的经济、社会发展目标产生矛盾,带来了一系列不良的经济与社会效应。

1. 过分追求短期的经济收益。经营型城市更新模式必须依赖企业力量转嫁政府公共开发职责,特定政治目标和企业集团是建立此类行动的必要前提。在经济增长目标驱使下,地方政府过于关注短期经济收益。政府在城市更新中一方面要加速改建进程,另一方面又不愿意过多投入,因此大量改建实权被转移给开发商。开发商以盈利为唯一目的,其开发时必然争取各种获利价值,常常出现各种压缩建设水准、不顾环境质量、漠视历史遗产的恶性行为。

经营型城市更新采取增加容积率做法的最根本原因,是希望通过房地产开发来平衡开发成本,成为促进地方经济发展的重要手段。例如浙南某城市的房地产开发投资从 1992 年的 2. 13 亿元(占 GDP 1. 82%)增加到 2005 年的 153. 6 亿元(占 GDP 9. 6%),2005 年房地产增加值已达到 85. 94 亿元(占 GDP 5. 37%),其中市区的房产开发占到总量的 2/3 以上。因此,只要房地产保持相当的盈利空间,旧城就会陷入一轮接一轮被改建的恶性循环。

2. 忽视社会公平问题。许多以城市经营为目的的城市更新为了达到经济收支自平衡而采取商业化运作,对于非营利设施的建设并未予以应有重视。旧城原本就存在配套公共设施短缺的矛盾,然而城市经营型旧城改建往往是政府委托开发商进行建设,权力转移导致公益设施的建设水准不断下降和建设时间被拖延。此外,经营型城市更新对历史文化遗产也大多表现为粗放利用的方式,例如福州的“三坊七巷”、北京老城区的四合院都难逃厄运。

经营型城市更新达到了“双赢”收效:市场化运作城市建设项目客观上强化了地方政府和开发商地位,政府的公共服务职责被减轻,开发商通过制度安排就能获取投资收益。然而,由于我国的市场体制不健全和信息资源不对称,城市居民在拆迁和补偿时往往容易沦为弱势群体。由于地方政府过分关注改建的经济效益,政府可能连同企业直接或间接压缩市民的利益。例如前几年引发强烈社会争议的北京皇城玉河修复工程,最根本原因是政府沿用了 6 年前的补偿标准,严重损害了市民的根本利益。

3. 加剧居住空间分异与社会不稳定。居住空间分异在中国出现主要是住房私有化改革后，居民经济收入差异导致各阶层不同的择房结果。事实表明，经营型城市更新将加速这一特殊现象：有限的拆迁补偿金或位于城市偏远地区的安置房，使得不具备经济能力的住户将被排挤出城市核心地区，许多拆迁安置区成为新的"问题社区"。总体而言，许多地方的城市更新正朝着中高阶层集中聚居和老龄、外来人口被排挤出的两个对立方向分异，由此加剧了社会隔阂和矛盾。市场不可避免商业投机行为，经营型城市更新需要利用市场力量，使得开发商在改建过程中难免漠视甚至损害居民的权益。一旦出现此类问题，政府却由于行动受限弱化了行政主动和管辖权，进而社会不稳定因素增加。有关部门表示，目前我国因拆迁补偿、安置不当引发的居民上访已经成为民事矛盾的焦点。

4. 城市的宜居程度不断下降。西方当年大规模城市更新由于严重破坏传统邻里结构而招致批评，中国目前的城市更新要警惕重蹈历史覆辙。虽然"推倒—重建"模式在经济条件不宽裕背景下能较快实现旧城物质环境的现代化，但其不顾传统文脉导致的一次性资源毁灭的代价却难以估量。新建环境从根本上破坏了原有邻里结构，新的人际交往关系不可能在较短时间形成，导致居民缺乏归属感和出现文化心理断层。经营型城市更新通过提高容积率来平衡再开发成本的做法，从本质上有违降低旧城密度、改善人居环境的城市更新目标。许多地方城市屈从于房地产开发的经济收益，以致改建后旧城人口、建筑容量不仅没有减少，反而有一定程度提升。增加的建设需求以牺牲必要的开敞空间和公共绿地为代价，人口密度的提高进一步加剧了基础设施的负担，并给日照、通风、防火、抗震和防灾等埋下了问题隐患。

三、城市更新与历史文化保护的兼顾

城市更新是实现城市未来发展的目标愿景，是城市的理想、审美和价值的体现，城市更新必须注重对历史文化的保护。习近平总书记指出："历史文化是城市的灵魂，要像爱惜自己的生命一样保护好城市历史文化遗产……处理好城市改造开发和历史文化遗产保护利用的关系，切实做到在保护中发展、在发展中保护。"

我国自 20 世纪 80 年代至今的大规模城市建设，由于不重视对历史建筑和城市文脉的保护，相当一部分历史城市因为全面地改造，失去了原有的城市特色。

在城镇化的过程中,一方面要注重新城和新区的发展,另一方面要正视历史城市的保护和更新,在城市更新过程中应注重对历史建筑和城市文脉、空间结构和肌理的保护。我国从20世纪90年代开始重视城市更新的品质,出现了许多优秀的城市空间案例。1999年9月建成的北京王府井商业步行街为城市的主要商业区提供了一流的环境,为北京的城市公共开放空间树立了一个范例。北京的大栅栏地区于2007~2011年经过了整体改造,把街区内的建筑划分为文物修复、保护修缮、风貌整饬、改造整治共4类,使这一地区成为传统风貌历史街区,是重要的城市更新项目。北京为主办2008年奥运会建设的项目也是城市更新的组成部分。

古希腊哲学家赫拉克利特说过:“看不见的和谐比看得到的和谐更美好。”城市更新就是努力去营造看得到的和看不到的和谐,这种和谐是现代与历史的共生。

上海也创造了城市更新的范例,上海于2015年5月在全国率先颁布了《上海市城市更新实施办法》,上海的城市目标是将上海建设成为卓越的全球城市。雁荡路步行街、吴江路步行街和南京路步行街是国内最早的步行街案例,带动了许多城市的步行街建设。有100多年历史的南京路在原本周末步行街的基础上,于1998~1999年将南京东路商业街建设为步行街。上海自2000年开始的黄浦江两岸滨水空间的转型,将原先工业化时代的生产性岸线转变为公共开放空间,促进了产业类历史建筑和地段的保护与再利用,带动了城市空间结构和产业结构的重构,也带来了2010年上海世博会。世博会启动了黄浦江滨江带的城市更新,目前正在进行的黄浦江两岸45公里滨江带的贯通、苏州河两岸城市空间的缝合将使城市的公共空间品质更为提升。徐汇滨江以及西岸传媒港的建设将形成新的立体城市空间,桃浦智慧城的建设将成为工业区生态更新和产业类的范例,克虏伯不锈钢厂区和耀华地区的更新也将是上海的关注点。新的大型文化设施的建设、上海历史文化风貌区和优秀历史建筑的保护,历史风貌道路的保护也将推动城市更新和国际文化大都市的建设。

不同于其他文物,历史建筑不能只是作为博物馆加以封存,绝大部分历史建筑应当在使用中保护,但是也需要尊重建筑的真实环境和历史风貌。巴黎为举办1900年世博会,修建了奥尔赛火车站。这座火车站在1939年被废弃,20世纪60年代曾经动议将其拆除,建一座旅馆。当时的建筑媒体称这座建筑是丑陋的裱花蛋糕,是虚假的建筑。所幸的是新的替代建筑方案没有人赞成。在中央市场被拆除之后,公众的舆论完全改变,奥尔赛火车站在 1973 年被列为历史建筑,终于免遭被拆毁的命运,车站被改为收藏法国 19 世纪艺术品的奥赛美术馆。

1980 年,我国开始系统地引进西方历史建筑保护理论。1985 年中国加入《保护世界文化和自然遗产公约》;1986 年《威尼斯宪章》被介绍到中国,提出了"文物建筑"的概念;2002 年引进《奈良真实性文件》,也提出了"整旧如故,以存其真"的思想。

对于建筑文化遗产的保护有一个缓慢的认识过程,在这个认识过程中,上海付出了大约 3000 万平方米建筑被拆除的巨大代价,包括一些地标建筑和著名建筑师设计的建筑。经历了 20 世纪 80 年代和 90 年代城市大规模的快速建设阶段之后,城市空间已经彻底改变,上海开始理性地思考建筑文化遗产的保护。上海的历史建筑保护经过近 30 年的探索,已经初步建立了分级保护制度,对不同的建筑类型和保护性质进行区分,同时也建立了保护机构。承认历史的变迁,根据建筑的类型和质量,根据上海的实际情况,采取多元的保护方式,例如修缮、加建、移位、扩建、复建等,形成了基本符合上海历史建筑特点的现实的建筑文化遗产保护机制和方法。

坚持使用与保护相结合,在使用中保护,在历史建筑中植入多种功能,出现了一批优秀的实例。同时建立文物管理、规划管理和房屋管理等政府部门与科研、教学和设计单位的全面配合与协作机制。自 2002 年上海市人大常委会颁布《上海市历史文化风貌区和优秀历史建筑保护条例》①以来,上海已经形成了政府管理部门、学术界、设计和开发建设单位、施工单位相协调的建筑文化遗产保护修缮机制和保护模式。近年来外滩源、外滩 3 号原上海总会大楼、外滩 12 号原汇丰银行大楼、外滩 15 号原华俄道胜银行大楼、科学会堂、铜仁路绿房子等一大批优秀历史建筑的修缮与保护,以及正在进行的原总商会大楼、徐家汇教堂的修缮与保护已经成为优秀的保护范例。

在上海建筑文化遗产保护中,对于住宅建筑的保护是迫切需要解决的重要问题,对于那些独立式的住宅,目前已经有较完备的保护修缮模式,上海石库门

---

① 已被修改,现行有效的是上海市人民代表大会常务委员会《关于修改〈上海市历史文化风貌区和优秀历史建筑保护条例〉的决定》(2019)。

里弄保护对象已扩大至约260处保护街坊,350个保护地块。近年来东斯文里的保护已经引起了社会各界对于保护石库门里弄建筑的重视。里弄住宅在历史建筑中占有相当大的比例,20世纪80年代蓬莱路303弄和252弄的里弄住宅改造只是为了解决居民的居住空间问题,其着眼点并非历史建筑的保护。目前里弄住宅的保护模式大致可以归纳为:拆除重建转换为商业功能的新天地模式,拆除重建保留居住功能的建业里模式,保留原有建筑并改善居住功能的静安别墅模式,保留原有建筑以及产权结构并转换为商业功能的田子坊模式等。建业里的重建反映出开发模式以及历史建筑保护与管理和设计方面存在的问题,引发了两个需要反思的问题:一是历史建筑的保护能否走出房地产开发的模式,是否应当由政府主导,由非营利性机构实施;二是要探索里弄建筑的保护模式。当年建造里弄建筑时有相当一部分建筑是房地产商市场投机的结果,当初的建筑质量就存在许多问题,再加上在城市建设过程中道路的标高不断增加,使里弄内的地面相对降低,造成雨季积水,建筑防潮层的破坏和墙砖的风化现象相当严重,尤其是砖木混合结构的旧式石库门里弄住宅,问题更为突出。这就要求从建筑材料和建筑技术两方面考虑重建的可行性,而不是对旧式石库门里弄住宅简单地采用拆除的方式。此外,采取有效的措施疏解里弄住宅的人口和家庭密度,对于里弄建筑的保护也是十分必要的。

由于建设用地的限制,土地资源紧缺,城市的产业发展模式仍然比较单一。一些地区着眼于拆除没有保护身份的建筑,并进行高强度的开发,使保护建筑面临碎片化的状态,这会造成新一轮的城市空心化。为了切实保护历史风貌,应建立容积率银行,进行容积率储备和容积率交易,这有利于保持风貌区和风貌街坊的建筑密度和原有的容积率,也能使开发的资金能得到一定的补偿和平衡。

此外,现行保护方式将历史建筑划分为文物建筑、优秀历史建筑、一般历史建筑、保留历史建筑和可拆除历史建筑等类型的规定需要调整,应当调整为文物建筑和历史建筑两类,系统地加以保护。在国家的层面上,目前的《文物保护法》不能完全覆盖保护历史建筑,应追加审议通过"中华人民共和国历史建筑保护法",或通过一部包括文物建筑、历史建筑在内的"中华人民共和国建筑遗产保护法",明确其利用机制、保护机制、管理机制以及保护、修缮、改造和复建等原则,从而延续城市的历史和文化。

第三章　合作实施城市更新下的参股企业管理

在上海“市区联手、政企合作”的旧区改造创新模式背景下，具体由区级城市更新公司在市级城市更新公司（区级城市更新公司和市级城市更新公司后文可统称为更新公司）指导下具体负责各区旧改的组织实施工作。区级城市更新公司作为各区城市更新的重要区域平台，前期经营任务主要以房屋征收、规划协调、土地出让等土地一级开发为主；随着旧改项目的深入推进，部分区级城市更新公司已试点通过场所联动等交易模式与不同类型市场主体以股权合作为主的方式共同开发建设项目，更新公司发展重心也从土地一级开发延伸至二级合作开发。可以预见，在二级合作开发后期，更新公司发展范围又将延伸到房地产资产配置、管理与运营等方面。

在一级土地开发阶段，更新公司的工作重心通常以功能型政策性保障为主，具有令行禁止的垂直性、强制性特征，而在二级合作开发阶段以及二级合作开发后期，更新公司的工作重心则转移至以与合作开发对方主体协商为主，具有横向共同投资、共担风险、共享利润且无法单方强制决定的特征。为实现国资管理和对外投资的保值增值以及达成旧改项目建设“好作品”的目标，更新公司亟须在合作开发与参股项目公司方面，建立标准化管控流程，在标准化管控流程基础上制定相应制度，在制度指导下就同类型情况制订标准化范本，以实现城市更新项目开发的可复制、可持续性的有效管理体系。

鉴于以上背景，笔者就合作实施城市更新下的参股企业管理展开研究，通过项目调研，明确在更新公司与市场化主体合资合作共同开发项目的过程中，如何在符合国有企业管理要求的前提下，建立一套针对国资参股项目公司的标准化决策管理流程及公司治理规范等，以明确各方权责，确保更新公司投资收益。

第一节 国有参股与控股的定义与管理规定

一、国有企业参股与控股

关于国有参股、控股的定义，最早在国家统计局《关于对国有公司企业认定意见的函》(国统函〔2003〕44 号)中对国有企业、国有控股企业、国有参股企业所作的定义如下。

国有企业有广义、狭义之分。广义的国有企业是指具有国家资本金的企业，可分为 3 个层次：纯国有企业(包括国有独资企业、国有独资公司、国有联营企业)、国有控股企业(包括国有绝对控股企业、国有相对控股企业)、国有参股企业。狭义的国有企业指纯国有企业。

国有绝对控股企业，是指在企业的全部资本中，国家资本(股本)所占比例大于 50% 的企业。

国有相对控股企业，是指在企业的全部资本中，国家资本(股本)所占的比例虽未大于 50%，但相对大于企业中的其他经济成分所占比例的企业(相对控股)；或者虽不大于其他经济成分，但根据协议规定，由国家拥有实际控制权的企业(协议控制)。

国有参股企业，是指具有部分国有资本金，但国有股东不控股的企业。

根据《公司法》(2018 修正)对控股股东[①]的定义可以推论出，国有控股企业，系指国有股东出资额或者持有股份的比例占公司资本总额 50% 以上，或国有股东出资额或者持有股份的比例虽然不足 50%，但依其出资额或者持有的股份所享有的表决权已足以对股东会、股东大会的决议产生重大影响，并能进行实际控制的企业。而国有参股公司，则是指国有股东参与出资但不形成控股的企业。

目前针对国有企业资产管理和交易管理的 3 项重要的法律法规分别是《企

---

① 《公司法》(2018 修正)第 216 条第 2 项：控股股东，是指其出资额占有限责任公司资本总额百分之五十以上或者其持有的股份占股份有限公司股本总额百分之五十以上的股东；出资额或者持有股份的比例虽然不足百分之五十，但依其出资额或者持有的股份所享有的表决权已足以对股东会、股东大会的决议产生重大影响的股东。

业国有资产法》、《企业国有资产监督管理暂行条例(2019 修订)》(以下简称《国资监管条例》)和《企业国有资产交易监督管理办法》(国务院国有资产监督管理委员会、中华人民共和国财政部令第 32 号,以下简称《国资交易监管办法》)。

根据《企业国有资产法》《国资监管条例》的规定,国家出资企业,包括国家出资的国有独资企业、国有独资公司,以及国有资本控股公司、国有资本参股公司。上述法规将国有及国有控股企业、国有参股企业均纳入监督管理,但并未对控股、参股企业进行明确定义。仅规定了履行出资人职责的国有资产监督管理机构有权派出股东代表、董事,上述股东代表、董事应当按照国有资产监督管理机构的指示在相关股东会、董事会发表意见、行使表决权的相关内容。

《国资交易监管办法》中明确规定了需要由该办法管理的企业国有资产交易的范围,包括:

(1)履行出资人职责的机构、国有及国有控股企业、国有实际控制企业转让其对企业各种形式出资所形成权益的行为(以下简称企业产权转让);

(2)国有及国有控股企业、国有实际控制企业增加资本的行为(以下简称企业增资),政府以增加资本金方式对国家出资企业的投入除外;

(3)国有及国有控股企业、国有实际控制企业的重大资产转让行为(以下简称企业资产转让)。

同时,《国资交易监管办法》第 4 条,对国有及国有控股企业、国有实际控制企业进行了定义①,即《国资交易监管办法》主要针对的是国有控股、国有实际控制企业的交易行为。

除上述规定外,国务院国有资产监督管理委员会针对中央企业出台过《关于中央企业加强参股管理有关事项的通知》(国资发改革规〔2019〕126 号,以下简

---

① 《国资交易监管办法》第 4 条:本办法所称国有及国有控股企业、国有实际控制企业包括:

(一)政府部门、机构、事业单位出资设立的国有独资企业(公司),以及上述单位、企业直接或间接合计持股为 100% 的国有全资企业;

(二)本条第(一)款所列单位、企业单独或共同出资,合计拥有产(股)权比例超过 50%,且其中之一为最大股东的企业;

(三)本条第(一)、(二)款所列企业对外出资,拥有股权比例超过 50% 的各级子企业;

(四)政府部门、机构、事业单位、单一国有及国有控股企业直接或间接持股比例未超过 50%,但为第一大股东,并且通过股东协议、公司章程、董事会决议或者其他协议安排能够对其实际支配的企业。

称参股旧规)①,对于非中央的国资参股企业的规定甚少,对于参股企业的具体管理也并无明确的参考指引。2023 年,国务院国资委下发了《国有企业参股管理暂行办法》(国资发改革规〔2023〕41 号)(以下简称《参股办法》),该办法施行之日,央企参股旧规同时废止。与 2019 年发布的央企参股旧规相比,《参股办法》对国有企业参股提出了相对更全面的监管措施和指引。

《参股办法》对国有参股企业进行了定义,明确了"国有企业是指各级国有资产监督管理机构履行出资人职责的企业及其子企业,参股是指国有企业在所投资企业持股比例不超过 50% 且不具有实际控制力的股权投资"。相较于央企参股旧规针对地方国有企业为参照适用,《参股办法》的规范对象则囊括了各级国有资产监督管理机构履行出资人职责的企业及其子企业,规范对象有较大扩展,国有企业参股的判断标准也更为清晰。

《参股办法》进一步明确了国有企业参股的管理原则,包括:

(1)依法合规。严格遵守法律法规和国有资产监督管理规定,规范开展参股经营投资,加强合法合规性审查,有效行使股东权利,依法履行股东义务,维护国有企业合法权益。

(2)突出主业。以高质量发展为目标,服务国家战略,聚焦主责主业,有效发挥参股经营投资在战略性新兴产业培育孵化等方面的积极作用,促进国有资本布局优化和结构调整。

(3)强化管控。严格参股经营投资管理,加强审核把关,完善内控体系,压实管理责任,加强风险防范,严防国有资产流失,促进国有资产保值增值。

(4)合作共赢。尊重参股企业经营自主权,有效发挥参股企业各方股东作用,激发各类市场主体活力,推动各种所有制资本取长补短、相互促进、共同发展。

同时《参股办法》也对监管主体及责任主体进行了明确,即国资监管机构负责监督国企参股相关事宜,而国有企业则是参股管理的责任主体,要求国有企业应当结合实际制定或完善参股管理制度。

---

① 现已被《国有企业参股管理暂行办法》取代。

二、国企混改的定义

与国有企业参股密切相关的概念则是国企混改，即国有企业混合所有制改革，是指按照完善治理、强化激励、突出主业、提高效率的总要求，以市场机制为原则，通过在国有独资及国有控股企业引入集体资本、非公有资本、外资等各类资本，促进国有企业转换经营机制，放大国有资本功能，提高国有资本配置和运行效率，实现各种所有制资本取长补短、相互促进、共同发展，使企业真正成为独立的市场主体，在市场竞争中不断释放活力，增强核心竞争力。

党的十八届三中全会通过的《中共中央关于全面深化改革若干重大问题的决定》中对于国有企业参股以混合所有制的表述进行政策支持，其中第 2 条第 6 款规定："积极发展混合所有制经济。国有资本、集体资本、非公有资本等交叉持股、相互融合的混合所有制经济，是基本经济制度的重要实现形式，有利于国有资本放大功能、保值增值、提高竞争力，有利于各种所有制资本取长补短、相互促进、共同发展。允许更多国有经济和其他所有制经济发展成为混合所有制经济。国有资本投资项目允许非国有资本参股。允许混合所有制经济实行企业员工持股，形成资本所有者和劳动者利益共同体。"这是中央政策文件中对国有企业混改的重要政策支持。

另外，中共上海市委、上海市人民政府于 2013 年 12 月发布《关于进一步深化上海国资改革促进企业发展的意见》，中共上海市委办公厅、上海市人民政府办公厅 2014 年 7 月发布《关于推进本市国有企业积极发展混合所有制经济的若干意见（试行）》（沪委办发〔2014〕22 号），这些文件作为地方政策支持国企混改。

上海市国有资产监督管理委员会则于 2016 年 1 月印发《本市国有企业混合所有制改制操作指引（试行）》，提供细致的企业混合所有制改制流程及相关环节具体操作指引，该试行指引曾于 2021 年延期两年，最终于 2023 年 1 月 23 日失效，但在很长一段时间内为国有企业引入民营企业共同持股提供了重要参考。

三、"逆向混改"

一般来说，混合所有制改革多是指国资企业引入民营资本，然而这些年，大批国有资本入股民营企业，掀起了"逆向混改"的高潮。一方面，国有股东参股为民营企业提供了声誉保证，改善了企业与政府的关系，使民营企业更容易获得税收优惠、财政补贴、信贷资源以及一些其他的政策相关资源，即存在“资源效应”；另一方面，国有股东既追求经济利润，也关注政治和社会目标，国有股东的引入进一步完善了企业的监督机制，能够有效遏制高管的机会主义行为，即存在“治理效应”。

国有股东在一定范围内能为企业带来资源优势，加强企业治理，提高企业的创新意愿。国有资本参与民营企业混改一方面可以优化国有资本的投资结构，在主要投资国有企业的同时，适当参与投资民营企业，有助于增强国有资本的控制力、影响力，提高国有资本运行效率与效益；另一方面，国有资本的资金实力较为雄厚，通过“逆向混改”，能够有效放大国有资本的带动作用，提升民营企业的资源获取和配置能力。①

另外，非控股国有股权能显著减轻民营企业税收负担。相对于税收征管强度较低的地区，非控股国有股权对民营企业税收负担的减轻作用在税收征管强度较高的地区更显著；相对于具有政治关联的民营企业，非控股国有股权对企业税收负担的减轻作用在无政治关联的民营企业中更显著。也就是说，非控股国有股权主要帮助民营企业获得更多的税收优惠，而不是促使企业开展激进的税收规避行为减轻税收负担。民营企业通过让渡一定的股权给国有股东，能够建立一定的政治联系，从而在经营过程中获得更多的政府优惠政策。②

四、国有企业参股投资模式

通常来说，国有企业参股投资模式主要包括两种：第一种为增加国有资产收益形成的财务性投资，主要投资于一些效益较好的竞争性行业或市场空间广阔、高成长性的项目，在投资过程中偏向于注重财务回报。第二种为提升市场竞争力实现企业长期战略目标的战略性投资，主要投资于一些具有产业协同可能性的项目，通常具有资金需求较大、回报周期较长及风险较高等特点。同时，基于国有企业追求投资回报的同时还承担着一定社会责任的特殊性，为缓解民生领

---

① 参见温磊、张懿文、张瑞琛：《“逆向混改”：国有股东参股能否促进企业内部共同富裕》，载《现代管理科学》2023 年第 2 期。

② 参见李青原、吴立扬、蔡贵龙：《非控股国有股权与民营企业税收负担》，载《管理科学》2022 年第 4 期。

域中部分重要支柱项目的融资难等问题，当地政府会要求所属国有资本控股或参股。国有企业参股在股权比例设置上，主要有以下 3 种设置：一是 34% ～50%（不含），具有天然的一票否决权；二是 20% ～33%，可以界定同业竞争权利；三是 20% 以下，在会计处理上可以作为金融资产。[①]

第二节　国有参股企业的管理控制目标

中共中央、国务院 2015 年 8 月印发的《关于深化国有企业改革的指导意见》明确了以管资本为主加强国有资产监管，由此，股权管理在国有企业集团管控中的重要地位更加凸显。2020 年 6 月，中央全面深化改革委员会审议通过了《国企改革三年行动方案（2020—2022 年）》，国企改革三年行动的深入实施，推动国有企业发展方式发生深刻转变，推动国企改革在重点领域和关键环节上取得突破性进展，充分发挥国有企业在落实国家重大战略、服务构建新发展格局中的主力军作用。[②] 党的二十大报告提出："深化国资国企改革，加快国有经济布局优化和结构调整，推动国有资本和国有企业做强做优做大，提升企业核心竞争力。"2023 年 2 月，《求是》杂志发表习近平总书记重要文章《当前经济工作的几个重大问题》，文章中对深化国资国企改革、提高国企核心竞争力作出重大部署。国资国企将全面贯彻党的二十大精神和中央经济工作会议部署，以提高企业核心竞争力和增强核心功能为重点，深入实施新一轮国企改革深化提升行动，坚定不移推动国有资本和国有企业做强做优做大，在建设现代化产业体系、构建新发展格局中发挥更大作用。随着我国国有企业改革不断深入推进，国有企业不断发展壮大的同时，国有企业对外投资参股企业的数量也日渐增多，对外投资参股企业成为国有企业经营管理中的重要一环，对其进行有效管理显得越来越重要。

国家鼓励国有企业发展混合所有制经济，促进国有资本按照市场规则有序

---

① 参见毛涓：《浅谈国有企业参股公司的投后管理》，载《商讯》2022 年第 9 期。

② 参见国务院国资委党委：《国企改革三年行动的经验总结与未来展望》，载《人民论坛》2023 年第 5 期。

进退、合理流动。"混"只是形式,而"合"才是关键,如何实现各类资本相互融合则是难点。针对更新公司通过联交所转让项目公司的控股权,即通过引入社会资本及市场化运营团队,实现项目开发的最优化资源配置,但是在国有股东仅保留项目公司10%或20%股权的情况下,无法通过《公司法》规定的表决权过半数,三分之二多数决等控股公司管理项目公司的方式实现股权管理;而对国有参股企业股权的管理,由于国有股东处于小股东地位以及参股企业法人治理结构不完善等因素的存在,管理难度较大,国有权益受侵害的风险较高。在此背景下,要实现国有资产的保值增值,加强参股股权的管理,促进国有参股企业向优向好发展,显得越来越重要。

是否要管,如何来管。是国有参股企业需要面对的两个重要问题。

针对是否要管,从以下3个方面来进行考虑。

(1)"实施城市更新行动"是党的十九届五中全会通过的《中共中央关于制定国民经济和社会发展第十四个五年规划和二〇三五年远景目标的建议》中明确提出的,市级城市更新公司与区属国资平台合资设立的区级城市更新公司牵头对区域内实施旧改(城市更新项目),是推动城市结构优化、功能完善和品质提升、转变城市开发建设方式的重大工程。项目公司(国有参股企业)涉及历史风貌保护等要求的,在招商时保留国有参股股权,就是基于国有股东在旧改项目的具体实施中起到引导和监督的作用的需要。

(2)根据《上海市市属国有企业违规经营投资责任追究实施办法(试行)》(沪府办〔2020〕40号),及《党政主要领导干部和国有企事业单位主要领导人员经济责任审计规定》和《党政主要领导干部和国有企业领导人员经济责任审计规定实施细则》等规定,国有企业的股权投资不仅是一项投资管理,也是对领导干部的领导责任考核,前者属于法律法规调整的范围,而后者则属于国资管理条线。

(3)目前仅在涉及划转国有资本至社保基金的文件[①]中提及"财务投资者"的概念,在其他国有股权管理上并未明确纳入适用。而持股比例较低的参股企

① 《北京市划转部分国有资本充实社保基金实施方案》:四、划转国有资本的管理 (一)资本管理。承接主体作为财务投资者,享有所划入国有股权的收益权、处置权和知情权,不干预企业日常生产经营管理,一般不向企业派出董事。必要时,经批准可向企业派出董事。划转对象不改变现行国有资产管理体制。承接主体和企业原股东可通过协议等方式明确股东权利的行使方式。

业是否可以参照财务投资者、战略投资人相关规定仅关注投资回报和利润获取，而不参与实际的管理，现有的法律法规和行政管理层面均未有明确规定。

基于上述，国有参股企业从国有股权管理角度来说需要进行管理，而如何管才能实现有效管理，则取决于国有参股企业如何制定管理控制目标，并根据控制目标去落实控制节点、控制手段和预后措施。

针对经营管理中的重大问题通常由股东各方通过包括股东会、董事会等公司治理机构共同决策；而针对规划方案的确定、目标成本控制和分项控制、施工单位的选择等核心管理内容，则应力争落实国有参股股东发表意见、进行决策的权利。

第三节　国有参股企业的常见问题

从中央国企，到地方国企，混合所有制改革的逐步实施，催生了越来越多的国有参股企业。对国有参股企业的股权实施有效管理，实现国有资产的保值增值，是新形势下许多国有企业面临的新问题、新挑战。

2023 年《参股办法》明确提出“为加强国有企业参股管理，提升国有资本配置效率，维护国有资产安全，促进混合所有制经济健康有序发展”的要求。在这种新形势下，国有企业加强参股股权管理，在管理观念上需要从静态的国有资产管理向动态的国有资本管理转变，首先应当针对性地分析国有企业参股股权管理面临的问题，并在此基础上提出优化对策，这有利于提高国有资本运行和配置效率，提高企业经营效益。

笔者针对性地展开对上海地区已公开市场化招商或合作项目及其股东方的调研，通过对上述公司及管理人员的访谈，了解到国有企业参股股权管理面临的一些常见问题。

一、法人治理不完善

部分参股企业股东会、董事会、监事会的运行规则、席位数量等设立不合理、不科学，存在一股独大、权力制衡缺失的问题。大股东在重大事项上拥有绝对的表决权，部分大股东利用自身在董事会、股东会上的表决权优势，为了实现自身利益的最大化,损害参股股东的权益。

参股企业法人治理不完善的问题,究其原因主要有以下几个方面。

1. 参股企业大股东拥有对企业的实际控制能力,部分大股东的公司治理意识不足,或者职业操守欠缺,存在利用这种绝对优势和便利,做出有利于自身,但侵害其他股东利益的行为。比如,部分参股企业的大股东,存在长期占用资金、利用关联交易转移利润等行为。

2. 部分参股企业对公司章程、规章制度规定的经营决策程序执行不到位,公司治理架构形同虚设,对于重大事项决策、重要人员任免、重大项目投资决策、大额资金使用等重大事项,未经充分研究论证,由经理层或者大股东直接作出决定并实施。

二、对外派人员激励不足

国有企业对参股企业的提名权,主要集中在董事、监事,另有少量的经营班子成员,大部分为兼职席位。在参股企业的实际管理过程中,对外派人员存在一定程度的激励不足问题,影响了外派人员履职的积极性,甚至有一定的负激励倾向。

对外派人员激励不足的问题,主要成因如下。

1. 外派人员除了负责国有股东的本职工作外,还在参股企业处兼任职务,工作量和责任有所增加,却并无与之相关的履职激励,造成了兼职外派人员的履职积极性欠缺,未能充分发挥建言献策、优化经营的作用。

2. 国有股东外派人员的职业发展规划定位不清晰,是在国有股东的企业内部向上发展,还是走项目公司开发经营的专业化道路,需要取决于更新公司对自身的发展定位。

三、信息获取渠道不畅

在参股企业中,尤其是偏财务投资性质的企业中,国有股东所持股权比例较低,对参股企业的影响力较小。在获取财务报表、经营数据、行使股东监督管理权利等方面,大股东和参股企业的配合度普遍较低。

信息获取渠道不畅,主要存在如下几方面的原因。

1. 在国有股东在参股企业持有股权比例较小的情况下,存在国有股东无法充分参与参股企业的经营管理决策会议,不能及时取得重要的经营信息,无法全面掌握公司基本的经营情况的情形。

2. 国有股东外派至参股企业的管理人员在向参股企业索取经营财务信息时,存在不能得到及时有效的回应,得到的信息不完整、滞后等情形。

参股股东所占股权份额较小是国有参股企业的基本特征,而在股权份额的限制条件之下,参股的国有股东往往不具备直接参与参股企业经营决策的权利,更无法及时获取与参股企业相关的关键信息,直接影响国有股东对参股企业运营状况的了解程度。

从国有参股股东的数据信息掌握情况来看,其信息掌握情况存在明显的滞后性和片面性,多数情况下是仅仅掌握了上一年度的盈利和分红信息,其他信息则基本处于一种空白的状态。信息不对称问题对国有参股股东的股权管理和控制工作会造成比较大的影响,国有参股股东无法全面了解参股企业的实际运营情况和潜在的风险因素,更无法通过合理决策途径预防和处理风险,这不仅会影响到参股企业的实际经营效果,同时也造成了较大的国有股东对外投资风险隐患。①

四、管理范围不全面

对参股企业的影响力有限,以及国有企业对股权管理归口部门的考核指标导向问题,可能造成国有企业对参股企业的管理范围,更注重于利润分配和财务指标,而忽略了参股企业的整体投资价值评判,以及参股企业的长期经营发展。

根据《公司法》的相关规定,国有参股股东的知情权、表决权和收益权要想得到充分保护,首先要做好参股股权投资的"顶层设计"。主要包括两个方面:一是国有参股股权从投资之初就应该从保护国有股东权益的方面与合资方股东签订合作协议,通过合作协议条款的明确约定确保国有股东权益不受损害。二是参股企业应建立健全的法人治理结构,完善公司章程、议事规则和重大事项决策等流程。参股企业的"三会一层"应各司其职,架构明晰;参股企业董事会成员中可设立独立董事或扩大其所占比例,以制衡大股东在董事会中的权利;同

① 参见张瑞锋:《大型国有企业参股股权管理难点和对策分析》,载《全国流通经济》2021 年第 2 期。

时，应加大监事会的监管力度，严格控制与大股东相关联的监事的人数；参股企业的公司章程约定尤为重要，公司章程中应结合实际对保护国有参股股东行使知情权、股利分配、国有产权转让以及对特定事项的否决权等条款进行明确约定。相关约定越全面规范，国有参股股东作为中小股东其权益才能得到更有效保护。①

五、管理方式较为单一

国有企业作为参股企业的少数股东，其对参股企业进行管理的方式较为单一。根据公司章程的约定，国有企业可用的管控手段大致可分为两类：一类是对于国有企业仅有权派出董事、监事，不派驻经营层人员的参股企业，管控手段只有通过股东会、董事会、监事会来行使相应权利，除此之外鲜有渠道和手段；另一类是对于国有企业有权派出董事、监事，并派驻经营管理层人员（如副总经理、财务总监等）的参股企业，这类情况下国有企业的管控手段则相对丰富，可以较为深入介入参股企业的具体经营、及时掌握相关信息。但即便是第二类参股企业，相较于国有企业对控股公司所能采取的组织管控、财务管控、人力资源管控等多种管控手段，国有企业在参股公司所能采取的管控手段仍然显得比较单一，防控经营风险的压力相对较大。

各项监管措施落实效果不佳，多数情况下是以委派董事和监事来参与董事会和监事会为主，并于每年取得分红收益。这种监管方式侧重于对经济收益的监督管理，而日常监管和重大事项监管方面则是一片空白。正是监管措施落实不到位，无法实现对国有参股企业的有效监控，参股效益低下也就成为一种常态化现象，并容易造成国有资产流失、国有参股股权贬值等诸多问题。②

六、股权退出存在阻力

在国有参股企业中，大部分国有企业股东并没有考虑到国有股权的退出路径，相关的制度也欠缺。国有企业在与合资方签订合资协议和公司章程时对股权退出条款的考虑也不周全，因此在退出股权的可选路径例如股权转让、减资退

---

① 参见郑凤麟：《国有参股股东权益保护问题及实现路径》，载《企业改革与管理》2021 年第 24 期。

② 参见李晶：《国有参股企业股权管理难点和对策》，载《经济技术协作信息》2019 年第 11 期。

出、清算注销等方面均存在较大难度。此外,由于国资股东在参股企业中所占股份的比例较低,股权退出时有可能引发公司间的关联问题,所有股东很难达成共识。①

国有企业直接向其他企业进行参股投资的目的通常在于两个方面:一是优化国有企业或者国有资本的资产规模,提高国有资产的利用率,进而达到直接增加经济效益的目的;二是对被投资企业给予一定的资金支持,从而促进被投资企业持续发展,进而带动地方经济发展,促进就业。从这两个目的的角度来看,尽管国有参股企业中的国有资产比重较小,但一旦对国有股权进行调整,则会对被投资企业造成一定程度的影响。此外,从股权退出、股权转让的角度来看,由于国有企业的特殊性质,直接股权退出或者股权转让的难度较大,且调整股权所需进行的国有资产转让的审批流程相对较为复杂,整个周期较长,多种因素均会对股权退出和股权转让决策造成影响。若在准备退出或者转让阶段出现重大外部环境或者企业发展变化,则可能会导致国有参股股权失去机遇,甚至可能造成直接的经济损失。正因如此,国有企业在对待国有参股企业时往往持谨慎的态度,其不仅需要考虑自身的效益因素,更要考虑地方经济发展、群众就业问题,故实践当中缺乏股权直接退出的案例,更多情况下是以股权转让为主,且即便是出现股权转让,也是从一个国有企业转让至另一个国有企业当中,极少数情况下才会出现国有股权转移至个体或者集体组织手中的案例。②

上述问题和对策,有的属于法律法规已有明确条款规定的,也有些属于开发建设经营过程中需要双方约定的重要事项,这些问题均可以通过公司章程和合作开发协议来进行约定。公司章程属于市场监督管理部门的备案文件,需要面向社会进行公示,并归口国有资产管理部门备查管理,如涉及变更流程相对较为复杂;而合作协议则可以更大程度地约定包括目标成本控制、规划设计管理、项目招标采购管理、安全生产管理、工程目标管理和质量管理、管理费用与营销管理、财务费用管理、运营管理等在内的众多商业和实务问题,在股东各方协商一致的情况下,进行变更只需通过股东方和参股企业内部审批流程,而无须进行外部审核备案公示。

① 参见朱之茂:《国有参股企业管理问题与对策》,载《商场现代化》2022 年第 11 期。

② 参见刘凯燕:《国有参股企业股权管理难点和对策》,载《现代营销(经营版)》2019 年第 3 期。

综上,对于国有参股公司比较推荐的设置安排是:公司治理的基本事项通过公司章程来进行约定,并保持基本条款的相对稳定性;而经营管理的重大事项则可以通过合作开发协议来进行约定和落实,并根据项目的进展由各方及时进行协商调整。

中　篇

公司章程
与公司治理

第一章　公司治理的市场案例分析与参考

城市更新是城市发展到一定阶段的一种自我调节机制，其通过结构和功能的不断调整来防止和消除城市衰退，从而增强城市整体机能。随着城市化程度的提高，城市更新的重要性日益突显。对于区域性重点的城市更新项目，或者涉及历史风貌保护的项目，既需要引入优质市场化的主体参与，借助其丰富的经验和充足的资金实施开发和运营，也需要国有企业在全流程进行引导和把关。

第一节　市场首例“场所联动”城市更新合作项目

城市更新是一项在综合考虑了经济、社会、环境等多重发展目标后，对限制城市发展的某些不符合现代发展需求的老旧区域作出的改善和提高，是一项更新城市结构、升级城市功能体系和产业结构的综合性工程。城市更新的核心是对城市空间结构的重新布局、土地资源的重新开发、经济利益的重新分配和区域功能的重新塑造。城市更新主要内容包括了五个“完善”，即完善生活功能、完善产业功能、完善生态功能、完善人文功能和完善安全功能。

围绕“聚焦民生、创新机制、整合资源、制度保障”的要求，作为上海加快旧区改造和城市有机更新的重大创新举措，上海市城市更新中心于2020年正式成立，探索建立以功能性国有企业参与旧区改造，以市场机制推动政企合作，落实超大城市旧区改造和有机更新的新模式。随着《上海市城市更新中心旧区改造项目招商管理暂行办法》（沪建旧改联〔2020〕458号）的出台，确定了旧区改造项目“场所联动”的招商工作方式，即由上海市土地市场与上海联合产权交易所场所联动，以公开方式，通过资格甄别、方案评审评分、产权交易等程序，选择招商合作单位，为在上述创新模式下探索以市场机制引入优质市场主体，解决城市更新难点问题奠定了制度基础。

2021 年 8 月完成的上海市虹口区 17 街坊项目及项目公司股权转让是首个通过上海市土地交易市场和上海联合产权交易所"场所联动"交易模式的项目（以下简称弘安里项目或弘安里项目公司），开创了城市更新的上海模式。

一、项目基本情况

17 街坊曾经先后经历过两轮旧改征询，第一轮是 2016 年，启动了"愿不愿意改造"的征询，获得街坊居民的高比例通过，但是当时旧改资金主要依据政府的财政投入，难以持续性地满足城市旧改资金需求，以及同时 17 街坊又在此期间被评为上海第二批风貌保护街坊，上述原因导致旧改的进程因此停滞；到了 2019 年，17 街坊终于重启旧改，并在短短 16 个月内就在市区合作新模式中接连创出全市"四个第一"：第一个作出征收决定，第一个启动居民签约，第一个征收生效，第一个成功交地。从停滞到重启，并最终顺利通过"场所联动"的方式完成转让旧改地块，背后反映的正是上海旧改模式从"危棚简屋改造""大拆迁大动迁"，到"拆改留并举，以拆除为主"以及"留改拆并举，以保留保护为主"的转变，体现了"深化城市有机更新，强化历史风貌保护"这一旧改新阶段的要求。

2019 年上海开始探索"政企合作、市区联手、以区为主"的旧改新模式，即由功能性国企上海地产集团下设上海城市更新公司作为全市统一的旧区改造功能性平台，来具体推进旧区改造、旧住房改造、城中村改造及其他城市更新项目的实施。并由上海城市更新公司与各区国资共同设立区属更新公司来持有各区旧改项目公司的股权，并在后续招商中根据项目是否有涉及历史风貌保护项目来确定是否在项目公司招商中保留一定股权，从而在规划、设计、施工、投资到运营的全流程中实施有效把控，避免合作的开发单位无序开发。

以此为宗旨，为确保上海方案的落地，上海制定了包括《上海市城市更新中心旧区改造项目招商管理暂行办法》在内的一系列配套支持政策，提出了"好人家、好作品、好价格"的招商标准。招商工作采用上海市土地市场与上海联合产权交易所联动的方法，即通过上海市土地交易市场遴选出符合资格的"好人家"，通过专家评审出优秀的规划实施方案“好作品”,取得入围资格则可以参与上海联合产权交易所组织的竞价环节实现“好价格”,最终规划实施方案和竞价的综合得分排序第一名则确定为最终合作单位。

通过对现有成熟交易市场及制度的合理创新,制定符合土地市场与产权市场联动协同的招商工作实施方案,通过“场所联动”的方式,实现以市场化方式规范引入“资质优、资信优、方案优”投资主体,达成为城市更新旧改项目找到“好人家、好作品、好价格”的要求。可以说,弘安里项目通过场所联动的方式成功招商,是上海模式的一个阶段化成果,也为后续的旧改项目打通了流程、铺平了道路。

弘安里项目作为市场的一个代表性案例,对于我们研究招商合作模式与完善公司治理有非常重要的参考意义。我们对弘安里项目公司在上海联合产权交易所公开挂牌披露和市场监督管理局备案的公司章程等文件所涉及的公司治理结构进行了分析。

二、三会一层结构

(一)股东会

1. 股东会构成

股东会由全体股东组成,招商完成后项目公司股权结构如表2－1－1所示。

表2－1－1　项目公司股权结构

序号	股东名称	认缴出资额(人民币)/万元	出资比例/%	出资方式	出资时间
1	苏州招恺置业有限公司(以下简称苏州招恺)	800	80	货币	2021年4月28日
2	上海虹口城市更新建设发展有限公司(以下简称虹口更新公司)	200	20	货币	2021年4月28日
合计		1000	100		

2. 股东会职权(见表2－1－2)

表2－1－2　股东会职权

《公司法》(2018 修正)	弘安里项目公司章程
第37条　股东会行使下列职权： (1)决定公司的经营方针和投资计划； (2)选举和更换非由职工代表担任的董事、监事,决定有关董事、监事的报酬事项； (3)审议批准董事会的报告； (4)审议批准监事会或者监事的报告； (5)审议批准公司的年度财务预算方案、决算方案； (6)审议批准公司的利润分配方案和弥补亏损方案； (7)对公司增加或者减少注册资本作出决议； (8)对发行公司债券作出决议； (9)对公司合并、分立、解散、清算或者变更公司形式作出决议； (10)修改公司章程； (11)公司章程规定的其他职权。 对前款所列事项股东以书面形式一致表示同意的,可以不召开股东会会议,直接作出决定,并由全体股东在决定文件上签名、盖章	第18条　公司股东会由全体股东组成,是公司的权力机构,行使下列职权： (1)对公司增加或者减少注册资本作出决议； (2)对公司合并、分立、解散、清算或者变更公司形式作出决议； (3)修改公司章程； (4)决定公司的经营方针和投资计划,决定公司的年度及中长期经营计划、项目开发建设及运营计划,并决定计划的重大调整事项,包括：(i)项目经营成本预算较公司的年度经营计划所列的经营成本预算超过3%；(ii)因销售定价导致项目销售均价低于公司年度经营计划所列的项目销售均价超过3%；(iii)在总体开发计划不变的前提下,项目年度开发进度较公司的年度经营计划时间推迟超过3个月；(iv)公司年度招商面积较原经股东会决定的经营计划发生变更的数额超过3%的议案。以上变更或调整在预算当年度内分次实施的,按年度总额累计计算； (5)对公司对外投资作出决议； (6)审议批准公司的年度财务报告、财务预算方案、决算方案； (7)审议批准公司的利润分配方案和弥补亏损方案； (8)决定公司的融资方案、融资限额、负债规模及还款方案(含本章程签署前已发生的股东借款的按比例同步还款方案),包括公司向商业银行或其他外部融资渠道借款及因此股东双方可能需要的增资、担保,双方后续投资义务(如需,包括双方须按股权比例提供的股东借款)； (9)为公司向股东或者实际控制人提供的担保或借款作出决议； (10)为公司对外提供的任何担保或借款作出决议(为购房者提供阶段性按揭担保、诉讼保全担保事项除外)； (11)对公司关联交易作出决议； (12)对公司重大交易作出决议； (13)对董事会、总经理的授权范围作出决议；

续表

《公司法》(2018 修正)	弘安里项目公司章程
	(14)由代表十分之一以上表决权的股东、三分之一以上的董事或监事书面要求审议的事宜; (15)决定并修改公司的内部政策及基本管理制度,包括但不限于劳动人事制度、财务联签制度、资金管理制度等; (16)决定公司的项目定位、产品标准、设计方案(包括但不限于建筑设计方案、绿化景观设计方案等)及其变更; (17)决定聘请具有相应资质的机构,负责项目造价预算、结算、决算及投资监理工作; (18)选举和更换非由职工代表担任的董事、监事; (19)审议批准董事会的报告; (20)审议批准公司监事的报告; (21)本章程规定的其他应由股东会审议的事项

3. 股东会的出席与表决

出席:股东会须由代表 2/3 以上表决权的股东出席方能召开。

表决:股东会会议由股东按照实缴出资比例行使表决权。股东会审议的上述事项均须经董事会或监事制订并审议通过后提交,其中第(1)~(17)项须经全体股东一致审议通过,第(18)~(21)项须经代表过半数表决权的股东通过。

关联交易:公司发生的关联交易应当提交股东会审议,与决议事项存在关联关系的股东不得对该决议行使表决权。公司为股东或者实际控制人提供担保或借款的,须经股东会决议且经无关联关系的股东一致同意。

(二)董事会

1. 董事会构成

董事会成员共 3 人,由股东推荐并由股东会选举产生。其中:苏州招恺推荐 2 人(其中 1 人推荐为董事长),虹口更新公司推荐 1 人(推荐为副董事长)。董事长、副董事长各 1 人,经股东推荐后由董事会选举产生。董事会,每届任期 3 年,经股东推荐、股东会选举可以连任。

2. 董事会职权(见表2-1-3)

表2-1-3　董事会职权

《公司法》(2018修正)	弘安里项目公司章程
第46条　董事会对股东会负责,行使下列职权: (1)召集股东会会议,并向股东会报告工作; (2)执行股东会的决议; (3)决定公司的经营计划和投资方案; (4)制订公司的年度财务预算方案、决算方案; (5)制订公司的利润分配方案和弥补亏损方案; (6)制订公司增加或者减少注册资本以及发行公司债券的方案; (7)制订公司合并、分立、解散或者变更公司形式的方案; (8)决定公司内部管理机构的设置; (9)决定聘任或者解聘公司经理及其报酬事项,并根据经理的提名决定聘任或者解聘公司副经理、财务负责人及其报酬事项; (10)制定公司的基本管理制度; (11)公司章程规定的其他职权	第33条　董事会对股东会负责,行使下列职权: (1)决定公司内部管理机构的设置,包括但不限于各职能部门的设置和各岗位的职责和权限,人员编制等; (2)根据公司年度及中长期经营计划、项目开发建设及运营计划,决定具体实施方案,并决定计划的一般调整事项,包括:(i)项目经营成本预算较公司的年度经营计划所列的经营成本预算上浮不超过3%的调整;(ii)因销售定价导致项目销售均价较公司年度经营计划所列的项目销售均价下调3%以内的调整;(iii)在总体开发计划不变的前提下,项目年度开发进度较公司的年度经营计划时间推迟3个月以内的调整;(iv)公司年度销售面积较原经股东会决定的经营计划发生变更的数额上浮不超过3%的调整。以上变更或调整在预算当年度内分次实施的,按年度总额累计计算; (3)决定非须股东会作出决议的公司固定资产或其他资产出售或购买事项,及公司合同签订事项; (4)选举董事长、副董事长; (5)根据相关股东方的推荐,决定聘任或解聘公司总经理、副总经理及财务总监、财务副总监,并决定该等人员的考核方案及薪酬; (6)根据股东会确定的对总经理的授权范围对总经理进行授权; (7)决定员工报酬、福利计划、用工计划、纳税申报; (8)决定公司外部审计师和法律顾问的聘用及更换; (9)决定公司提起任何诉讼或仲裁,解决涉及公司的任何法律请求; (10)决定由三分之一以上董事书面要求审议的事宜; (11)召集股东会会议,并向股东会报告工作; (12)执行股东会的决议; (13)就股东会审议事项制订草案

3. 董事会的出席与表决

出席:董事会经过半数董事出席方可召开。

表决:董事会会议的表决,实行一人一票。董事会审议事项均须经全体董事过半数通过,其中第(1)~(12)项为董事会有权决定并执行的事项,第(13)项在董事会审议后还需提交股东会审议通过。

(三)监事会/监事

1. 监事构成

公司不设监事会,设监事2人,由虹口更新公司和苏州招恺各推荐1人,并经股东会选举产生。监事任期每届3年,任期届满,可以连选连任不超过一届。

董事的任免规则及流程亦同时适用于监事。

公司董事、高级管理人员不得兼任监事。

2. 监事职权(见表2-1-4)

表2-1-4　监事职权

《公司法》(2018修正)	弘安里项目公司章程
第53条　监事会、不设监事会的公司的监事行使下列职权: (1)检查公司财务; (2)对董事、高级管理人员执行公司职务的行为进行监督,对违反法律、行政法规、公司章程或者股东会决议的董事、高级管理人员提出罢免的建议; (3)当董事、高级管理人员的行为损害公司的利益时,要求董事、高级管理人员予以纠正; (4)提议召开临时股东会会议,在董事会不履行本法规定的召集和主持股东会会议职责时召集和主持股东会会议; (5)向股东会会议提出提案; (6)依照本法第151条的规定,对董事、高级管理人员提起诉讼; (7)公司章程规定的其他职权	第42条　公司监事行使下列职权: (1)检查公司财务; (2)对董事、高级管理人员执行公司职务的行为进行监督,对违反法律、行政法规、公司章程或者股东会决议的董事、高级管理人员提出罢免的建议; (3)当董事、高级管理人员的行为损害公司的利益时,要求董事、高级管理人员予以纠正; (4)提议召开临时股东会会议,在董事会不履行召集和主持股东会会议职责时召集和主持股东会会议; (5)向股东会会议提出提案; (6)依法对董事、高级管理人员提起诉讼; (7)就须提交股东会审议事项制订草案; (8)法律法规、公司章程规定的其他职权 对前款所列事项作出决定时,应当采用书面形式,并由监事签名后置备于公司

(四)经营管理层

1. 经营管理层构成

公司设经营管理机构,负责公司的日常管理工作。公司实行董事会领导下的总经理负责制。

经营管理机构设总经理1名,副总经理1名,财务总监1名,财务副总监1名,任期3年,均由董事会决定聘任或者解聘。总经理由苏州招恺推荐,副总经理由虹口更新公司推荐,财务总监由苏州招恺推荐,财务副总监由虹口更新公司推荐。

股东可自行决定更换其所推荐的高级管理人员,公司董事会应当予以接受和配合履行内部决策程序。

总经理全面负责公司的经营管理工作。副总经理协助总经理工作,并直接分管财务副总监。财务总监负责公司的财务管理工作,财务副总监参与财务管理工作。

2. 经营管理层职权(见表2-1-5)

表2-1-5 经营管理层职权

《公司法》(2018修正)	弘安里项目公司章程
第49条 有限责任公司可以设经理,由董事会决定聘任或者解聘。经理对董事会负责,行使下列职权: (1)主持公司的生产经营管理工作,组织实施董事会决议; (2)组织实施公司年度经营计划和投资方案; (3)拟订公司内部管理机构设置方案; (4)拟订公司的基本管理制度; (5)制定公司的具体规章; (6)提请聘任或者解聘公司副经理、财务负责人; (7)决定聘任或者解聘除应由董事会决定聘任或者解聘以外的负责管理人员; (8)董事会授予的其他职权。 公司章程对经理职权另有规定的,从其规定。 经理列席董事会会议	第45条 总经理对董事会负责,行使下列职权: (1)组织实施公司年度经营计划和投资方案; (2)拟订公司发展规划、年度经营计划和利润分配方案; (3)拟订公司的基本管理制度; (4)制定公司的具体规章; (5)拟订公司内部管理机构设置方案; (6)按公司规定决定对除副总经理、财务总监、财务副总监外的公司其他高级管理人员的聘用、奖惩和解聘; (7)按公司规定决定对公司工作人员的录用、奖惩和辞退; (8)组织实施董事会各项决议,并向董事会报告工作; (9)全面负责公司的日常行政、业务、财务管理工作; (10)总经理经董事会授权有权代表公司对公司与第三方所签订的商业及业务合同的违约方提出终止、索赔、仲裁或诉讼; (11)拟定其他应经董事会审议事项的草案; (12)董事会授予的其他职权

3. 议事机制

弘安里项目公司经营管理机构采取每周项目例会方式,参会人员为包括股东双方派出的管理人员及现场办公人员在内的全体人员。在具体分工上,股东双方分别负责营销、成本、工程、招采,并由各自派出的副总经理分别负责。

第二节　市场同类项目股权结构分析

一、市场同类项目基本情况

我们选取了上海地区范围内国有参股项目公司较有代表性的鑫耀中城项目、嘉龙汇项目、置滨汇招项目,通过查询公开资料对其股权架构、公司治理结构、人员委派情况等进行了梳理。

(一)鑫耀中城项目(办公、商业、住宅)

根据图2－1－1股权架构,上海市国资委通过华鑫置业持有鑫耀中城项目公司上海鑫侨高置业有限公司35%的股权,徐汇区国资委通过徐汇城投集团下属公司持有项目公司5%的股权,万科股份通过下属子公司持股33.3%,香港置地通过其在境内子公司持股26.7%。

项目公司下设两家子公司,分别从事鑫耀中城项目的房地产开发建设和房地产运营两部分。

项目公司董事会共7人,人员分配上徐汇城投集团方派出董事1人,其余三家股东均派出2人(见图2－1－1)。

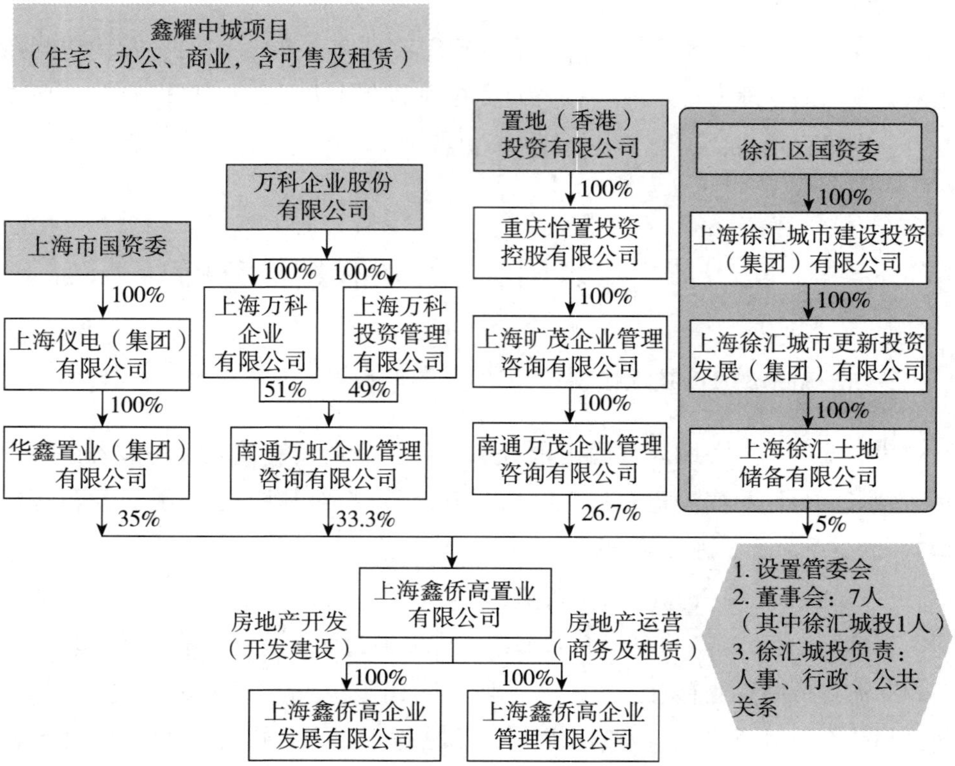

图 2-1-1 鑫耀中城项目公司股权架构

资料来源：企查查。

（二）华泾嘉龙汇项目（办公、商业、餐饮旅馆、住宅）

根据图 2-1-2 股权架构，徐汇区国资委通过徐汇城投集团下属公司持有项目公司上海嘉龙汇置业有限公司 5% 的股权，徐汇区下辖华泾镇通过上海龙华房地产有限公司持有项目公司 35% 的股权，香港铭泰有限公司通过境内子公司持股 60%。

项目公司董事会共 5 人，人员分配上徐汇城投集团与华泾镇同属徐汇区下属，合计持有 40% 股权，派出董事 2 人，香港铭泰派出董事 3 人。

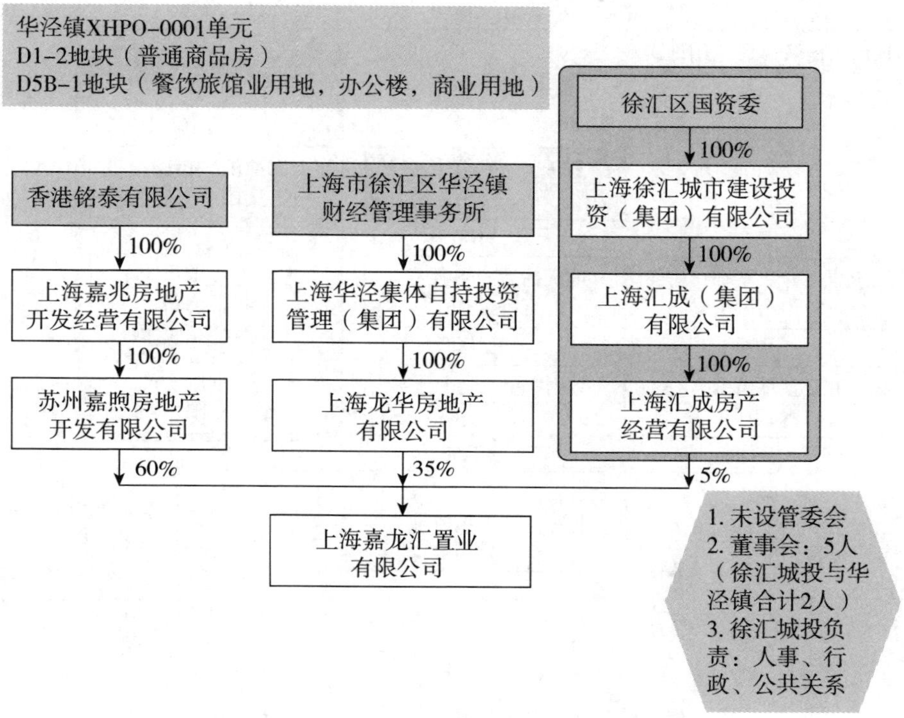

图 2-1-2　华泾嘉龙汇项目公司股权架构

资料来源：企查查。

(三)华泾置滨汇招项目(住宅)

根据图 2-1-3 的股权架构，徐汇区国资委通过徐汇城投集团下属公司持有项目公司上海置滨汇招置业有限公司 34% 的股权，香港置地通过境内子公司持股 34%，招商蛇口股份公司通过子公司持有项目公司 32% 的股权。

项目公司董事会共 3 人，人员分配上三方股东每一方均派出董事 1 人。

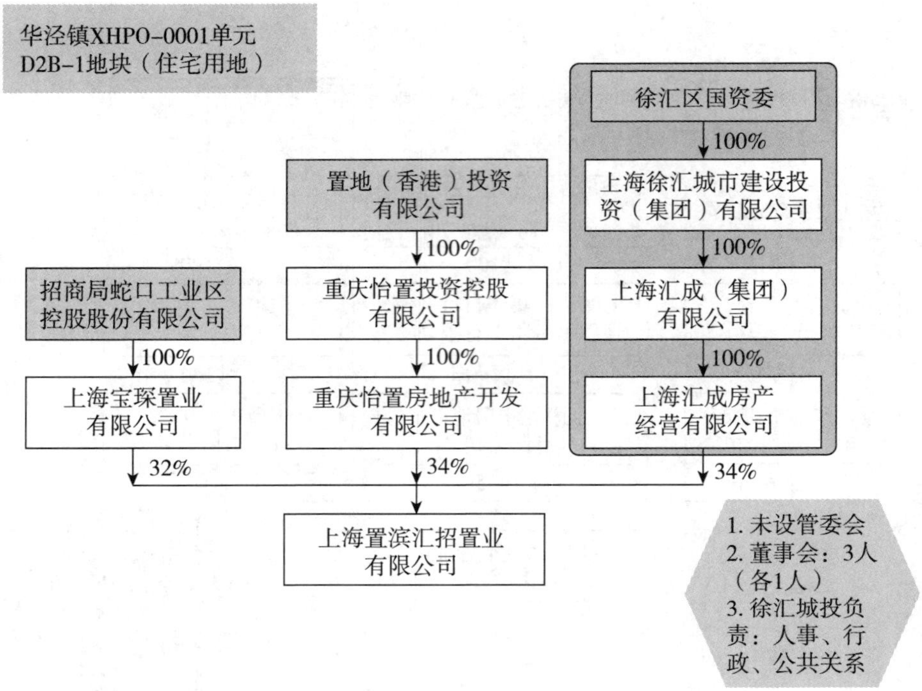

图 2-1-3　华泾置滨汇招项目公司股权架构

资料来源：企查查。

二、市场同类项目对照分析

梳理上述项目公司的治理结构对照如表 2-1-6 所示。

表 2-1-6　市场同类项目公司治理结构对比

事项	鑫耀中城项目	华泾嘉龙汇项目	华泾置滨汇招项目
土地性质	办公、商业、住宅	办公、商业、餐饮旅馆、住宅	住宅
项目性质	出售/自持运营	出售/自持运营	出售为主
区属国资股东持股比例	徐汇城投集团 5%	徐汇城投集团 5%	徐汇城投集团 34%
其余股东持股比例	华鑫置业 35% 万科股份 33.3% 香港置地 26.7%	香港铭泰 60% 华泾镇 35%	招商蛇口 32% 香港置地 34%

续表

事项	鑫耀中城项目	华泾嘉龙汇项目	华泾置滨汇招项目
董事会成员	7 名 徐汇城投 1 名 其余股东各 2 名	5 名 徐汇城投与华泾镇共 2 名 香港铭泰 3 名	3 名 股东各方各 1 名
董事长	(任法定代表人)	(任法定代表人)	(任法定代表人)
管委会设置及人员构成	有设置 每方股东派 1 人	未设置	未设置
监事(会)成员	5 名	1 名	3 名
经营管理层	股东各方有分工	股东各方有分工	股东各方有分工
股东会议事规则	按《公司法》表决,对股东和实控人担保的需其他股东过半数	除董监事报酬、审批董事会报告需二分之一以上表决权外,其余一致决	按《公司法》表决,对股东和实控人担保的需其他股东过半数
董事会议事规则	过半数出席有效,全体董事二分之一以上表决	全体董事出席有效,出席董事会的董事表决权过半数	过半数出席有效,全体董事二分之一以上表决
否决权	1. 股东会:区属国资与市属国资合并持股 40%,对重大事项(三分之二决)有否决权; 2. 董事会:无否决权	1. 股东会:需一致决,每个股东均享有否决权; 2. 董事会:知情权,但无否决权	1. 股东会:区属国资持股 34%,即拥有对重大事项(三分之二决)的否决权; 2. 董事会:无否决权

1. 从表 2 – 1 – 6 我们可以了解到,持股比例:区属国资股东在鑫耀中城项目、华泾嘉龙汇项目、华泾置滨汇招项目中分别持股比例为 5%、5% 和 34%。除华泾置滨汇招项目股权较为平均、分散外,其余项目区属国资股东均为参股小股东,但从广义的上海地方国有股权(包括市属国企、地方集体资产)比例角度来看,鑫耀中城项目、华泾嘉龙汇项目两个项目合计的国有股权均为 40%、40%。

2. 董监事安排:无论股权多寡,在董事会中均至少派 1 名董事,在监事会(监事)中至少派 1 名监事。

3. 经营管理层安排:总经理通常由大股东推荐,区属国资股东根据持有股权比例的多少确定委派管理人员。

4. 股东会议事规则:华泾嘉龙汇项目约定除个别事项半数决外其余均需一

致决(持股5%小股东也拥有股东会的否决权),其余项目股东会审议事项基本均按照《公司法》规定的普通决议事项半数以上有权决定,特别决议事项(指增减资、合并分立解散、修改章程、变更公司形式)三分之二以上有权决定,即华泾置滨汇招项目上区属国资(持股34%)在股东会上拥有对重大事项的否决权,鑫耀中城项目通过联合市国资下属华鑫公司可以在股东会上拥有对重大事项的否决权。

5. 董事会议事规则:鑫耀中城项目、华泾置滨汇招项目均未对董事会议事规则作特别规定,满足全体董事过半数出席,二分之一以上表决即可。华泾嘉龙汇项目规定董事会需要全体出席,表决则需过半数通过,强调了小股东的参与决策权和知情权。

6. 各项目中股东的业务分工及职能安排:项目的操盘通常可以分为全操盘(非操盘方则为财务投资人)和联合操盘,具体如何安排通常各方会在拿地前通过合作框架协议约定各方基本的权利义务,拿到地后则签署正式的股东合作协议明确各方的权利义务。根据各股东的擅长板块会进行分工合作,比如有的股东擅长设计、招商,有的股东则擅长工程、安全生产管理等,而通常国有股东会负责不需要投入大量人力物力的板块,比如人事、行政,并负责上述项目报批报建等公共关系事项。总体上,国有参股股东对于项目的各个板块条线均会派出人员,非主责板块的派出人员(如担任副总监之类的职务)会同时兼任几个项目公司的同等职务(根据工作任务轻重与否安排兼任),这种安排也便于国有股东及时了解对外投资项目的进展过程,充分的知情权便于及时发现风险,以便及时干预并化解风险。

7. 管委会安排:并非每个项目都会安排管委会,管委会的设计初衷是代替董事会履行部分决策事项,若管委会的派驻人员均站在股东立场,则与项目操盘方的立场未必一致,管委会协商的效率往往并不如预期的那么高。

综上,如果完全采用最有利于国资管理的方式(事无巨细均纳入审议范围),则会大大减少市场主体参与合作的意愿,但若完全市场化,则也不符合国资管理的要求,不具备国有股东与之合作的可行性。因此,较为合适的方式,是在符合国资管理基本要求的前提下,不自我设限,最大限度地走市场化之路,注重效率优先,一切以有利于经营管理为目标。

三、项目开发运营中可优化的共性问题

在以上项目开发运营过程中,也反映出许多共性的问题需进一步优化。

(一)治理结构需要进一步优化

在项目的开发运营过程中,会遇到很多的具体问题,需要落实解决。而总经理作为经营管理团队的负责人,系由一方股东推荐,可能无法全面兼顾各方股东的想法,也无法充分利用全部股东在项目推进中的各项资源优势。

现有常规的公司治理机制容易出现以下问题。

1. 参股小股东委派经营管理人员在项目公司经营管理中除已通过联合会签的方式表达管理意见外,如股东方未委派管理人员分管具体的业务部门,则实际在经营管理中的意见很难被倾听和采纳。

2. 股东各方均有各自的资源优势,如果等到上董事会、股东会时才把问题说透,不利于发挥时间效率最优和资源配置最佳的优势。因此,可以通过前置一个议事平台机构,以尽早地发挥和匹配股东各方优势,提高解决问题的效率。

(二)派出人员的安排需要进一步优化

国有股东派出人员通常是指由国有股东推荐,在项目公司中任职,其劳动人事关系在项目公司或仍保留在国有股东处的人员。针对上述人员,需要进一步明确的问题有以下几类。

1. 国有股东需要根据对项目的定位来确定参与项目公司管理的广度和深度,并据此决定派出人员的范围(涉及的岗位)。

2. 项目公司对股东派出人员的薪资待遇、绩效考核的相关要求需要进一步明确。

3. 派出人员的职业规划路线不明确,是属于房地产二级开发及运营的专业性方向培养,还是从国有投资的监管角度,这也需要与国有股东企业自身的未来发展定位进行挂钩。

4. 派出管理人员的权利来源依据、法律责任及免责边界需要明确。

第二章　公司章程与公司治理的要点

以公司章程为基础，建立合规管理体系，国有参股股东通过加强对章程落实情况的监督，依法纠正与章程不符的规定和行为，确保章程依法制定、依法实施，落实公司治理的有效运行和风险防范，可以保障参股项目公司的稳健运行和国资利益的实现。

公司治理制度与公司资本制度一同构成了公司制度的两大支柱，公司治理因其与公司商事活动的效益密切相关，与公司的存续相伴而生，相关理论的探究从未停止。相关实证研究证明，公司的治理结构也直接影响公司的市场价值，我国的投资者也对公司治理结构给予了特别的关注，并愿意为治理结构优越的公司付出较高的溢价。①

我国公司治理制度开端于 1993 年《公司法》，要求“公司实行权责分明、管理科学、激励和约束相结合的内部管理体制”②，自此开始建构股东会、董事会、监事会和经理层的相关制度，尝试通过“三会一层”的形式构造公司内部治理制衡机制。30 年过去，《公司法》历经了 4 次修正、2 次修订，有关公司治理制度的设计，始终未突破 1993 年《公司法》奠定的公司治理的制度核心，即通过股东会、董事会、监事会和经理层互相配合又互相制约的治理思路。2023 年 12 月 29 日正式通过的《公司法》(2023 修订)，对 2018 年《公司法》作出了重大修订，并在公司治理层面提出了以董事会下设审计委员会行使监事会/监事职权的选设治理结构的改革思路。

公司治理虽有多种目标，但归根结底无非以下 3 个最基本也是最重要的目

---

① 参见白重恩、刘俏、陆洲等：《中国上市公司治理结构的实证研究》，载《经济研究》2005 年第 2 期。

② 参见《公司法》(1993) 第 6 条。

标:第一是盈利,第二是和谐,第三是合法。① 在公司的实际运营过程中可以发现,我国的现有制度中公司对大股东或控股股东的法律规制较少,相关问责和追究机制也鲜少见于公司章程,在推进双方合作过程中需要对权利进行合理约束。

同时,针对国有参股公司管理的空白,上海市国有资产监督管理委员会从维护国有资产合法权益,规范公司章程角度出发,根据《公司法》(2018 修正)、《企业国有资产法》等法律法规以及国资监管相关规范性文件的规定,参考企业实践做法,于 2018 年 10 月 30 日印发了《章程示范条款(国有参股股东权益保护)》(以下简称《国资参股章程指引》)。其目的一是在《企业国有资产法》的基础上,将国资监管特殊规定纳入国有参股公司章程,以减少和避免股东之间可能发生的矛盾和纠纷;二是在《公司法》及司法解释的基础上,结合《公司法》关于章程部分条款可以自行约定的规定,参考相关案例,参考上市公司做法,对相关内容进行补充、细化和完善,防止大股东恶意损害其他股东的合法权益。

本节会以《国资参股章程指引》的相关内容为纲,结合同类项目的经验,以及《公司法》(2023 修订)的最新立法改革思路,阐述公司治理的实务要点和法律建议。

第一节　股东出资

一、法律概念

1. 关于有限责任公司资本认缴制的规定主要有《公司法》(2018 修正)第 3

---

① 参见赵旭东:《中国公司治理制度的困境与出路》,载《现代法学》2021 年第 2 期。

条第 2 款[①],第 26 条[②]和第 28 条[③],《公司法》(2023 修订)第 47 条[④]和第 266 条第 2 款[⑤];

2. 关于股东未履行或者未全面履行出资义务所产生之相关责任的规定主要有最高人民法院《关于适用〈中华人民共和国公司法〉若干问题的规定(三)》(2020 修正)(以下简称《公司法司法解释三》)第 13 条[⑥]、第 18 条[⑦]、《公司法》

① 《公司法》(2018 修正)第 3 条第 2 款:有限责任公司的股东以其认缴的出资额为限对公司承担责任;股份有限公司的股东以其认购的股份为限对公司承担责任。

② 《公司法》(2018 修正)第 26 条:有限责任公司的注册资本为在公司登记机关登记的全体股东认缴的出资额。法律、行政法规以及国务院决定对有限责任公司注册资本实缴、注册资本最低限额另有规定的,从其规定。

③ 《公司法》(2018 修正)第 28 条:股东应当按期足额缴纳公司章程中规定的各自所认缴的出资额。股东以货币出资的,应当将货币出资足额存入有限责任公司在银行开设的账户;以非货币财产出资的,应当依法办理其财产权的转移手续。股东不按照前款规定缴纳出资的,除应当向公司足额缴纳外,还应当向已按期足额缴纳出资的股东承担违约责任。

④ 《公司法》(2023 修订)第 47 条:有限责任公司的注册资本为在公司登记机关登记的全体股东认缴的出资额。全体股东认缴的出资额由股东按照公司章程的规定自公司成立之日起五年内缴足。法律、行政法规以及国务院决定对有限责任公司注册资本实缴、注册资本最低限额、股东出资期限另有规定的,从其规定。

⑤ 《公司法》(2023 修订)第 266 条第 2 款:本法施行前已登记设立的公司,出资期限超过本法规定的期限的,除法律、行政法规或者国务院另有规定外,应当逐步调整至本法规定的期限以内;对于出资期限、出资额明显异常的,公司登记机关可以依法要求其及时调整。具体实施办法由国务院规定。

⑥ 《公司法司法解释三》第 13 条:股东未履行或者未全面履行出资义务,公司或者其他股东请求其向公司依法全面履行出资义务的,人民法院应予支持。公司债权人请求未履行或者未全面履行出资义务的股东在未出资本息范围内对公司债务不能清偿的部分承担补充赔偿责任的,人民法院应予支持;未履行或者未全面履行出资义务的股东已经承担上述责任,其他债权人提出相同请求的,人民法院不予支持。股东在公司设立时未履行或者未全面履行出资义务,依照本条第一款或者第二款提起诉讼的原告,请求公司的发起人与被告股东承担连带责任的,人民法院应予支持;公司的发起人承担责任后,可以向被告股东追偿。股东在公司增资时未履行或者未全面履行出资义务,依照本条第一款或者第二款提起诉讼的原告,请求未尽公司法第一百四十七条第一款规定的义务而使出资未缴足的董事、高级管理人员承担相应责任的,人民法院应予支持;董事、高级管理人员承担责任后,可以向被告股东追偿。

⑦ 《公司法司法解释三》第 18 条:有限责任公司的股东未履行或者未全面履行出资义务即转让股权,受让人对此知道或者应当知道,公司请求该股东履行出资义务、受让人对此承担连带责任的,人民法院应予支持;公司债权人依照本规定第十三条第二款向该股东提起诉讼,同时请求前述受让人对此承担连带责任的,人民法院应予支持。受让人根据前款规定承担责任后,向该未履行或者未全面履行出资义务的股东追偿的,人民法院应予支持。但是,当事人另有约定的除外。

(2023 修订)第 49 条至第 52 条[①]、第 88 条[②],关于追加有出资义务的被执行人的规定主要有最高人民法院《关于民事执行中变更、追加当事人若干问题的规定》(2020 修正)第 17 条[③];

3. 关于股东出资义务加速到期的相关规定主要有《企业破产法》第 35 条[④]、最高人民法院《关于适用〈中华人民共和国公司法〉若干问题的规定(二)》(2020 修正)(以下简称《公司法司法解释二》)第 22 条[⑤]以及《全国法院民商事审判工

---

① 《公司法》(2023 修订)第 49 条:股东应当按期足额缴纳公司章程规定的各自所认缴的出资额。股东以货币出资的,应当将货币出资足额存入有限责任公司在银行开设的账户;以非货币财产出资的,应当依法办理其财产权的转移手续。股东未按期足额缴纳出资的,除应当向公司足额缴纳外,还应当对给公司造成的损失承担赔偿责任。第 50 条:有限责任公司设立时,股东未按照公司章程规定实际缴纳出资,或者实际出资的非货币财产的实际价额显著低于所认缴的出资额的,设立时的其他股东与该股东在出资不足的范围内承担连带责任。第 51 条:有限责任公司成立后,董事会应当对股东的出资情况进行核查,发现股东未按期足额缴纳公司章程规定的出资的,应当由公司向该股东发出书面催缴书,催缴出资。未及时履行前款规定的义务,给公司造成损失的,负有责任的董事应当承担赔偿责任。第 52 条:股东未按照公司章程规定的出资日期缴纳出资,公司依照前条第一款规定发出书面催缴书催缴出资的,可以载明缴纳出资的宽限期;宽限期自公司发出催缴书之日起,不得少于六十日。宽限期届满,股东仍未履行出资义务的,公司经董事会决议可以向该股东发出失权通知,通知应当以书面形式发出。自通知发出之日起,该股东丧失其未缴纳出资的股权。依照前款规定丧失的股权应当依法转让,或者相应减少注册资本并注销该股权;六个月内未转让或者注销的,由公司其他股东按照其出资比例足额缴纳相应出资。股东对失权有异议的,应当自接到失权通知之日起三十日内,向人民法院提起诉讼。

② 《公司法》(2023 修订)第 88 条:股东转让已认缴出资但未届出资期限的股权的,由受让人承担缴纳该出资的义务;受让人未按期足额缴纳出资的,转让人对受让人未按期缴纳的出资承担补充责任。未按照公司章程规定的出资日期缴纳出资或者作为出资的非货币财产的实际价额显著低于所认缴的出资额的股东转让股权的,转让人与受让人在出资不足的范围内承担连带责任;受让人不知道且不应当知道存在上述情形的,由转让人承担责任。

③ 最高人民法院《关于民事执行中变更、追加当事人若干问题的规定》(2020 修正)第 17 条:作为被执行人的营利法人,财产不足以清偿生效法律文书确定的债务,申请执行人申请变更、追加未缴纳或未足额缴纳出资的股东、出资人或依公司法规定对该出资承担连带责任的发起人为被执行人,在尚未缴纳出资的范围内依法承担责任的,人民法院应予支持。

④ 《企业破产法》第 35 条:人民法院受理破产申请后,债务人的出资人尚未完全履行出资义务的,管理人应当要求该出资人缴纳所认缴的出资,而不受出资期限的限制。

⑤ 《公司法司法解释二》第 22 条:公司解散时,股东尚未缴纳的出资均应作为清算财产。股东尚未缴纳的出资,包括到期应缴未缴的出资,以及依照公司法第二十六条和第八十条的规定分期缴纳尚未届满缴纳期限的出资。公司财产不足以清偿债务时,债权人主张未缴出资股东,以及公司设立时的其他股东或者发起人在未缴出资范围内对公司债务承担连带清偿责任的,人民法院应依法予以支持。

作会议纪要》(以下简称《九民纪要》)第 6 条[①]、《公司法》(2023 修订)第 54 条[②]。

二、存在的问题

在注册资本认缴制下,股东可以自行决定出资时间、出资比例等,但这并不意味着股东可以不履行出资义务,股东应按照章程载明的出资时间、出资方式、出资金额等约定及时、足额缴纳出资。《公司法》(2023 修订)新增认缴出资期限条款的规定,规定了新设公司需 5 年内缴足注册资本,存量公司应在过渡期内将出资期限调整至 5 年内。《公司法》(2023 修订)关于限期实缴出资的修订是为了解决当前实践中股东随意认缴但长期不予实缴,损害债权人利益的问题,在股东出资期限利益与保护市场交易安全之间引入的一项平衡机制。

在现行《公司法》认缴制规定下,股东出资瑕疵的情形大量出现。出资瑕疵的情形包括未按期足额出资、抽逃出资等情形。同时,还出现股东被吊销营业执照、丧失民事行为能力、被列入失信被执行人名单等无法履行公司股东义务的情形。

股东出资还应包括未按期足额按比例进行资金投入(包括股东借款、融资担保)等情形。

需要在章程条款设计时,充分考虑:

1. 约束股东按期足额出资,设置延期出资的违约责任;

2. 对瑕疵出资股东的股东权利进行限制;

3. 对经董事会催缴仍未按期出资股东失权的安排;

4. 出现无法履行股东义务的特定情形下的回购或僵局条款引入。

三、示范条款

股东各方应同步等比例履行出资义务。国有企业作为参股股东与其他股东

---

① 《九民纪要》第 6 条:在注册资本认缴制下,股东依法享有期限利益。债权人以公司不能清偿到期债务为由,请求未届出资期限的股东在未出资范围内对公司不能清偿的债务承担补充赔偿责任的,人民法院不予支持。但是,下列情形除外:(1)公司作为被执行人的案件,人民法院穷尽执行措施无财产可供执行,已具备破产原因,但不申请破产的;(2)在公司债务产生后,公司股东(大)会决议或以其他方式延长股东出资期限的。

② 《公司法》(2023 修订)第 54 条:公司不能清偿到期债务的,公司或者已到期债权的债权人有权要求已认缴出资但未届出资期限的股东提前缴纳出资。

共同出资新设企业,不得对其他股东出资提供垫资,不得先于其他股东缴纳出资,另有规定的除外。

股东未履行或者未全面履行出资义务或者抽逃出资,该部分瑕疵出资所对应的股东权利应当受限制,包括不享有利润分配请求权、新股优先认购权、剩余财产分配请求权等权利。

股东未履行出资义务或者抽逃出资,除董事会决议该股东失权之外,该股东仍应当履行出资义务或返还抽逃出资,并按照贷款利率向公司支付利息。同时,违约股东还应对守约方股东承担违约责任。因违约股东原因导致守约股东对外承担的出资责任,有权向违约股东追偿。守约股东还有权要求违约股东以一定财产担保出资义务的履行,如未按约履行,守约股东有权将担保财产拍卖、变卖,完成实缴出资。

股东不按期出资的,董事会有义务向该股东发函催缴,催缴书中可设定不少于60日的宽限期;股东在宽限期届满后仍未履行出资义务的,公司有权经董事会决议后向股东发出失权通知。自失权通知发出后该股东丧失其未缴纳出资的股权,即不再享有未缴纳出资股权对应的表决权和财产性权利(包括分红权、剩余财产分配权等)。在股东失权情况下,应在6个月内依法转让或减少注册资本并注销股权,如在6个月内未转让或注销的,由公司其他股东按比例足额缴纳相应出资。

未履行出资义务或者抽逃出资的股东应当赔偿对其他守约股东造成的违约损失,该损失按照如下方式计算并由守约股东按照出资比例分配:(1)董事会决议对其采取失权措施,赔偿金额为该股东未出资或者抽逃出资金额的一定百分比(该比例可由股东协商确定);(2)股东会决议未对其采取失权措施,赔偿金额按照该股东未出资或者抽逃出资金额的一定百分比(该比例可由股东协商确定)计算直至履行出资义务。

若公司股东发生以下情形之一,公司有权以公司经审计评估后净资产×该股东持股比例为对价受让该股东所持的失权部分股权或全部股权:

1. 股东未全额缴纳出资或抽逃部分出资,经董事会催缴在宽限期内仍未能全额缴纳而被发出失权通知的;

2. 股东被列入失信被执行人名单达3个月的;

3. 股东被吊销营业执照或丧失民事行为能力的;

4. 股东资不抵债的。

未经另一方股东同意，在一定期限内，任何一方股东均不得转让和质押其持有的公司股权。

四、法律提示

股东未履行或未全面履行出资义务，主要有3个方面的法律责任。

（一）对公司承担的法律责任

《公司法》（2023修订）第49条规定了股东对公司按期足额缴纳其所认缴全部出资的义务，股东以货币出资的，应当将货币出资足额转入公司账户；以非货币财产出资的，应当依法办理财产转移手续。若股东未履行或者未全面履行前述出资义务，则属于瑕疵履行出资义务，股东除应当向公司补足出资外，还应当对给公司造成的损失承担赔偿责任；否则，依据《公司法司法解释三》第13条的规定，公司或者其他股东有权请求其向公司依法全面履行出资义务。

在时效问题上，公司或股东请求瑕疵出资股东向公司全面履行出资义务的，一般不受诉讼时效的限制。

（二）对其他股东承担的法律责任

股东出资存在瑕疵的，除应当向公司补足出资外，还应当向已按期足额缴纳出资的股东承担违约责任。股东的出资是股东之间约定的义务，存在合同法律关系，若股东存在瑕疵出资，其他已经按期足额缴纳出资的股东作为守约方当然有权依照约定要求瑕疵出资股东承担包括继续履行、采取补救措施或者赔偿损失等违约责任。

从诉讼角度而言，股东主张该违约责任是典型的债权给付之诉，因此，应当适用诉讼时效的有关规定。

（三）对公司债权人承担的法律责任

股东在公司设立时未履行或者未全面履行出资义务，公司债权人可以要求瑕疵出资股东对公司债务不能清偿的部分在出资不足本息范围内承担补充赔偿责任，还有权要求有限公司设立时的其他股东在有设立出资义务的股东出资不足的范围内承担连带责任。债权人要求瑕疵出资股东承担责任的条件如下。

1. 债权人对公司的债权没有超过诉讼时效。

2.《公司法》（2023修订）在吸收2013年修法以来实践经验的基础上，规定了股东出资加速到期的制度,改变了原有请求未届出资期限的股东在未出资范围内对公司不能清偿的债务承担补充赔偿责任的原则,意味着股东出资加速到期常态化,即只要公司不能清偿到期债务,债权人即可要求出资期限尚未截止的股东提前缴纳出资,这一规定突破了破产程序的限制,可一定程度上减少债权人申请公司破产的情况,有助于贯彻商法上的企业维持原则。

3. 瑕疵出资股东承担责任的范围仅限于出资不足的本息范围内,这是有限责任公司基本法律特征(股东以其认缴出资额为限对公司债务承担责任)的体现。

4. 根据《公司法司法解释三》第 13 条第 3 款及《公司法》(2023 修订)第 50 条的规定,若股东是在公司设立时未履行或者未全面履行出资义务,债权人还可以请求公司设立时的其他股东与该股东在出资不足的范围内承担连带责任。

需要注意的是,公司债权人也可以依据《公司法司法解释三》第 13 条第 4 款之规定,请求未尽《公司法》(2018 修正)第 147 条第 1 款[①]、《公司法》(2023 修订)第 180 条[②]规定的忠实义务和勤勉义务致使增资部分出资未缴足的董事、高级管理人员以及不担任公司董事但实际执行公司事务的控股股东、实际控制人在出资本息范围内对公司债务不能清偿的部分承担相应责任。建议公司董事和高级管理人员在公司运营中,但凡发现存在或可能存在股东瑕疵出资情形,应积极向该等股东催缴出资,以避免不必要地对股东瑕疵出资导致的补充赔偿责任承担连带责任。

此外,建议依法依规聘请专业机构办理验资事项,特别是对于非货币财产出资,建议依法依规依约履行评估手续、资产移交手续及出资后的过户登记手续,避免出现出资不合规的情形。当股东出现被吊销营业执照、丧失民事行为能力、被列入失信被执行人名单而无法履行公司股东义务的情形时,可考虑设置"强制回购条款"以维护公司及其他股东合法权益。

---

① 《公司法》(2018 修正)第 147 条第 1 款:董事、监事、高级管理人员应当遵守法律、行政法规和公司章程,对公司负有忠实义务和勤勉义务。

② 《公司法》(2023 修订)第 180 条:董事、监事、高级管理人员对公司负有忠实义务,应当采取措施避免自身利益与公司利益冲突,不得利用职权牟取不正当利益。董事、监事、高级管理人员对公司负有勤勉义务,执行职务应当为公司的最大利益尽到管理者通常应有的合理注意。公司的控股股东、实际控制人不担任公司董事但实际执行公司事务的,适用前两款规定。

《参股办法》明确规定,不得以股权代持、“名为参股合作、实为借贷融资”的名股实债方式开展参股合作。

第二节　议案的决策管理

一、临时股东会会议召集权

(一)法律概念

1. 关于公司股东会的角色和定位的规定有《公司法》(2018 修正)第 36 条、《公司法》(2023 修订)第 58 条[①]。

2. 关于股东会会议及其召集的规定有《公司法》(2018 修正)第 39 条[②]、第 40 条[③],《公司法》(2023 修订)第 62 条、第 63 条未做重大调整。

(二)存在的问题

项目公司在完成招商股转手续后,通常国有股东的持股比例会小于 20%,甚至低于 10%,存在不能满足《公司法》规定的股东提案权的标准的情况。需要在章程条款设计时,考虑国有股东减持股权后保留提案权。

(三)示范条款

股东会会议由董事会召集,董事长主持,召开股东会会议,应当于会议召开 15 日前通知全体股东。

任意一名股东提议召开临时会议的,应当召开临时会议。

---

① 《公司法》(2018 修正)第 36 条、《公司法》(2023 修订)第 58 条:有限责任公司股东会由全体股东组成。股东会是公司的权力机构,依照本法行使职权。

② 《公司法》(2018 修正)第 39 条:股东会会议分为定期会议和临时会议。定期会议应当依照公司章程的规定按时召开。代表十分之一以上表决权的股东,三分之一以上的董事,监事会或者不设监事会的公司的监事提议召开临时会议的,应当召开临时会议。

③ 《公司法》(2018 修正)第 40 条:有限责任公司设立董事会的,股东会会议由董事会召集,董事长主持;董事长不能履行职务或者不履行职务的,由副董事长主持;副董事长不能履行职务或者不履行职务的,由半数以上董事共同推举一名董事主持。有限责任公司不设董事会的,股东会会议由执行董事召集和主持。董事会或者执行董事不能履行或者不履行召集股东会会议职责的,由监事会或者不设监事会的公司的监事召集和主持;监事会或者监事不召集和主持的,代表十分之一以上表决权的股东可以自行召集和主持。

提议股东在向公司董事会发出提议后 10 日内，董事会不能履行或者不履行召集职责的，提议股东可向公司监事会/监事提议，在提议发出 10 日内，监事会或者监事不召集和主持的，该提议股东有权自行召集和主持。

（四）法律提示

《公司法》（2018 修正）规定代表 1/10 以上表决权的股东有权召集临时股东会，如果国有股东的持股比例满足 1/10 以上，则享有法定召集权，无须在章程中作特别规定。如果国有股东的持股比例不足 1/10，则可以规定在满足特定条件情况下任意一名股东有权提议召开临时股东会议。

二、股东会最低出席人数

（一）法律概念

股东会最低出席人数系指召开股东会所需要的最低出席人数，股东会出席人数不符合《公司法》或者公司章程规定的，决议不成立。《公司法》（2018 修正）和《公司法》（2023 修订）对此均没有明确规定，但可以在公司章程中予以规定。

（二）存在的问题

项目公司在完成招商股转手续后，大股东存在利用其股权优势地位，召开并通过股东会决议的情况。需要在章程条款设计时，考虑国有股东充分的参与权和知情权。

（三）示范条款

股东会须由代表【 】（可约定比例）以上表决权的股东出席方能召开。因不足章程规定的股东出席人数导致股东会无法作出有效决议的，视为出现公司僵局。

（四）法律提示

《公司法》（2018 修正）和《公司法》（2023 修订）都没有明确的股东会最低出席人数的规定，但规定“股东会会议作出修改公司章程、增加或者减少注册资本的决议，以及公司合并、分立、解散或者变更公司形式的决议，必须经代表三分之二以上表决权的股东通过”。如考虑对大股东进行一定限制，则建议在章程中规定“股东会须由代表【 】（可设定比法定比例更高的比例）以上表决权的股东出席方能召开”。

当然，设置股东会最低出席人数是一把“双刃剑”，在限制大股东的同时，也增加了其他股东召开会议的难度，须审慎使用。在保证通知召开程序合规的前提下，股东可以通过行使投票权来表达对具体议案的意见。

三、股东会表决机制

（一）法律概念

1. 关于股东会职权的规定有《公司法》（2018 修正）第 37 条[①]，《公司法》（2023 修订）第 59 条删除“决定公司的经营方针和投资计划”，将该权限合并至董事会“决定公司的经营计划和投资方案”，删除“审议批准公司的年度财务预算方案、决算方案”，新增“股东会可以授权董事会对发行公司债券作出决议”；

2. 关于普通决议、特别决议的规定有《公司法》（2018 修正）第 43 条第 2 款、《公司法》（2023 修订）第 66 条第 2 款、第 3 款[②]，《公司法》（2018 修正）第 103 条第 2 款[③]、《公司法》（2023 修订）第 116 条第 2 款、第 3 款未做重大调整；

3. 关于股东表决权的规定有《公司法》（2018 修正）第 42 条、《公司法》（2023 修订）第 65 条[④]；

---

① 《公司法》（2018 修正）第 37 条：股东会行使下列职权：（一）决定公司的经营方针和投资计划；（二）选举和更换非由职工代表担任的董事、监事，决定有关董事、监事的报酬事项；（三）审议批准董事会的报告；（四）审议批准监事会或者监事的报告；（五）审议批准公司的年度财务预算方案、决算方案；（六）审议批准公司的利润分配方案和弥补亏损方案；（七）对公司增加或者减少注册资本作出决议；（八）对发行公司债券作出决议；（九）对公司合并、分立、解散、清算或者变更公司形式作出决议；（十）修改公司章程；（十一）公司章程规定的其他职权。对前款所列事项股东以书面形式一致表示同意的，可以不召开股东会会议，直接作出决定，并由全体股东在决定文件上签名、盖章。

② 《公司法》（2018 修正）第 43 条第 2 款：股东会会议作出修改公司章程、增加或者减少注册资本的决议，以及公司合并、分立、解散或者变更公司形式的决议，必须经代表三分之二以上表决权的股东通过。《公司法》（2023 修订）第 66 条第 2 款、第 3 款：股东会作出决议，应当经代表过半数表决权的股东通过。股东会作出修改公司章程、增加或者减少注册资本的决议，以及公司合并、分立、解散或者变更公司形式的决议，应当经代表三分之二以上表决权的股东通过。

③ 《公司法》（2018 修正）第 103 条第 2 款：股东大会作出决议，必须经出席会议的股东所持表决权过半数通过。但是，股东大会作出修改公司章程、增加或者减少注册资本的决议，以及公司合并、分立、解散或者变更公司形式的决议，必须经出席会议的股东所持表决权的三分之二以上通过。

④ 《公司法》（2018 修正）第 42 条、《公司法》（2023 修订）第 65 条：股东会会议由股东按照出资比例行使表决权；但是，公司章程另有规定的除外。

4. 关于股东回避表决的规定有《公司法》(2018 修正)第 16 条[①],《公司法》(2023 修订)第 15 条未做重大调整。

(二)存在的问题

《公司法》规定的股东会的法定职权不能涵盖项目公司运营中遇到的各种情形。在重大事项表决时,大股东可以利用其股权优势地位,在成为项目公司大股东后,通过对其有利或不利于小股东利益保护的事项,以及变更在挂牌文件中已约定的条款损害小股东的利益。因此在章程条款设计时,需要考虑以下几种情况:

1. 对于影响股东原有权利的章程修改事项,需取得相关股东的同意;

2. 对于将股东会权利向董事会、经营管理层授权的事项,则需要股东会充分审议,并听取小股东意见;

3. 在审议与股东利益存在冲突关系的表决事项时,设置股东回避表决机制。

(三)示范条款

股东会普通决议事项,经代表过半数表决权的股东通过。

股东会会议作出修改公司章程、增加或者减少注册资本的决议,以及公司合并、分立、解散或者变更公司形式的决议必须经代表【 】(可约定比例,可由股东协商确定,可高于《公司法》规定的 2/3 的比例)以上表决权的股东通过,其中关于减少或者限制股东法定权利的修改章程事项需全体股东一致通过。

股东会会议作出对董事会、经理(总经理)授权的决议,必须经代表【 】(可约定比例,该比例可由股东协商确定)以上表决权的股东通过。

股东会会议作出重大交易、关联交易、对外投资、对外担保或者其他特定事项的决议,依照公司章程中的特别规定执行。

股东会审议有关决议事项时,与决议事项有下述特别利害关系的股东不应参加投票表决,其所代表的有表决权的股权数不计入有效表决总数:(1)关联交易;(2)限制股东权利;(3)免除股东义务或责任;(4)追究股东责任;

---

① 《公司法》(2018 修正)第 16 条:公司向其他企业投资或者为他人提供担保,依照公司章程的规定,由董事会或者股东会、股东大会决议;公司章程对投资或者担保的总额及单项投资或者担保的数额有限额规定的,不得超过规定的限额。公司为公司股东或者实际控制人提供担保的,必须经股东会或者股东大会决议。前款规定的股东或者受前款规定的实际控制人支配的股东,不得参加前款规定事项的表决。该项表决由出席会议的其他股东所持表决权的过半数通过。

(5)股东董事、股东监事薪酬的决定;(6)其他与股东具有利益冲突关系的表决事项。

(四)法律提示

除《公司法》规定的法定职权之外,公司章程可以对股东会的其他职权范围进行规定。

公司章程可对表决机制作出特别规定,但是不应当突破《公司法》规定的最低表决比例,如《公司法》规定修改公司章程必须经代表2/3以上表决权的股东通过,章程作出特别规定必须由更高代表比例或者全体股东一致通过,此规定有效。公司章程规定表决事项必须经全体股东一致通过,相当于给予所有股东对表决事项的一票否决权。

四、董事会表决机制

(一)法律概念

1.关于董事会职权的规定有《公司法》(2018修正)第46条[①]。《公司法》(2023修订)第67条删除"制订公司的年度财务预算方案、决算方案",新增"股东会授予的其他职权"。

2.关于董事会表决权的规定有《公司法》(2018修正)第48条[②]、《公司法》(2023修订)第73条第2款[③]。

(二)存在的问题

《公司法》规定的董事会的法定职权不能涵盖项目公司运营中遇到的各种情

---

① 《公司法》(2018修正)第46条:董事会对股东会负责,行使下列职权:(一)召集股东会会议,并向股东会报告工作;(二)执行股东会的决议;(三)决定公司的经营计划和投资方案;(四)制订公司的年度财务预算方案、决算方案;(五)制订公司的利润分配方案和弥补亏损方案;(六)制订公司增加或者减少注册资本以及发行公司债券的方案;(七)制订公司合并、分立、解散或者变更公司形式的方案;(八)决定公司内部管理机构的设置;(九)决定聘任或者解聘公司经理及其报酬事项,并根据经理的提名决定聘任或者解聘公司副经理、财务负责人及其报酬事项;(十)制定公司的基本管理制度;(十一)公司章程规定的其他职权。

② 《公司法》(2018修正)第48条:董事会的议事方式和表决程序,除本法有规定的外,由公司章程规定。董事会应当对所议事项的决定作成会议记录,出席会议的董事应当在会议记录上签名。董事会决议的表决,实行一人一票。

③ 《公司法》(2023修订)第73条第2款:董事会会议应当有过半数的董事出席方可举行。董事会作出决议,应当经全体董事的过半数通过。

形。在重大事项表决时,大股东可以利用其在董事会中人数的优势地位,通过对其有利或不利于小股东利益保护的事项,以及变更在挂牌文件中已约定的条款损害小股东的利益。因此在章程条款设计时,需要考虑以下几种情况:

1. 将重大事项纳入董事会特别决议事项范围,设置更高的表决通过比例;

2. 在审议与股东利益存在冲突关系的表决事项时,设置董事回避表决机制。

(三)示范条款

董事会会议应有过半数的董事出席方可举行。董事会作出决议,必须经全体董事的过半数通过,但公司章程规定的特别事项必须经全体董事的【 】(可约定更高比例)以上通过的除外。董事会决议的表决,实行一人一票。

董事会对以下事项作出决议,必须经全体董事的【 】(可约定更高比例)以上通过:

1. 决定公司的经营计划和投资方案;

2. 制订公司的年度财务预算方案、决算方案;

3. 制订公司的利润分配方案和弥补亏损方案;

4. 制订公司增加或者减少注册资本以及发行公司债券的方案;

5. 制订公司合并、分立、解散或者变更公司形式的方案;

6. 其他必须经全体董事的【 】(可约定更高比例)以上通过的事项。

董事与董事会会议决议事项所涉及的企业有关联关系的,不得对该项决议行使表决权,也不得代理其他董事行使表决权。该董事会会议由过半数的无关联关系董事出席即可举行,董事会会议所作决议须经无关联关系董事过半数通过。出席董事会的无关联关系董事人数不足 3 人的,应将该事项提交股东会审议。

(四)法律提示

除《公司法》规定的法定职权之外,公司章程可以对董事会的其他职权范围进行规定。有限责任公司的董事会的议事方式和表决程序由章程规定,如章程未作特别规定,则董事会决议应由全体董事的过半数通过。对于特殊事项,建议应当实行高比例通过或者全体董事一致通过。

此外,《公司法》(2018 修正)仅规定上市公司董事的表决回避制度,但是未规定有限责任公司董事的表决回避制度,因此有必要通过章程进行规定(如公司章程已规定所有关联交易均交股东会表决,则无须作此董事回避表决的规定)。

五、重大交易决议机制

（一）法律概念

关于重大事项的规定有《企业国有资产法》第30条[①]。

（二）存在的问题

项目公司在完成招商股转手续后，容易通过重大交易滥用权利，侵害其他股东权益。因此在章程条款设计时，需要考虑以下情况：

1. 对重大事项进行定义，并设置不同议事机构的审议权限；

2. 将重大事项的表决，纳入特别决议事项，对表决程序以及比例作出特别约定，相应设置国有股东作为参股股东的表决权。

（三）示范条款

公司发生的重大交易（公司受赠现金资产除外）达到下列标准之一的（重大的标准不以金额为限），应当提交股东会审议和表决：交易涉及的资产总额占公司资产总额的【 】%（可约定比例）以上，或者绝对金额超过人民币【 】元（可约定金额）以上，该表决必须经代表【 】（可约定比例，该比例可由股东协商确定，建议设置国有股东作为参股股东的表决权）以上表决权的股东通过。重大交易涉及关联交易的，还应当按照关联交易规则进行表决。

公司股东、实际控制人、董事、监事和高级管理人员违反本条规定，未经股东会决策即对外进行重大资产交易，给公司及股东造成损失的，应当承担赔偿责任。

（四）法律提示

《公司法》（2018修正）和《公司法》（2023修订）对有限责任公司的重大交易的定义以及决议机制均未作规定，该事项可由公司章程规定。公司对外投资的决议机制可纳入或参照重大交易。

控股股东或者实际控制人容易通过重大交易滥用权利，侵害其他股东权益，因此有必要对重大交易决议机制作出特别规定。通过章程规定，对重大交易作

---

① 《企业国有资产法》第30条：国家出资企业合并、分立、改制、上市，增加或者减少注册资本，发行债券，进行重大投资，为他人提供大额担保，转让重大财产，进行大额捐赠，分配利润，以及解散、申请破产等重大事项，应当遵守法律、行政法规以及企业章程的规定，不得损害出资人和债权人的权益。

出定义,将重大交易纳入股东会决议事项,并对股东会的表决程序以及比例作出区别于普通事项的特别规定,可保障股东对重大交易的知情权和决策权,如涉及关联交易,则再通过关联交易条款予以限定。

六、对外担保决议机制

(一)法律概念

1. 关于对外担保的决策机制的规定有《公司法》(2018 修正)第 16 条[①],《公司法》(2023 修订)第 15 条未作重大调整。

2. 关于对外担保的规定有《上市公司监管指引第 8 号——上市公司资金往来、对外担保的监管要求》第 27 条第 1 项[②]、《公司信用类债券信息披露管理办法》附件 2 第 5 条[③]。

(二)存在的问题

在项目公司运营实务中,对外担保在多元投资主体企业中的问题和风险逐步显现,其主要表现为以下几种情形:

1. 对主债务及债务人状况核查不清,导致出现主债务范围扩大化及债务人丧失还款能力之情形;

2. 控股股东指令被投资企业无偿对外担保或为关系单位友情无偿担保情形增多,导致企业的担保债务风险大幅增加;

3. 对外担保决策体系不完善,导致决策权混乱,决策程序有瑕疵或违反《公司法》关于公司对外担保须出具股东会决议的强制性规定。

因此在章程条款设计时,需要考虑以下情况:

1. 针对被担保方企业的不同状况,设置不同的审批权限;

---

① 《公司法》(2018 修正)第 16 条:公司向其他企业投资或者为他人提供担保,依照公司章程的规定,由董事会或者股东会、股东大会决议;公司章程对投资或者担保的总额及单项投资或者担保的数额有限额规定的,不得超过规定的限额。公司为公司股东或者实际控制人提供担保的,必须经股东会或者股东大会决议。前款规定的股东或者受前款规定的实际控制人支配的股东,不得参加前款规定事项的表决。该项表决由出席会议的其他股东所持表决权的过半数通过。

② 《上市公司监管指引第 8 号——上市公司资金往来、对外担保的监管要求》第 27 条第 1 项:本指引所称"对外担保",是指上市公司为他人提供的担保,包括上市公司对控股子公司的担保。

③ 《公司信用类债券信息披露管理办法》附件 2 第 5 条:本编制要求中所称"对外担保",包括企业自身的对外担保及其子公司的对外担保,不含企业与子公司之间的担保。

2. 关联方担保事项,非关联方的知情权及决策权。

(三)示范条款

公司为他人提供担保,须由股东会表决且经代表【】(可约定比例,该比例可由股东协商确定)以上表决权的股东通过,但对累计担保的总额超过净资产【】(可约定比例)或者单项担保的数额超过净资产的【】(可约定比例)的担保事项,该表决必须经代表【】(可约定比例,该比例可由股东协商确定)以上表决权的股东通过。

公司不得直接或者通过子公司为董事、监事、高级管理人员及其实际控制企业提供担保。

除非经无关联关系的股东一致同意,否则公司不得为公司股东或者实际控制人提供担保,存在关联关系的股东及受实际控制人支配的股东,不得参加前款规定事项的表决。

公司股东、实际控制人、董事、监事和高级管理人员违反本条规定,未经股东会决议进行担保,给公司及股东造成损失的,应当承担赔偿责任。

(四)法律提示

《公司法》(2018 修正)、《公司法》(2023 修订)对担保事项的决策机制有规定,但对担保事项交由股东会或者董事会决策未作强制性规定,该事项可由公司章程规定。控股股东或者实际控制人较易通过担保滥用其权利,侵害其他股东权益,因此有必要在章程中对担保决议机制作出特别规定。

关于对外担保风险的应对策略有以下几种。

1. 掌握公司对外担保的情形,分为一般担保和特殊担保两种情形。一般担保,即公司为股东及实际控制人以外的其他法人、经济组织、个人提供担保。特殊担保,即公司为有投资关系的股东或者实际控制人提供的担保。

2. 遵循公司对外担保的规制。《公司法》(2018 修正)第 16 条[①]规定了公司对外担保的范围、程序和相应限制。特别地,国有独资企业、国有独资公司还应

① 《公司法》(2018 修正)第 16 条:公司向其他企业投资或者为他人提供担保,依照公司章程的规定,由董事会或者股东会、股东大会决议;公司章程对投资或者担保的总额及单项投资或者担保的数额有限额规定的,不得超过规定的限额。公司为公司股东或者实际控制人提供担保的,必须经股东会或者股东大会决议。前款规定的股东或者受前款规定的实际控制人支配的股东,不得参加前款规定事项的表决。该项表决由出席会议的其他股东所持表决权的过半数通过。

遵守《企业国有资产法》第 44 条[①]、第 45 条[②]等相关法律法规的规定。公司对外担保属于公司意思自治范畴，由公司制定章程并自行决定对外担保。

3. 严格公司对外担保的决策权。法律并未禁止公司对外进行担保，但从决策角度对公司对外担保作出了一定的限制，采用的是股东会中心主义，即使法律规定可由公司股东会或董事会行使一般担保的决策权，其本质上也是公司所有者对经营者的特别授权。一般担保情况下，由公司股东会或者董事会行使决策权，特殊担保则必须且只能由公司股东会亲自行使决策权，并出具股东会决议后方可对外担保。

4. 核查对外担保的债务范围和债务人还款能力，尽可能减少控股股东指令被投资企业无偿对外担保或为关系单位友情无偿担保之情形，尽可能预防和避免公司因不当担保而遭受损失。

七、对外借款决议机制

（一）法律概念

对外借款：是指将属于本公司可支配的货币资金借给其他公司或者个人的行为。[③]

（二）存在的问题

控股股东或者实际控制人可以通过滥用其表决权优势将公司现金对外出借，存在侵害其他股东权益的风险。

（三）示范条款

公司向他人提供借款，须由股东会表决且经代表【 】（可约定比例，该比例可由股东协商确定）以上表决权的股东通过，但对累计借款的总额超过净资产【 】（可约定比例）或者单笔借款的数额超过净资产的【 】（可约定比例）的对外提供借款事项，该表决必须经代表【 】（可约定比例，该比例可由股东协商确定）以上

① 《企业国有资产法》第 44 条：国有独资企业、国有独资公司、国有资本控股公司不得无偿向关联方提供资金、商品、服务或者其他资产，不得以不公平的价格与关联方进行交易。

② 《企业国有资产法》第 45 条：未经履行出资人职责的机构同意，国有独资企业、国有独资公司不得有下列行为：（一）与关联方订立财产转让、借款的协议；（二）为关联方提供担保；（三）与关联方共同出资设立企业，或者向董事、监事、高级管理人员或者其近亲属所有或者实际控制的企业投资。

③ 《关于推动中央企业加快司库体系建设进一步加强资金管理的意见》（国资发财评规〔2021〕75 号）第 3 条第 8 款：加强借款与融资担保管理……

表决权的股东通过。

公司不得直接或者通过子公司向董事、监事、高级管理人员及其实际控制企业提供借款。

除非经无关联关系的股东一致同意通过,否则公司不得为公司股东或者实际控制人提供借款,存在关联关系的股东及受实际控制人支配的股东,不得参加前款规定事项的表决。

本章程所指的提供借款,包括但不限于公司或子公司直接提供借款或者通过预付款、暂支款等其他形式提供借款。

控股股东、实际控制人、董事、监事和高级管理人员违反本条规定,未经股东会决议提供借款,给公司及股东造成损失的,应当承担赔偿责任。

(四)法律提示

《公司法》(2018 修正)、《公司法》(2023 修订)对有限责任公司的对外借款的决议机制均未作规定,对此事项的表决机构和表决机制可以由公司章程规定。首先可将对外借款的决策权纳入股东会范围,其次明确对对外借款的特别表决程序。

第三节 董事、监事和高级管理人员的推荐与委任

一、法律概念

1.《公司法》(2018 修正)规定由股东会选举和更换非由职工代表担任的董事、监事[①],由董事会决定聘任或者解聘公司经理及其报酬事项,并根据经理的提名决定聘任或者解聘公司副经理、财务负责人及其报酬事项。[②]《公司法》(2023 修订)相应条款未作重大调整。

---

① 《公司法》(2018 修正)第 37 条第 1 款第 2 项:股东会行使下列职权:……(二)选举和更换非由职工代表担任的董事、监事,决定有关董事、监事的报酬事项……

② 《公司法》(2018 修正)第 46 条第 9 项:董事会对股东会负责,行使下列职权:……(九)决定聘任或者解聘公司经理及其报酬事项,并根据经理的提名决定聘任或者解聘公司副经理、财务负责人及其报酬事项……

2.《公司法》(2023 修订)明确了职工人数 300 人以上的公司,除依法设监事会并有公司职工代表监事外,其董事会成员中应当有公司职工代表董事。这一修订更好地保障了职工参与公司民主管理、民主监督,而不再按公司所有制类型对职工董事的设置提出要求。根据《国有独资公司董事会试点企业职工董事管理办法(试行)》,下列人员不得担任公司职工董事:(1)公司党委(党组)书记和未兼任工会主席的党委副书记、纪委书记(纪检组组长);(2)公司总经理、副总经理、总会计师。但前述规定只适用于国有独资公司,就其他公司,高级管理人员是否可以担任职工董事目前法律以及《公司法》(2023 修订)并未有明确禁止性规定。虽然《企业民主管理规定》以及中华全国总工会《关于加强公司制企业职工董事制度、职工监事制度建设的意见》明确规定,公司高级管理人员不得兼任职工董事和职工监事,但该等文件在效力位阶上较低,其法律效力相对较弱,未来实践如何有待进一步观察。

二、存在的问题

1.《公司法》(2018 修正)、《公司法》(2023 修订)对于管理人员的任免进行了原则性规定,但未明确人员具体如何产生,由谁推荐或提名,建议在公司章程中规定股东的推荐权或者提名权,保障参股股东的权益不会受影响。

2. 派出管理人员的权责依据在股东方处尚需要规则落地,管理人员的法律责任及免责边界尚不明确。

3.《公司法》(2023 修订)规定董事"执行职务应当为公司的最大利益"。根据国务院办公厅《关于进一步完善国有企业法人治理结构的指导意见》(国办发〔2017〕36 号)规定:"国有独资公司的董事对出资人机构负责,接受出资人机构指导……国有股东派出的董事要积极维护国有资本权益"。由此会产生国有参股股东与公司利益出现分歧时的董事责任承担问题。

三、示范条款

1. 为保证国有股东对其派出人员的管理,建议在章程中加入的条款

本章程所称的国有股东派出人员是指由国有股东推荐,在本公司中任职,但劳动人事关系在本公司或仍保留在国有股东处的人员。

国有股东依照国资监管规定对派出人员,包括公司董事、监事、高级管理人

员进行审计,公司应当给予配合。

2. 董事、监事、高级管理人员的推荐及任免

(1)董事的推荐及任免

国有股东有权委派【 】名(可根据实际情况确定人数)董事参加董事会,国有股东可自行决定更换其所推荐的董事,股东会应当予以接受和配合履行相关公司决策程序,并办理相应的董事备案手续。

控股股东、实际控制人不得通过修改公司章程或者其他方式损害国有股东的董事推荐权。

(2)职工董事的推荐及任免

职工人数300人以上的公司,除依法设监事会并有公司职工代表监事外,其董事会成员中应当有公司职工代表董事。公司职工代表董事通过职工代表大会、职工大会或者其他形式民主选举产生。

(3)监事的推荐及任免

国有股东有权推荐【 】名(可根据实际情况确定人数)监事参加监事会,国有股东可自行决定更换其所委派监事,股东会应当予以接受和配合履行相关公司决策程序,并办理相应的监事备案手续。

控股股东、实际控制人不得通过修改公司章程或者其他方式损害国有股东的监事推荐权。

(4)高级管理人员推荐及任免

国有股东有权推荐【 】名高级管理人员(可根据实际情况确定人数,并载明高级管理人员的岗位,如总经理、财务总监等)参与公司经营,国有股东可自行决定更换其所推荐的高级管理人员,公司董事会应当予以接受和配合履行相关公司决策程序。

控股股东、实际控制人不得通过修改公司章程或者其他方式损害上述股东权利。

3. 关于董事、监事、高级管理人员义务及责任条款

(1)忠实和勤勉义务

董事、监事、高级管理人员应当遵守法律、行政法规和公司章程,对公司负有忠实义务和勤勉义务。董事应当对董事会的决议承担责任。董事会的决议违反法律、行政法规或者公司章程、股东会决议,致使公司遭受严重损失的,参与决议

的董事对公司负赔偿责任。

有关成员在相关决策会议曾表明异议并在会议记录中有明确记录的,可以不追究或免除相应的责任。

(2)禁止行为

董事、监事及高级管理人员不得有下列行为:

①挪用公司资金;

②将公司资金以其个人名义或者以其他个人名义开立账户存储;

③违反公司章程的规定,未经股东会同意,将公司资金借贷给他人或者以公司财产为他人提供担保;

④违反公司章程的规定或者未经股东会同意,与本公司订立合同或者进行交易;

⑤未经股东会同意,利用职务便利为自己或者他人谋取属于公司的商业机会,自营或者为他人经营与所任职公司同类的业务;

⑥接受他人与公司交易的佣金归为己有;

⑦擅自披露公司秘密;

⑧协助、纵容控股股东、实际控制人侵占公司财产;

⑨未经批准擅自领取高薪酬;

⑩购买与经营无关的财物或者服务,用于其自身使用或者消费;

⑪违反对公司忠实义务的其他行为。

董事、监事及高级管理人员违反前款规定所得的收入应当归公司所有,还应当按照其所得收入的约定比例(该比例可由股东协商确定)向公司承担赔偿责任。

董事、监事及高级管理人员违反前款规定造成公司或者股东损失的,应当承担赔偿责任。

四、法律提示

1. 外派人员相关制度落实

建议持股比例在 1/3 以上的参股企业,应委派专职董监高,并通过落实财务联签制度、增加国有股东一方银行密钥及预留印鉴等手段维护公司资产安全。

2. 外派人员责任范围及承担方式

同时,为进一步落实国有资本保值增值责任,完善国有资产监管,防止国有资产流失,上海市参照《中央企业违规经营投资责任追究实施办法(试行)》制定了《上海市市属国有企业违规经营投资责任追究实施办法(试行)》(沪府办〔2020〕40号),该办法系针对企业管理人员违反规定,未履行或未正确履行职责,在经营投资中造成国有资产损失或其他不良后果,经调查核实和责任认定,对相关责任人进行处理的文件。该办法明确规定了责任追究的范围和情形,以及对于风险管理、购销管理、工程承包与建设、资金管理、转让产权、上市公司股权和资产、固定资产投资、投资并购、改组改制、实物资产管理等方面的责任追究情形。上述规定对于国有参股企业中国有股东派出的管理人员的职责边界确定也有一定的参考意义。

目前,针对国有参股公司的国有股东外派管理人员,尚不适用国有企业领导人员离任审计制度①,但考虑到国有企业领导干部的工作调动性、兼职等因素,涉及国资管理干部的经济责任审计事项也建议纳入考虑。

从对外投资角度,国有企业所属子企业违规经营投资的,上级企业管理人员应当承担相应的责任。上一级企业有关人员应当承担相应责任的情形包括以下几种。

(1)发生重大资产损失且对企业生产经营、财务状况产生严重不良后果的。

(2)多次发生较大资产损失或重大资产损失的。

除上一级企业有关人员外,更高层级企业有关人员也应当承担相应责任的情形包括以下两种。

(1)发生违规违纪违法问题,造成资产损失金额巨大且危及企业生存发展的。

(2)在一定时期内,多家子企业连续集中发生重大资产损失的。

同时,根据《关于激励上海地方国有企业管理人员担当作为实行容错纠错的实施办法(试行)》规定,相关企业人员可以提出容错纠错申请,针对违规责任追

① 国企领导人员的离任审计主要适用《企业国有资产法》、《审计法》、《审计法实施条例》、《党政主要领导干部和国有企事业单位主要领导人员经济责任审计规定》、《党政主要领导干部和国有企业领导人员经济责任审计规定实施细则》和上海市人民政府办公厅印发《〈关于进一步加强和改进内部审计工作的意见〉的通知》的相关规定。

究事项对容错纠错对象开展调查核实、形成调查报告、形成容错认定建议，结果反馈当事人及所在单位、监督企业整改等。

3. 国有参股股东与公司利益分歧时董事责任承担

参考《金融机构国有股权董事议案审议操作指引》(2023 修订)第 5 条“股权董事应当承担的责任不因派出机构出具审核意见、作出风险提示而转移”并根据《公司法》(2023 修订)对于董事勤勉义务的要求，派出董事如按照履职权限，遵循股东单位的集体意志，在董事会上发表了不符合公司利益的意见，如该决议导致公司利益受损，其个人需要承担责任。①

另外，《民法典》第 1191 条规定“用人单位的工作人员因执行工作任务造成他人损害的，由用人单位承担侵权责任”，但根据《公司法》(2023 修订)第 191 条规定，对职务行为具有重大过错的董事需与公司一起向第三人承担赔偿责任。

由此可见，国企派出董事履职责任承担如表 2－2－1 所示。

表 2－2－1　国企派出董事履职责任承担

派出董事意见	符合公司利益且符合股东利益	符合公司利益但不符合股东利益	不符合公司利益但符合股东利益
派出董事赞成票	无责	根据派出机构的内部管理制度向股东承担责任	如决议通过且该决议导致公司利益损失，在公司层面需要承担责任
派出董事反对票	无责	无责	根据派出机构内部管理制度向股东承担责任

4. 对第三人责任承担

《公司法》(2023 修订)突破替代责任的原理，新增董事、高管对第三人责任的规定，即第三人在损害赔偿时，可以要求公司承担赔偿责任，也可以直接要求董事、高管履行赔偿责任②。这一新增条款有效保护了受害人的合法权益，实现对受害人充分有效的补偿，也有效遏制董事、高管的侵权行为，间接提高了对董事及高管的勤勉及忠实义务的要求。

---

① 《公司法》(2023 修订)第 125 条第 2 款：董事应当对董事会的决议承担责任。董事会的决议违反法律、行政法规或者公司章程、股东会决议，给公司造成严重损失的，参与决议的董事对公司负赔偿责任；经证明在表决时曾表明异议并记载于会议记录的，该董事可以免除责任。

② 《公司法》(2023 修订)第 191 条：董事、高级管理人员执行职务，给他人造成损害的，公司应当承担赔偿责任；董事、高级管理人员存在故意或者重大过失的，也应当承担赔偿责任。

第四节　财务与资金管理

一、法律概念

1. 关于控股股东的规定有《公司法》(2018 修正)第 216 条第 2 项、《公司法》(2023 修订)第 265 条第 2 项[①]。

2. 抽屉协议:现行法律法规中并未有明确定义。抽屉协议在证券市场、金融市场以及基金市场都存在不同的理解。抽屉协议约定的权利义务,往往在某些特定条件成立时才生效,而这也是抽屉协议从抽屉里被拿到抽屉外的时刻。

3. 阴阳合同:现行法律法规中并未有明确定义。其共同的特点是以求获得更多的收益,应对国家对特定合同的批准或备案等手续,就同一事项订立了两份实质内容不相同的合同,一份对内、一份对外,对内是实际履行的"阴合同",对外是专为办理相关手续使用的"阳合同"。就合同订立目的而言,阴合同是合同当事人真实的意思表示,而阳合同一般是为逃避国家税收、监管等目的而签署的。

二、存在的问题

项目公司控股股东(操盘方)现有的财务制度体系有缺项或与国资管理要求存在不一致(如控股股东集团的资金归集,在项目公司开发贷中通过与总包或者分包签订抽屉协议、资金走账的方式超额提取贷款资金等),无法满足国资财务管控的要求,以及控股股东拟采用的融资手段(比如银行保理、资产证券化等方式)不属于国资财务管控明确禁止的情形时是否可以适用。

在章程条款设计时,需考虑以下制度规范。

1. 建立包括担保业务工作制度(超过公司章程所规定的担保限额的对外担保事项等)、对外捐赠管理制度(超过规定或预算范围的对外捐赠事项)、资金管

---

① 《公司法》(2023 修订)第 265 条第 2 项:控股股东,是指其出资额占有限责任公司资本总额超过百分之五十或者其持有的股份占股份有限公司股本总额超过百分之五十的股东;出资额或者持有股份的比例虽然低于百分之五十,但依其出资额或者持有的股份所享有的表决权已足以对股东会的决议产生重大影响的股东。

理内控制度(企业重大融资或资金支付行为)、资产减值准备财务核销管理工作制度、内控体系建设方案、资产负债率管控工作方案在内的重大财务制度规范。

2. 参股企业应对公司财务条线进行管控,建立并落实财务风险预警、重大风险排查和跟踪监测制度。

三、示范条款

公司董事会应建立并通过包括担保业务工作制度、对外捐赠管理制度、资金管理内控制度、资产减值准备财务核销管理工作制度、内控体系建设方案等在内的财务管理制度。

监事会应检查财务管理制度的执行。不设监事会的则应由董事会审计委员会行使该项监事会职权。

股东各方向公司提供借款和担保的,原则上应按照持股比例。如确需一方股东超比例提供借款或担保,则另一方股东应向前述股东提供除其所持本公司股权以外的财产作为担保。

四、法律提示

根据《市国资委监管企业防范化解重大风险工作方案》、《市国资委关于深入推进监管企业开展防范化解重大风险工作的通知》、《2020 年监管企业防范化解重大风险工作的通知》、《关于印发〈市国资委委管企业资产减值准备财务核销工作办法〉的通知》、《关于加快市国资委系统企业内控体系建设的意见》、《关于印发〈上海市国资委监管企业资产负债率管控工作方案〉的通知》和中共中央办公厅、国务院办公厅印发《关于加强国有企业资产负债约束的指导意见》等通知要求,需要落实财务风险预警、重大风险排查和跟踪监测。

根据《上海市国有企业担保业务财务核算及内部控制工作指引》《关于进一步加强市国资委委管企业资金管理的通知》《关于进一步加强市国资委监管企业资金管控若干重点工作的通知》等通知要求,需要制定相关财务规范管理制度。

涉及国有企业资金管理方面责任追究的情形包括以下几种:

1. 违反决策和审批程序或超越权限筹集和使用资金;

2. 违反规定以个人名义留存资金、收支结算、开立银行账户;

3. 设立“小金库”；

4. 违反规定集资、发行股票或债券、捐赠、担保、委托理财、拆借资金或开立信用证、办理银行票据、开展外汇或金融衍生品业务等；

5. 虚列支出套取资金；

6. 违反规定超发、滥发薪酬福利；

7. 因财务内控缺失或未按照财务内控制度执行，发生资金挪用、侵占、盗取、欺诈等。

第五节　关联交易

一、法律概念

1. 关于关联方的规定有《企业会计准则第36号——关联方披露》第3条第1款[①]、《企业国有资产法》第43条第2款[②]。

2. 关于关联交易的规定有《公司法》(2018修正)第216条第4项、《公司法》(2023修订)第265条第4项[③]、《企业会计准则第36号——关联方披露》第7条[④]。

3. 违反关联交易的责任的规定有《公司法》(2018修正)第21条、《公司法》(2023修订)第22条[⑤]。

---

① 《企业会计准则第36号——关联方披露》第3条第1款：一方控制、共同控制另一方或对另一方施加重大影响，以及两方或两方以上同受一方控制、共同控制或重大影响的，构成关联方。

② 《企业国有资产法》第43条第2款：本法所称关联方，是指本企业的董事、监事、高级管理人员及其近亲属，以及这些人员所有或者实际控制的企业。

③ 《公司法》(2018修正)第216条第4项、《公司法》(2023修订)第265条第4项：关联关系，是指公司控股股东、实际控制人、董事、监事、高级管理人员与其直接或者间接控制的企业之间的关系，以及可能导致公司利益转移的其他关系。但是，国家控股的企业之间不仅因为同受国家控股而具有关联关系。

④ 《企业会计准则第36号——关联方披露》第7条：关联方交易，是指关联方之间转移资源、劳务或义务的行为，而不论是否收取价款。

⑤ 《公司法》(2023修订)第22条：公司的控股股东、实际控制人、董事、监事、高级管理人员不得利用关联关系损害公司利益。违反前款规定，给公司造成损失的，应当承担赔偿责任。

二、存在的问题

关联交易有其积极性的一面,由于关联方交易是发生在关联方之间的交易,关联交易双方相互了解,彼此信任,出现问题易于协调解决,交易能高效、有序地进行。这对于优化企业资本结构,提高资产盈利能力,及时筹措资金,降低投资机会成本,提高营运资金效率,保证企业的生产经营快速发展,具有积极的作用。但同时,关联交易也存在不等价交易及虚假交易等问题,导致损害少数股东权益,侵占公司利润等情况的发生,需要防范其危害性。

项目公司在完成招商股转手续后,控股股东存在利用股权优势地位安排关联交易且未经股东会、董事会等决策机构审批,从而导致股东或实际控制人因关联交易损害公司利益的情况。同时,由于《公司法》(2018 修正)、《公司法》(2023 修订)均对有限公司关联交易所需要的决策程序并无硬性规定,存在董事会审议和股东会审议两种情况且决策比例不一。

因此在章程条款设计时,需要考虑以下制度机制:

1. 关联交易事项前置审批制度,并明确决策机构及决策权比例;
2. 关联交易事项,设置关联董事、关联股东回避表决机制;
3. 关联交易价格的评估定价机制。

三、示范条款

涉及关联关系的任何交易均为关联交易。为防止公司利益转移,公司发生的关联交易应当提交股东会审议,与决议事项存在关联关系的股东及受实际控制人支配的股东不得对该决议行使表决权,该项表决由出席会议的其他股东所持表决权的约定比例以上通过,未经股东会决议通过的关联交易无效。

公司的控股股东、实际控制人、董事、监事、高级管理人员不得利用其关联关系损害公司利益,违反前款规定,给公司以及股东造成损失的,应当承担赔偿责任。

本章程所指关联交易是指公司控股股东、实际控制人、董事、监事、高级管理人员与其直接或者间接控制的企业之间的关系,以及可能导致公司利益转移的其他关系。但是,国家控股的企业之间不能仅因为同受国家控股而认定具有关联关系。

董事与董事会决议事项所涉及的企业有关联关系的，不得对该项决议行使表决权，也不得代理其他董事行使表决权。

四、法律提示

《公司法》(2018 修正)、《公司法》(2023 修订)对关联交易的规定较为原则，特别是对于有限责任公司而言，需要通过公司章程对关联交易范围进行细化。控股股东或实际控制人、董事、监事和高级管理人员均可能通过关联交易滥用其权利，如通过与外部的供应商签订采购合同等方式进行利益输送，由此侵害公司及其他股东权益，故有必要对关联交易决议机制作出特别规定。首先将关联交易的决策权纳入股东会范围，其次是明确对关联交易的特别表决程序，特别是回避表决机制。

在现行的公司治理结构中，董事、监事、高级管理人员担当越来越重要的角色，《公司法》(2018 修正)、《公司法》(2023 修订)对其约束是较原则性的，因此有必要通过章程规定来明确董事、监事、高级管理人员所承担的具体义务和责任。

具体落实的措施可以包括以下几种：

1. 规范关联交易基本制度，落实合规审批。建立健全关联交易制度，加强公司内部的股东会及董事会的审批及决策能力，严格执行《公司法》及公司章程规定的股东会、董事会的审批制度。设计好、执行好公司股东、实际控制人及董监高的限制规范，减少因关联交易而损害公司利益的风险。

2. 防范关联交易的不公平性。对于关联交易可在事前采取各种积极措施，防止因资本多数决制度的滥用导致不公平关联交易的产生。主要的预防措施有以下几种。

(1)披露拟合作方企业基本信息。应向董事、股东充分披露拟合作方企业经营性质或类型、法定代表人、注册地、注册资本、投资方等信息，对该企业的业务资质、业务专长、业务报价做充分展示。

(2)股东表决权排除制度。股东表决权排除制度也称表决权回避制度，指当企业的股东与股东会讨论的决议事项有利害关系时，该股东或代理人均不得就其持有的股权行使表决权的制度，即当股东会的某一表决事项与其中股东存在利害关系时，涉及该利害关系的股东无权就此事项的会议决议进行表决。该制度最主要的功能是防止大股东滥用资本多数决损害公司和小股东利益。

(3)评估制度,这是公平价格的基本保障。《企业国有资产法》第36条规定,国家出资企业与他人交易应当依法进行评估,确保公平有偿,取得合理对价。

第六节　收益与分红

一、法律概念

关于利润分配权的规定有《关于政协十三届全国委员会第二次会议第1842号(财税金融类158号)提案答复的函》[①]、《公司法》(2018修正)第166条[②],《公司法》(2023修订)第210条、第211条未作重大调整,但增加了董事、监事、高级管理人员违法分配给公司造成损失的赔偿责任。

二、存在的问题

分红比例通常股东双方都有共识按照实缴出资比例来进行分配,但分配原则是应分尽分,还是从长期经营角度留存部分不分配,以及分配的频率是按年分配,还是项目清算时分配均需要进行事先明确。

分配权作为股东的一项重要权益,在章程条款设计时,需考虑:

1. 明确分配的一般性原则:按实缴出资比例分配、以分配为原则、不分为例外;

2. 在股东一致同意情况下,通过股东会决议方式调整分配政策的例外情形。

---

① 《关于政协十三届全国委员会第二次会议第1842号(财税金融类158号)提案答复的函》:利润分配权是指股东有权按照出资或持股比例请求分配公司利润的权利。是否分配和如何分配公司利润,原则上属于商业谈判和公司自治的范畴。

② 《公司法》(2018修正)第166条:公司分配当年税后利润时,应当提取利润的百分之十列入公司法定公积金。公司法定公积金累计额为公司注册资本的百分之五十以上的,可以不再提取。公司的法定公积金不足以弥补以前年度亏损的,在依照前款规定提取法定公积金之前,应当先用当年利润弥补亏损。公司从税后利润中提取法定公积金后,经股东会或者股东大会决议,还可以从税后利润中提取任意公积金。公司弥补亏损和提取公积金后所余税后利润,有限责任公司依照本法第三十四条的规定分配;股份有限公司按照股东持有的股份比例分配,但股份有限公司章程规定不按持股比例分配的除外。股东会、股东大会或者董事会违反前款规定,在公司弥补亏损和提取法定公积金之前向股东分配利润的,股东必须将违反规定分配的利润退还公司。公司持有的本公司股份不得分配利润。

三、示范条款

公司分配当年税后利润时,在公司弥补亏损和提取公积金、公益金后,应当至少将可分配利润的一定比例(该比例可由股东协商确定,或原则性表述为采取积极的利润分配政策)进行现金分配。经全体股东一致同意,可以对分配政策进行调整。

控股股东、实际控制人或者董事违反本条规定,视为其滥用权利,由此导致公司不分配利润,给其他股东造成损失,股东可对公司提起分配利润之诉,股东及负有责任的董事、监事、高级管理人员因此给公司造成损失的,应当承担赔偿责任。

四、法律提示

参照《中央企业国有资本收益收取管理办法》中对"国有资本收益"的定义,国有资本收益是指国家以所有者身份依法取得的国有资本投资收益,包括国有股股利、股息,国有产权转让收入,国有控股、参股企业国有股权(股份)分享的公司清算收入(扣除清算费用)等国有资本收益。

财政部跟国资委出台这个文件代表着改革的方向,明确了国有企业的盈利性要求,同时由于国有企业产权关系的复杂性和多元化(国务院代表人民,委托国资委代表国家监管企业,同时国资委又进一步委托国有企业、国企高管来从事具体的经营管理工作),国有产权关系实际体现为一种财产信托关系。

分红的政策,究竟是短期利益最大化还是长期利益最大化,是股东利益最大化还是公司利益最大化,并没有定论。但从国有投资收益角度,还是鼓励国有控股参股的公司推行积极的分红政策(除非能论证少分红更符合国家的产业政策,更符合全体股东最大利益)。

利润分配权是股东权利的主要内容,根据《公司法》(2018 修正)及其司法解释的规定,公司股东会可自主决定作出不予分配的决议。因此,可以对公司每年进行税后利润分配及具体分配比例在章程中进行规定,同时可明确如因公司实际经营所需,各股东可召开临时股东会议,对利润分配事项作出调整,但该事项须经全体股东一致同意。

若公司根据公司章程规定的程序宣派红利,可以约定按照认缴或实缴出资比例进行分配,从权利对等角度,以实际出资比例进行分配符合股东各方的利益。

第七节　信息与知情权

一、法律概念

股东知情权是股东了解公司经营状况、监督管理层的重要方式,是股东行使其他股东权的重要基础。关于知情权的规定有《公司法》(2018 修正)第 33 条[①],《公司法》(2023 修订)第 57 条[②]新增股东有权查阅、复制股东名册,并将股东的知情权范围扩到会计凭证,新增股东查阅公司会计资料时可以委托会计师和律师辅助其行使查阅权,明确股东知情权的范围可延伸到全资子公司。

二、存在的问题

《公司法》(2018 修正)规定的股东知情权范围和实现条件是最基础的保障,与国资监管的信息报送要求,以及从国资权利保障、救济实现角度,存在一定的差距。为落实保障国有股东依法行使知情权,避免股东双方就知情权存在争议时缺乏有效的制度支撑依据,在章程条款设计时,需考虑:

1. 明确知情权范围和行使程序;

2. 满足国资监管要求的公司配合义务。

---

① 《公司法》(2018 修正)第 33 条:股东有权查阅、复制公司章程、股东会会议记录、董事会会议决议、监事会会议决议和财务会计报告。股东可以要求查阅公司会计账簿。股东要求查阅公司会计账簿的,应当向公司提出书面请求,说明目的。公司有合理根据认为股东查阅会计账簿有不正当目的,可能损害公司合法利益的,可以拒绝提供查阅,并应当自股东提出书面请求之日起十五日内书面答复股东并说明理由。公司拒绝提供查阅的,股东可以请求人民法院要求公司提供查阅。

② 《公司法》(2023 修订)第 57 条:股东有权查阅、复制公司章程、股东名册、股东会会议记录、董事会会议决议、监事会会议决议和财务会计报告。股东可以要求查阅公司会计账簿、会计凭证。股东要求查阅公司会计账簿、会计凭证的,应当向公司提出书面请求,说明目的。公司有合理根据认为股东查阅会计账簿、会计凭证有不正当目的,可能损害公司合法利益的,可以拒绝提供查阅,并应当自股东提出书面请求之日起十五日内书面答复股东并说明理由。公司拒绝提供查阅的,股东可以向人民法院提起诉讼。股东查阅前款规定的材料,可以委托会计师事务所、律师事务所等中介机构进行。股东及其委托的会计师事务所、律师事务所等中介机构查阅、复制有关材料,应当遵守有关保护国家秘密、商业秘密、个人隐私、个人信息等法律、行政法规的规定。股东要求查阅、复制公司全资子公司相关材料的,适用前四款的规定。

三、示范条款

公司应当定期向股东提供财务报表、审计报告。股东有权查阅、复制公司章程、股东名册、公司债券存根、股东会会议记录、董事会会议决议、监事会会议决议、财务会计报告和公司会计账簿及原始凭证等会计凭证,公司应当自股东提出书面请求之日起15日内提供相应材料供股东查阅复制,如公司拒绝提供查阅的,应当自股东提出书面请求之日起15日内书面答复股东并说明理由。

股东有权委托会计师事务所、律师事务所等中介机构查阅、复制有关材料,但应当遵守有关保护国家秘密、商业秘密、个人隐私、个人信息等法律、行政法规的规定。

国有股东因国资监管要求,有权聘请专业机构对公司进行审计,公司应当自国有股东提出书面请求之日起15日内予以配合并提供完整审计所需资料,并就国有股东按照国资监管的规定履行信息报送义务,提供必要的支持和配合。

股东知情权的行使对象包括公司全资出资的子公司及控股子公司。

四、法律提示

根据《公司法》(2018修正)、《公司法》(2023修订)及司法解释规定,股东享有知情权。但是司法实践中,对知情权保护的范围以及力度,仍未明确,因此建议通过章程规定知情权的范围,以及其行使的程序。一方面保障股东的知情权,保证公司与股东之间信息的畅通交流;另一方面也规范股东行使知情权的程序,保证公司信息对股东公平、适当地公开,避免在股东知情权的执行上产生矛盾。

股东有权查阅公司的财务信息和资料,因此公司应当规范财务管理,防止因财务管理不规范和信息不透明,造成股东之间及股东与公司之间的纠纷。

对于股东审计权,《公司法》(2018修正)、《公司法》(2023修订)及司法解释未予以规定。因此,建议通过章程规定国有股东审计权。至于股东知情权的行使对象是否包括由公司全资出资的子公司及控股公司,各方股东可以协商确定。

此外,公司在向股东提供有关公司资料、财务信息的过程中要履行相应的保密和信息安全的义务,保护国家秘密、商业秘密、个人隐私、个人信息等。公司应当避免自身在向股东提供资料的过程当中出现侵犯其他个人合法权益的情况。对此,建议公司制定明确的股东信息提供的规范制度,严格遵守相应的程序。

第八节　国有企业延伸审计与评估、可研

一、法律概念

1. 关于企业国有资产评估项目的规定有《企业国有资产评估管理暂行办法》第6条[①]、第7条[②],《企业国有资产法》第47条[③],《上海市企业国有资产评估管理暂行办法》第5条[④]、第6条[⑤]。

2. 关于最低转让价格的规定有《企业国有资产法》第55条[⑥],《企业国有资

---

① 《企业国有资产评估管理暂行办法》第6条:企业有下列行为之一的,应当对相关资产进行评估:(一)整体或者部分改建为有限责任公司或者股份有限公司;(二)以非货币资产对外投资;(三)合并、分立、破产、解散;(四)非上市公司国有股东股权比例变动;(五)产权转让;(六)资产转让、置换;(七)整体资产或者部分资产租赁给非国有单位;(八)以非货币资产偿还债务;(九)资产涉讼;(十)收购非国有单位的资产;(十一)接受非国有单位以非货币资产出资;(十二)接受非国有单位以非货币资产抵债;(十三)法律、行政法规规定的其他需要进行资产评估的事项。

② 《企业国有资产评估管理暂行办法》第7条:企业有下列行为之一的,可以不对相关国有资产进行评估:(一)经各级人民政府或其国有资产监督管理机构批准,对企业整体或者部分资产实施无偿划转;(二)国有独资企业与其下属独资企业(事业单位)之间或其下属独资企业(事业单位)之间的合并、资产(产权)置换和无偿划转。

③ 《企业国有资产法》第47条:国有独资企业、国有独资公司和国有资本控股公司合并、分立、改制,转让重大财产,以非货币财产对外投资,清算或者有法律、行政法规以及企业章程规定应当进行资产评估的其他情形的,应当按照规定对有关资产进行评估。

④ 《上海市企业国有资产评估管理暂行办法》第5条:企业有下列行为之一的,应当对相关资产进行评估,并办理评估项目的核准或备案手续:(一)整体或部分改建为有限责任公司或者股份有限公司;(二)以非货币资产对外投资;(三)合并、分立、破产、解散;(四)非上市公司国有股东股权比例变动;(五)产权转让;(六)资产转让、置换;(七)整体资产或者部分资产租赁给非国有企业;(八)以非货币资产偿还债务;(九)资产涉讼;(十)收购非国有单位的资产;(十一)接受非国有单位以非货币资产出资;(十二)接受非国有单位以非货币资产抵债;(十三)法律、行政法规规定的其他需要进行资产评估的事项。

⑤ 《上海市企业国有资产评估管理暂行办法》第6条:企业有下列行为之一的,可按经核准或备案的评估值或最近一期审计报告确认的净资产值为基准确定相应价格:(一)市国资委对国有全资企业增资;(二)按规定实施的无偿划转;(三)国有全资企业之间进行的国有产权置换、产权协议转让等行为;(四)增资或减资企业和投资方均为国有全资企业;(五)企业与其下属全资企业之间(或企业下属全资企业之间)产权协议转让、国有产权置换、非同比例增减资等,且不影响国有权益和其他股东权益的行为;(六)上级国有单位收回且不涉及资产处置的国有全资企业的解散清算行为。

⑥ 《企业国有资产法》第55条:国有资产转让应当以依法评估的、经履行出资人职责的机构认可或者由履行出资人职责的机构报经本级人民政府核准的价格为依据,合理确定最低转让价格。

产评估管理暂行办法》第 22 条[①],《企业国有资产交易监督管理办法》第 17 条[②]、第 18 条[③]、第 32 条[④]。

《上海市国有资产评估项目核准申请表》等材料,详见《上海市企业国有资产评估核准备案操作手册》(沪国资委评估〔2020〕100 号)文中附件一中列示的评估项目核准、备案申报资料清单。

3. 关于优先购买权规定有《公司法》(2018 修正)第 71 条[⑤],最高人民法院《关于适用〈中华人民共和国公司法〉若干问题的规定(四)》(以下简称《公司法司法解释四》)第 18 条[⑥]、第 22 条第 2 款[⑦]、《公司法》(2023 修订)第 84 条[⑧]一方

---

① 《企业国有资产评估管理暂行办法》第 22 条:企业进行与资产评估相应的经济行为时,应当以经核准或备案的资产评估结果为作价参考依据;当交易价格低于评估结果的 90% 时,应当暂停交易,在获得原经济行为批准机构同意后方可继续交易。

② 《企业国有资产交易监督管理办法》第 17 条:产权转让项目首次正式信息披露的转让底价,不得低于经核准或备案的转让标的评估结果。

③ 《企业国有资产交易监督管理办法》第 18 条:信息披露期满未征集到意向受让方的,可以延期或在降低转让底价、变更受让条件后重新进行信息披露。降低转让底价或变更受让条件后重新披露信息的,披露时间不得少于 20 个工作日。新的转让底价低于评估结果的 90% 时,应当经转让行为批准单位书面同意。

④ 《企业国有资产交易监督管理办法》第 32 条:采取非公开协议转让方式转让企业产权,转让价格不得低于经核准或备案的评估结果。以下情形按照《中华人民共和国公司法》、企业章程履行决策程序后,转让价格可以资产评估报告或最近一期审计报告确认的净资产值为基础确定,且不得低于经评估或审计的净资产值:(一)同一国家出资企业内部实施重组整合,转让方和受让方为该国家出资企业及其直接或间接全资拥有的子企业;(二)同一国有控股企业或国有实际控制企业内部实施重组整合,转让方和受让方为该国有控股企业或国有实际控制企业及其直接、间接全资拥有的子企业。

⑤ 《公司法》(2018 修正)第 71 条:有限责任公司的股东之间可以相互转让其全部或者部分股权。股东向股东以外的人转让股权,应当经其他股东过半数同意。股东应就其股权转让事项书面通知其他股东征求同意,其他股东自接到书面通知之日起满三十日未答复的,视为同意转让。其他股东半数以上不同意转让的,不同意的股东应当购买该转让的股权;不购买的,视为同意转让。经股东同意转让的股权,在同等条件下,其他股东有优先购买权。两个以上股东主张行使优先购买权的,协商确定各自的购买比例;协商不成的,按照转让时各自的出资比例行使优先购买权。公司章程对股权转让另有规定的,从其规定。

⑥ 《公司法司法解释四》第 18 条:人民法院在判断是否符合公司法第七十一条第三款及本规定所称的"同等条件"时,应当考虑转让股权的数量、价格、支付方式及期限等因素。

⑦ 《公司法司法解释四》第 22 条第 2 款:在依法设立的产权交易场所转让有限责任公司国有股权的,适用公司法第七十一条第二款、第三款或者第七十二条规定的"书面通知""通知""同等条件"时,可以参照产权交易场所的交易规则。

⑧ 《公司法》(2023 修订)第 84 条:有限责任公司的股东之间可以相互转让其全部或者部分股权。股东向股东以外的人转让股权的,应当将股权转让的数量、价格、支付方式和期限等事项书面通知其他股东,其他股东在同等条件下有优先购买权。股东自接到书面通知之日起三十日内未答复的,视为放弃优先购买权。两个以上股东行使优先购买权的,协商确定各自的购买比例;协商不成的,按照转让时各自的出资比例行使优先购买权。公司章程对股权转让另有规定的,从其规定。

面取消有限公司股东对外转让股权需经其他股东过半数同意的规定,改为仅需通知其他股东,另一方面参照了《公司法司法解释(四)》第18条关于认定股权转让"同等条件"的规定,明确股权对外转让的通知包括的事项,其他股东只要未在期限内答复即视为放弃优先购买权。

二、存在的问题

总体而言,我国国有资产的资产评估探索在向积极的方向发展,但是在国有资产评估过程中,仍存在一些难题,如资产评估流于形式、第三方验收评估的重点不明和程序不清等难题亟待解决。

三、示范条款

1. 评估条款

国有股东如因转让所持股权等致使其持股比例发生变化,按照相关国有资产管理规定需要依法评估,公司应当给予配合。

2. 审计条款

国有股东如转让所持股权按照相关国有资产管理规定需要依法审计,公司应当给予配合。涉及股权转让不宜单独进行专项审计的,公司应当提供最近一期年度审计报告。

3. 优先购买权条款

国有股东如转让所持股权按照相关国有资产管理规定需要在依法设立的产权交易场所公开进行,其他股东如需行使优先购买权,应当在该产权交易场所内按照产权交易机构的交易规则办理相关手续。

四、法律提示

国有产权转让时的评估、审计、优先购买权行使方式的相关要求应当由公司章程载明。为保障国资退出机制的顺畅性和合规性,建议事先与其他股东沟通释明上述条款的国资监管依据。

第九节　党组织设置与“三重一大”

一、法律概念

2010 年中共中央办公厅、国务院办公厅印发《关于进一步推进国有企业贯彻落实“三重一大”决策制度的意见》(中办发〔2010〕17 号)①,以及国资委党委下发的《关于贯彻落实〈关于进一步推进国有企业贯彻落实“三重一大”决策制度的意见〉的通知》(国资党委纪检〔2010〕177 号)明确“董事会、未设董事会的经理班子研究‘三重一大’事项时,应事先与党委(党组)沟通,听取党委(党组)的意见……应当贯彻党组织的意见或决定”,进而为党委(党组)参与国有企业公司治理提供依据。

2013 年,中央组织部、国务院国资委党委发布《关于中央企业党委在现代企业制度下充分发挥政治核心作用的意见》,该意见对党委(党组)发挥政治核心作用的内涵、要求、规则程序予以明确。

---

① 根据中共中央办公厅、国务院办公厅印发《关于进一步推进国有企业贯彻落实“三重一大”决策制度的意见》第 2 条,“三重一大”事项的主要范围包括:

“(三)重大决策事项,是指依照《中华人民共和国公司法》、《中华人民共和国全民所有制工业企业法》、《中华人民共和国企业国有资产法》、《中华人民共和国商业银行法》、《中华人民共和国证券法》、《中华人民共和国保险法》以及其他有关法律法规和党内法规规定的应当由股东大会(股东会)、董事会、未设董事会的经理班子、职工代表大会和党委(党组)决定的事项。主要包括企业贯彻执行党和国家的路线方针政策、法律法规和上级重要决定的重大措施,企业发展战略、破产、改制、兼并重组、资产调整、产权转让、对外投资、利益调配、机构调整等方面的重大决策,企业党的建设和安全稳定的重大决策,以及其他重大决策事项。

(四)重要人事任免事项,是指企业直接管理的领导人员以及其他经营管理人员的职务调整事项。主要包括企业中层以上经营管理人员和下属企业、单位领导班子成员的任免、聘用、解除聘用和后备人选的确定,向控股和参股企业委派股东代表,推荐董事会、监事会成员和经理、财务负责人,以及其他重要人事任免事项。

(五)重大项目安排事项,是指对企业资产规模、资本结构、盈利能力以及生产装备、技术状况等产生重要影响的项目的设立和安排。主要包括年度投资计划,融资、担保项目,期权、期货等金融衍生业务,重要设备和技术引进,采购大宗物资和购买服务,重大工程建设项目,以及其他重大项目安排事项。

(六)大额度资金运作事项,是指超过由企业或者履行国有资产出资人职责的机构所规定的企业领导人员有权调动、使用的资金限额的资金调动和使用。主要包括年度预算内大额度资金调动和使用,超预算的资金调动和使用,对外大额捐赠、赞助,以及其他大额度资金运作事项。”

2015 年 8 月，中共中央、国务院《关于深化国有企业改革的指导意见》明确了“全面推进依法治企，加强和改进党对国有企业的领导”的总体要求，表明“坚持党对国有企业的领导。这是深化国有企业改革必须坚守的政治方向、政治原则”。其中，明确 2020 年主要目标为“国有企业党组织……政治核心作用充分发挥”。

2015 年 9 月，中共中央办公厅印发《关于在深化国有企业改革中坚持党的领导加强党的建设的若干意见》，明确要充分发挥党组领导核心作用。

2016 年 10 月，全国国有企业党的建设工作会议召开。会议强调将党的领导融入国有企业公司治理各环节，把企业党组织嵌到治理结构中，落实党组织在治理结构中的法定地位；落实党组织研究讨论是决策重大问题的前置程序，对“三重一大”事项的决策内容、规则和程序作出了进一步完善。

2016 年 10 月 31 日，中共中央组织部、国务院国资委党委印发《关于贯彻落实全国国有企业党的建设工作会议精神重点任务的通知》，明确 4 大方面、共 30 项重点任务，再次强调了“把加强党的领导和完善公司治理统一起来”“把国有企业基层党组织建设成为坚强战斗堡垒”“加强对国有企业党的建设的领导”，具体包括完善“双向进入、交叉任职”领导机制、健全党组织议事决策机制、推动党建工作要求纳入公司章程等。

2017 年 3 月 15 日，中共中央组织部、国务院国资委党委印发《关于扎实推动国有企业党建工作要求写入公司章程的通知》（组通字〔2017〕11 号），再次明确把党建工作要求写入国有企业公司章程及稳步推进国有资本相对控股的混合所有制企业章程修改工作。

2017 年 4 月，国务院办公厅发布《关于进一步完善国有企业法人治理结构的指导意见》（国办发〔2017〕36 号），结合中共中央办公厅发布的《关于在深化国有企业改革中坚持党的领导加强党的建设的若干意见》，将党建工作总体要求纳入国有企业章程已经成为明确要求。明确党组织在企业决策、执行、监督各环节的权责和工作方式，使党组织成为企业法人治理结构的有机组成部分。

上海市国资委党委发布的《关于市管国有企业党建工作要求写入公司章程的指导意见》（沪国资党委〔2017〕136 号）、中共上海市委办公厅《关于本市在深化国有企业改革中坚持党的领导加强党的建设的实施意见》（沪委办发〔2017〕7 号）。

2017年10月,党的十九大修改后的党章指出,国有企业党委(党组)发挥领导作用,把方向、管大局、保落实,依照规定讨论和决定企业重大事项。

2019年12月30日中共中央发布《中国共产党国有企业基层组织工作条例(试行)》,明确指明了党的领导参与公司治理的路径。

2020年12月31日,《国有企业公司章程制定管理办法》(国资发改革规〔2020〕86号)明确,公司党组织条款应当按照《中国共产党章程》《中国共产党国有企业基层组织工作条例(试行)》等有关规定,写明党委(党组)或党支部(党总支)的职责权限、机构设置、运行机制等重要事项。明确党组织研究讨论是董事会、经理层决策重大问题的前置程序。

《公司法》(2023修订)第170条①正式在法律层面明确了中国共产党对国家出资公司的领导,并明确规定了党组织"研究讨论公司重大经营管理事项"的法定权利。对于国家出资公司重大经营管理事项,必须经党委(党组)前置研究讨论。

二、存在的问题

《企业国有资产法》与《公司法》(2023修订)对于"国家出资公司"的定义不同,前者将"国有资本参股公司"纳入了"国家出资公司"范围。

将党组织讨论纳入重大事项的前置程序,将党建工作总体要求纳入各级子企业章程,明确国家出资公司党组织在公司法人治理结构中的法定地位,是国家出资公司党建工作的要求,但项目公司作为国有参股公司需要分情况考虑:

1. 大股东为非国有,小股东为国有情况下,如何兼顾;

2. 大股东、小股东均为国有,但分属不同的国资及党建体系,适用哪一方的组织体系,如何兼顾双方的需求。

相比控股企业可以行使其控制权来影响被控股企业的战略、财务政策、营销计划等重要方面,参股企业在参股关系中没有直接的管理权力,通常只能通过股东会或董事会投票表达自己的意见,不能单独对被参股企业的运营和管理作出决策,如强行要求国有参股企业按照《公司法》(2023修订)中"国家出资公司"专

---

① 《公司法》(2023修订)第170条:国家出资公司中中国共产党的组织,按照中国共产党章程的规定发挥领导作用,研究讨论公司重大经营管理事项,支持公司的组织机构依法行使职权。

章的特别要求执行,一方面客观上存在实现的困难性,另一方面亦有违“管人、管事、管资产”向“管资本”模式转变的发展,一定程度上会影响企业经营自主权和市场活力。

三、示范条款

为了加强国有参股公司党建工作,根据实际情况写入相关党建条款。

根据《中国共产党章程》、《公司法》(2023 修订)的规定,在公司设立中国共产党的组织,开展党的活动。公司应当为党组织的活动提供必要条件,对于“三重一大”决策事项(重大决策事项、重要人事任免事项、重大项目安排事项、大额度资金运作事项)应当听取公司党组织的意见和建议。

在“董事会行使下列职权”条款处增加:董事会对上述事项作出决定,属于公司党组织参与重大问题决策范围的,应当事先听取公司党组织的意见和建议。

在“总经理行使下列职权”条款处增加:总经理对上述事项作出决定,属于公司党组织参与重大问题决策范围的,应当事先听取公司党组织的意见和建议。

四、法律提示

对于国有资本参股的企业,要根据上海市国资委党委《关于市管国有企业党建工作要求写入公司章程的指导意见》的要求,结合企业股权结构、经营管理实际,推动公司章程修订工作。建议事先与其他股东沟通释明,具体条款可协商确定。

根据相关规定,党建工作总体要求纳入章程的内容主要体现为以下几个方面。

1. 在章程的制定依据中增加《中国共产党章程》,表明公司章程对出资人(股东)、党委(纪委)成员、公司、董事、监事和高级管理人员具有约束力。

2. 在公司章程中明确党组织的作用,即领导核心和政治核心,把方向、管大局、保落实。对公司开展党的活动(如为党组织活动开展提供条件)、建立党工作机构设置(含人员编制)、党组织工作经费列支加以明确规定。

3. 在章程中“董事会”章节前增加“党的委员会”章节。该章节主要内容为公司党委、纪委的人员构成、产生方式以及党委、纪委的职责。

4. 在“董事会”章节中,增加党委会可提议召开临时董事会,且在重大问题决策前增加党委讨论前置程序等。

关于公司章程中规定对于“三重一大”决策事项(重大决策事项、重要人事任免事项、重大项目安排事项、大额度资金运作事项)应当听取公司党组织的意见和建议,以及落实在实践操作中的执行问题。

党的领导融入公司治理仍有较多需要推进之处,无论专章名称和章程结构位置如何规范,核心应当是从法理上解决国有企业党委会参与企业治理的冲突与协调问题。鉴于国有企业划分标准多样,构成复杂,针对不同的国有公司类型,如国有独资、全资和国有资本绝对控股企业,以及国有资本相对控股企业、国有资本参股企业、境外国有企业等,其党建工作写入章程的方法亦应当区分对待。

针对非国有控股公司,没有法律规定该类企业必须建立党支部,只是 3 人以上的党员根据自愿原则可以成立党支部。设置党支部总的原则是要有利于经济建设和改革开放,有利于党支部自身建设的加强,有利于党的领导的加强和改善。

第十节　公司僵局与退出机制

一、法律概念

关于公司僵局的规定有《公司法》(2018 修正)第 182 条、《公司法》(2023 修订)第 231 条[①]、《公司法司法解释二》第 1 条[②]。

---

① 《公司法》(2023 修订)第 231 条:公司经营管理发生严重困难,继续存续会使股东利益受到重大损失,通过其他途径不能解决的,持有公司百分之十以上表决权的股东,可以请求人民法院解散公司。

② 《公司法司法解释二》第 1 条:单独或者合计持有公司全部股东表决权百分之十以上的股东,以下列事由之一提起解散公司诉讼,并符合公司法第一百八十二条规定的,人民法院应予受理:(一)公司持续两年以上无法召开股东会或者股东大会,公司经营管理发生严重困难的;(二)股东表决时无法达到法定或者公司章程规定的比例,持续两年以上不能做出有效的股东会或者股东大会决议,公司经营管理发生严重困难的;(三)公司董事长期冲突,且无法通过股东会或者股东大会解决,公司经营管理发生严重困难的;(四)经营管理发生其他严重困难,公司继续存续会使股东利益受到重大损失的情形。股东以知情权、利润分配请求权等权益受到损害,或者公司亏损、财产不足以偿还全部债务,以及公司被吊销企业法人营业执照未进行清算等为由,提起解散公司诉讼的,人民法院不予受理。

二、存在的问题

公司僵局通常出现在以下情况下：

1. 因股权结构及表决权行使出现问题，公司在决策时出现一方坚决支持，另一方强烈反对，公司决策机构无法作出有效决策，进而使得公司决策僵局，导致公司运转失灵；

2. 因公司股权转让等特定事项出现，内部股东不同意购买股权，也很难找到愿意接手的第三方，股东无法通过股权转让路径及时退出公司，从而出现公司股权转退僵局；

3. 因公司经营发生严重困难而需要启动公司解散清算诉讼，但此时因公司股东矛盾重重且很难化解，出现公司经营困难下的公司退出僵局，从而损害公司股东及债权人合法权益。

在公司僵局方面，多数企业缺乏事前预防、事中监管、事后应对的机制，这些问题需要引起国企的高度重视。

三、示范条款

出现以下公司章程规定的事由且股东向公司提出解散的，视为《公司法》规定的公司章程规定的其他解散事由出现，公司应当解散：

1. 公司连续【 】年（可约定年限）亏损；

2. 公司亏损，导致净资产低于公司注册资本的【 】（可约定比例，该比例可由股东协商确定）；

3. 公司形成僵局，连续【 】年（可约定年限）未召开股东会或者虽召开股东会但无法形成有效决议；

4. 公司领取营业执照后停止经营活动满【 】年（可约定年限）；

5. 出售、转让、抵押、质押或以其他任何形式处置公司全部或重大资产；

6. 任何股权转让、出售、换股等交易导致公司50%以上的表决权转移给第三方以及其他被界定为公司控制权转移的事件发生；

7. 章程规定的其他解散事由。

四、法律提示

有限责任公司的退出途径主要包括股权转让、公司解散清算以及股权回购等,特别是在公司出现僵局或者经营情况不佳的情况下,小股东退出的意愿更为强烈。解散事由除法定事由外,可以通过章程规定解散事由的方式提前设定解散公司的条件,以达到避免公司僵局的目的。

从事前预防、事中监管、事后应对三个角度应对和化解公司僵局。

(一)事前预防

通过章程事先对表决及重大事项作出特殊约定,往往能够有效化解公司僵局,要充分发挥公司章程的自治功能。除了设置不同事项差异化表决权、利害股东表决回避、表决权最高额限制等个性化表决机制,还可以根据公司实际情况对组织架构设置、利润分配权、公司解散事由、冲突调解机制等重要问题直接作出约定,尤其是约定一方股东的退出机制。如此,或可有效避免公司僵局的出现,具体方式如下。

1. 合理设置股权比例。公司僵局的产生往往是股权结构及表决权行使出现了问题,导致公司决策机构无法作出有效决策,进而使得公司运转失灵。股权比例的设置一般有 3 种:一是股权过于集中,大股东占有 2/3 以上股份;二是股权过于平均,各方股东占比相对均等;三是各方股权过于分散,股东占比均较低且不超过 1/3。因为《公司法》规定公司重大事项必须经 2/3 以上表决权的股东通过,一般事项需要经过 1/2 表决权的股东通过,所以相对而言,上述第二种和第三种股权结构更容易因无法作出有效决议而产生僵局。而国有参股项目公司往往属于第一种结构,僵局系因为股东无法达成一致决议。因此,需要在章程设计时除股东核心关注事项一致决外,合理制定一致决的事项,并将与经营管理相关的内容更多地放到董事会决议的层面决议,尽可能减少产生僵局的情形。

2. 设计多元化表决权机制。如果公司股权比例已经明显失衡,可以通过将出资比例与表决权相分离的设计,对控股股东的表决权加以限制。比如事先约定当某一股东持有的股权达到一定比例时,减少其表决权数额,以此达到对控股股东表决权加以限制的目的。也可以约定特定或重大事项必须经包括特定股东在内的股东同意方可通过,防止控股股东利用资本多数决制度侵害少数股东权益。还可以约定股东会或董事会通过某项决议时,有关联关系的股东或董事应当进行回避,不得行使表决权。

3. 构建公司控制权制衡机制。根据《公司法》关于股东会召开程序以及股东行使表决权的相关规定,通过公司的人事结构调整预先合理分配公司的控制权,也可以达到尽量避免公司僵局的目的。比如一方委派的董事占多数的,董事长就由另一方委派;一方委派董事长的,则另一方有权提名总经理人选;等等。

4. 预设打破僵局的处理机制。可以在公司章程中预先约定,出现某些特定事项或情形时,公司启动特殊的运营管理机制。比如在股东会无法就日常经营事项作出决议的情况下,可升级董事会或总经理等权限处理,或者赋予董事长最终的决定权,亦可由特定机构或人员临时成立紧急事务小组,暂时处理公司日常经营等事项。还可以约定由特定人员或由特定专业人士组成的机构,如委员会、独立董事、仲裁机构、行业协会或行政主管部门等居中协调或裁决。

5. 明确股东强制退出路径。股权转让是股东退出公司的重要路径,但当公司出现僵局,往往内部股东不同意购买股权,也很难找到愿意接手的第三方,股东无法通过股权转让的路径退出公司。可以通过公司章程事先约定当出现公司僵局,符合条件的一方股东可以要求控股股东以合理价格收购其股权,或者由国有股东按经备案的股权评估价或事先约定价格孰低原则收购合作方所持公司股权,或者公司回购一方股东的股权并进行减资,如此,不愿意继续参与经营的股东可以实现退出,而公司也得以化解僵局继续经营。

6. 事先约定公司解散事由。当公司经营出现僵局,有效解决方案之一是解散公司。但是《公司法》(2018 修正)第 180 条规定的 5 种公司解散事由,其中第 2 项一般当僵局发生时公司已无法正常作出有效决议,第 5 项法院对公司经营发生严重困难这一标准要求十分严格,而第 3 ~ 4 项规定的分立、合并、吊销营业执照等事项一般又未必适用,因而均难以成为解散公司的有力武器。但该条款第 1 项赋予了各方股东约定“其他解散事由”的权利。因此,只要各方股东据此事先约定其他较容易达成的解散事由,则后续一旦出现公司僵局,亦可顺利解散公司。

(二)事中监管

根据现有的法律规定,公司经营发生严重困难才能提起公司解散诉讼,但此时公司僵局已经形成,实际上很难化解。一般而言,公司僵局在初期、中期相对更容易解决,此时往往是股东之间的信任危机,由于自身的性格和知识水平、经验等方面的差异,股东对公司的发展和经营决策持有不同意见,如果采取不恰当的沟通方式,会对公司经营产生很多不必要的阻力并逐步形成僵局。因此,这就要求公司在经营过程中重视并加强沟通机制的建立。

在公司运行过程中,应逐步建立健全公司的内部管理制度,加强股东之间的沟通协调,对于已经出现的问题或潜在风险应当尽早妥善处理,避免矛盾进一步加深。加强股东会、董事会、监事会三会建设并提高相关人员切实履行职责的能力,设置突发事件临时管理人的制度,减少形成公司僵局的隐患。

(三)事后应对

1. 自行或引入第三方协商解决。在公司已经出现僵局的情况下,前期首先应当尽量通过自行协商或者引入第三方的方式协商化解矛盾。比如引导异议股东通过股权转让实现退出,或引入各方共同认可的第三方管理公司,或股东协商自行清算公司,均可以尽早化解僵局。当然该种情况最好还是提前在章程中约定好委托第三方的程序及第三方的主体范围等,否则形成僵局之后还是较难再重新达成合意的。

2. 异议股东主张股权回购。如果协商不成,又满足"公司连续五年不向股东分配利润,而公司该五年连续盈利,并且符合公司法规定的分配利润条件的;公司合并、分立、转让主要财产的;公司章程规定的营业期限届满或者章程规定的其他解散事由出现,股东会会议通过决议修改章程使公司存续的"这 3 个条件中任意一个,异议股东可按照《公司法》第 74 条规定提起诉讼要求公司进行股权回购。

但实际上,异议股东主张公司回购有一定局限性,一方面处于僵局中的任一方都不愿退出公司,另一方面上述回购条件不易满足,一般只有在公司有盈利或者发展前景较好的情况下才能实现,公司没有利润可以分配的情况下,异议股东无法通过该路径实现退出目的,且回购股权的程序也缺乏操作性。但是,通过章程尽可能事先约定公司僵局或者其他特殊情形下的解散事由,可以一定程度提升通过公司回购路径退出公司的成功率。

3. 申请司法强制解散。如果能够证明公司经营发生严重困难,继续存续将使股东利益受到重大损失,且已经穷尽其他所有途径仍然不能解决,可以申请司法强制解散。值得一提的是,根据最高人民法院相关判决的精神,判断"公司经营管理是否发生严重困难",应从公司组织机构的运行状态进行综合分析。公司虽处于盈利状态,但其股东会机制长期失灵,内部管理有严重障碍,已陷入僵局状态,仍可认定为公司经营管理发生严重困难。当然,总的来说,公司解散直接导致公司主体人格的消灭,对股东利益和债权人利益都造成重大影响,因此在实践中司法机关还是倾向于维持公司运营,不轻易判决强制解散,所以该方式唯有在迫不得已时方可考虑。

第三章　公司治理的优化及国有参股股东的权益保护

第一节　公司治理体系的优化方向

2021 年 12 月 24 日，中国人大网公布了《中华人民共和国公司法（修订草案）》（以下简称《公司法》一审稿），向社会公开征求意见，并于 2022 年 12 月 30 日和 2023 年 9 月 1 日分别公布了《中华人民共和国公司法（修订草案二次审议稿）》（以下简称《公司法》二审稿）和《中华人民共和国公司法（修订草案三次审议稿）》（以下简称《公司法》三审稿）（一审稿、二审稿和三审稿可合称公司法征求意见稿）。2023 年 12 月 25 日，《中华人民共和国公司法（修订草案）》（以下简称《公司法》四审稿）提请全国人大常委会进行第四次审议。2023 年 12 月 29 日，经过四轮审议，《公司法》（2023 修订）正式通过，并将于 2024 年 7 月 1 日起施行。《公司法》（2023 修订）多处体现了我国完善公司治理和监督制衡的改革趋势与深化企业改革的新探索。

一、完善三会治理效果

公司组织机构为《公司法》（2023 修订）的重要修订部分之一，其完善了公司股东会、董事会、监事会的设置和职责，主要内容有以下几方面。

（一）保留了对董事会职权的列举

1. 股东会工作：召集股东会会议，并向股东会报告工作；执行股东会的决议。

2. 制订公司方案：如利润分配方案和弥补亏损方案；增加或者减少注册资本以及发行公司债券的方案；公司合并、分立、解散或者变更公司形式的方案。

3. 决定管理机构设置及人员聘任：决定公司内部管理机构的设置；决定聘任

或者解聘公司经理及其报酬事项,并根据经理的提名决定聘任或者解聘公司副经理、财务负责人及其报酬事项。

4. 制定公司制度:制定公司的基本管理制度。

5. 其他法定职权:公司章程规定或者股东会授予的其他职权。

(二)新增审计委员会的选设

有限责任公司可以按照公司章程的规定在董事会中设置由董事组成的审计委员会,依法行使监事会的职权,不设监事会或者监事。公司董事会成员中的职工代表可以成为审计委员会成员。

该项规定将公司治理架构由股东会下设董事会、监事会两层架构调整为选设单层制的治理结构。

(三)明确股东会授权事项

1. 公司发债:股东会可以授权董事会对发行公司债券作出决议。

2. 公司发行股份:公司章程或者股东会可以授权董事会在 3 年内决定发行不超过已发行股份 50% 的股份。但以非货币财产作价出资的应当经股东会决议。

3. 公司可以通过股东会授予董事会其他职权。

(四)监事制度的完善

《公司法》(2018 修正)采取双层制治理模式,即执行权与监督权并列,在股东会下平行设置董事会和监事会,监事会负责对董事会和经理层进行监督,但监事会在公司治理实践中存在监督效能不足的问题始终为人诟病。《公司法》(2023 修订)对公司的监督机构规定作了较大的调整,允许公司有条件地选择单层制治理模式。

1.《公司法》(2023 修订)新增了公司可以不设监事会/监事的情形,包括:有限公司、股份有限公司、国有独资公司董事会设审计委员会的情形,①以及公司规

---

① 《公司法》(2023 修订)第 69 条:有限责任公司可以按照公司章程的规定在董事会中设置由董事组成的审计委员会,行使本法规定的监事会的职权,不设监事会或者监事。公司董事会成员中的职工代表可以成为审计委员会成员。第 121 条第 1 款:股份有限公司可以按照公司章程的规定在董事会中设置由董事组成的审计委员会,行使本法规定的监事会的职权,不设监事会或者监事。第 176 条:国有独资公司在董事会中设置由董事组成的审计委员会行使本法规定的监事会职权的,不设监事会或者监事。

模较小、股东人数较少且经全体股东同意的情形。[①]

2.《公司法》(2023 修订)明确了监事会是公司的监督机构,新增了关于监事会可以要求董事、高级管理人员提交执行职务报告的规定,[②]进一步强化了监事会的法律地位及职权,优化了监事会制度。

3.《公司法》(2023 修订)第 182 条至第 184 条、第 186 条将监事与董事、高级管理人员一起纳入,明确了监事忠实义务及追责依据,解决了监事违反忠实义务时追责的法律依据缺失问题。

(五)实务影响

《公司法》(2023 修订)相较于《公司法》(2018 修正)的规定,更进一步明确了股东会、董事会的职责内容及其职权的法定性。对于股东会、董事会职权公司可以结合经营管理的实际需求,在公司章程中予以确立和规定具体权限;对于股东会向董事会授权事项,则在该项授权符合法律规定的前提下,对授权的范围、时限和内容加以明确。同时,也进一步优化了监事会制度,明确了职权,保障了任职。

对于国有参股股东而言,应在项目合作伊始的章程制定阶段就充分考虑股东会、董事会、经营管理机构的法定职权及授予职权内容(包括股东会对董事会的授权,也包括董事会对经营管理机构的授权),并在议事规则设计时考虑少数股东的知情权、表决权的实现。

二、设立并改进审计委员会制度

(一)不同类型公司的审计委员会制度设计

以公司内部是否设立独立监督机关为标准,世界范围内的公司治理制度,可以简单区分为两大类,即单层制与双层制。[③]《公司法》(2023 修订)基于单层制改革,引入了董事会审计委员会,并针对有限责任公司、股份有限公司和国有独

---

① 《公司法》(2023 修订)第 83 条:规模较小或者股东人数较少的有限责任公司,可以不设监事会,设一名监事,行使本法规定的监事会的职权;经全体股东一致同意,也可以不设监事。

② 《公司法》(2023 修订)第 80 条:监事会可以要求董事、高级管理人员提交执行职务的报告。董事、高级管理人员应当如实向监事会提供有关情况和资料,不得妨碍监事会或者监事行使职权。

③ 参见林一英、刘斌、沈朝晖、丁亚琪:《公司法修订的立法选择笔谈》,载《政法论坛》2022 年第 4 期。

资公司的不同情况，可以进行选择性设置。针对有限责任公司，不设监事会的条件是设立董事会审计委员会；股份有限公司中，不设监事会的条件除了设立董事会审计委员会之外，还需要满足审计委员会的成员应当过半数不得在公司担任除董事以外的其他职务；在国有独资公司中，《公司法》（2023 修订）规定在董事会中设置由董事组成的审计委员会等专门委员会的，不设监事会或监事。公司可以根据各自的企业类型、实际管理情况和需求，来确定审计委员会设置的必要性和设置方式。

（二）审计委员会的职权

就职权而言，《公司法》（2023 修订）规定了审计委员会行使法律规定的监事会/监事的职权，负责对公司财务进行检查，对董事、高级管理人员执行职务行为进行监督，并行使公司章程规定的其他职权。据此，其权力来源于两个路径：法定授予和章程授予。

在现行制度体系下，国有公司和部分上市公司已根据相关法律规定（《中央企业内部审计管理暂行办法》和《上市公司治理准则》）设立审计委员会，但该审计委员会是作为董事会内设机构来进行运作，其应向董事会进行情况报告和负责，并作为内部决策辅助机构，并非严格意义上独立的公司治理主体，不能以自己的名义对外作出决议。因此，《公司法》修订后，审计委员会如何在法定职责下独立运作，其议事的结论如何有效影响董事会，并有效替代监事会/监事的相关职权，有待后续进一步的实操论证。

（三）实务影响

从实务角度来看，审计委员会制度下，公司可以根据实际情况，选择是否设立监事会，这对我国实践中单一监督制度实效不强形成了有力补充，形成了多元并济的监督机制。此外，董事会中设立的审计委员会相较于监事会，接近公司治理的决策核心，将监督拓展到了决策监督层面，有利于提高公司决策质量，有利于公司的长远发展。

三、强化董监高的责任

《公司法》（2023 修订）细化和增加了董监高的履职责任的具体情形以及风险控制措施，明确了董监高履职对公司管理的重要意义，主要内容有以下几方面。

（一）董监高因股东出资行为应承担的连带责任

1. 股东出资瑕疵[①]：公司设立时，作为出资的非货币财产的实际价额显著低于所认缴的出资额的，由该股东补足差额，股东因此给公司造成损失的，应当承担赔偿责任，设立时的其他股东与该股东在出资不足的范围内承担连带责任。董事会应当对股东的出资情况进行核查后及时催缴，未及时履行催缴义务给公司造成损失的，负有责任的董事应当承担赔偿责任。

2. 股东抽逃出资[②]。如果抽逃出资的股东给公司造成损失，负有责任的董事、监事、高级管理人员应与该股东承担连带赔偿责任。

（二）董监高因公司违法行为应承担赔偿责任

1. 违法财务资助[③]。公司违法或超出限额为他人取得本公司或者其母公司的股份提供财务资助（包括赠与、借款、担保以及其他财务资助），给公司造成损失的，负有责任的董事、监事、高级管理人员应当承担赔偿责任。

2. 违法分配利润[④]。公司违法在弥补亏损和提取公积金之前向股东分配利润，股东应当将分配的利润退还公司；给公司造成损失的，股东及负有责任的董事、监事、高级管理人员应当承担赔偿责任。

---

① 《公司法》（2023 修订）第 49 条第 3 款：股东未按期足额缴纳出资的，除应当向公司足额缴纳外，还应当对给公司造成的损失承担赔偿责任。第 50 条：有限责任公司设立时，股东未按照公司章程规定实际缴纳出资，或者实际出资的非货币财产的实际价额显著低于所认缴的出资额的，设立时的其他股东与该股东在出资不足的范围内承担连带责任。第 51 条：有限责任公司成立后，董事会应当对股东的出资情况进行核查，发现股东未按期足额缴纳公司章程规定的出资的，应当由公司向该股东发出书面催缴书，催缴出资。未及时履行前款规定的义务，给公司造成损失的，负有责任的董事应当承担赔偿责任。

② 《公司法》（2023 修订）第 53 条：公司成立后，股东不得抽逃出资。违反前款规定的，股东应当返还抽逃的出资；给公司造成损失的，负有责任的董事、监事、高级管理人员应当与该股东承担连带赔偿责任。第 107 条：本法第四十四条、第四十九条第三款、第五十一条、第五十二条、第五十三条的规定，适用于股份有限公司。

③ 《公司法》（2023 修订）第 163 条：公司不得为他人取得本公司或者其母公司的股份提供赠与、借款、担保以及其他财务资助，公司实施员工持股计划的除外。为公司利益，经股东会决议，或者董事会按照公司章程或者股东会的授权作出决议，公司可以为他人取得本公司或者其母公司的股份提供财务资助，但财务资助的累计总额不得超过已发行股本总额的百分之十。董事会作出决议应当经全体董事的三分之二以上通过。违反前两款规定，给公司造成损失的，负有责任的董事、监事、高级管理人员应当承担赔偿责任。

④ 《公司法》（2023 修订）第 211 条：公司违反本法规定向股东分配利润的，股东应当将违反规定分配的利润退还公司；给公司造成损失的，股东及负有责任的董事、监事、高级管理人员应当承担赔偿责任。第 226 条：违反本法规定减少注册资本的，股东应当退还其收到的资金，减免股东出资的应当恢复原状；给公司造成损失的，股东及负有责任的董事、监事、高级管理人员应当承担赔偿责任。

3. 违法减少注册资本[①]。公司违法减少注册资本的,股东应当退还其收到的资金,减免股东出资的应当恢复原状;给公司造成损失的,股东及负有责任的董事、监事、高级管理人员应当承担赔偿责任。

(三)董监高对公司负有忠实、勤勉义务,并应采取必要措施和合理注意

1. 忠实及勤勉义务[②]:董事、监事、高级管理人员对公司负有忠实义务,应当采取措施避免自身利益与公司利益冲突,不得利用职权牟取不正当利益;董事、监事、高级管理人员对公司负有勤勉义务,执行职务应当为公司的最大利益尽到管理者通常应有的合理注意。

2. 关联交易及同业竞争规则[③]:董事、监事、高级管理人员不得利用关联关系损害公司利益,不得从事禁止行为,不得谋取公司商业机会,完善同业竞争规则,扩大关联董事回避表决机制的适用范围。

---

① 《公司法》(2023 修订)第 226 条:违反本法规定减少注册资本的,股东应当退还其收到的资金,减免股东出资的应当恢复原状;给公司造成损失的,股东及负有责任的董事、监事、高级管理人员应当承担赔偿责任。

② 《公司法》(2023 修订)第 180 条:董事、监事、高级管理人员对公司负有忠实义务,应当采取措施避免自身利益与公司利益冲突,不得利用职权牟取不正当利益。董事、监事、高级管理人员对公司负有勤勉义务,执行职务应当为公司的最大利益尽到管理者通常应有的合理注意。公司的控股股东、实际控制人不担任公司董事但实际执行公司事务的,适用前两款规定。

③ 《公司法》(2023 修订)第 22 条:公司的控股股东、实际控制人、董事、监事、高级管理人员不得利用关联关系损害公司利益。违反前款规定,给公司造成损失的,应当承担赔偿责任。第 181 条:董事、监事、高级管理人员不得有下列行为:(一)侵占公司财产、挪用公司资金;(二)将公司资金以其个人名义或者以其他个人名义开立账户存储;(三)利用职权贿赂或者收受其他非法收入;(四)接受他人与公司交易的佣金归为己有;(五)擅自披露公司秘密;(六)违反对公司忠实义务的其他行为。第 182 条:董事、监事、高级管理人员,直接或者间接与本公司订立合同或者进行交易,应当就与订立合同或者进行交易有关的事项向董事会或者股东会报告,并按照公司章程的规定经董事会或者股东会决议通过。董事、监事、高级管理人员的近亲属,董事、监事、高级管理人员或者其近亲属直接或者间接控制的企业,以及与董事、监事、高级管理人员有其他关联关系的关联人,与公司订立合同或者进行交易,适用前款规定。第 183 条:董事、监事、高级管理人员,不得利用职务便利为自己或者他人谋取属于公司的商业机会。但是,有下列情形之一的除外:(一)向董事会或者股东会报告,并按照公司章程的规定经董事会或者股东会决议通过;(二)根据法律、行政法规或者公司章程的规定,公司不能利用该商业机会。第 184 条:董事、监事、高级管理人员未向董事会或者股东会报告,并按照公司章程的规定经董事会或者股东会决议通过,不得自营或者为他人经营与其任职公司同类的业务。第 185 条:董事会对本法第一百八十二条至第一百八十四条规定的事项决议时,关联董事不得参与表决,其表决权不计入表决权总数。出席董事会会议的无关联关系董事人数不足三人的,应当将该事项提交股东会审议。第 186 条:董事、监事、高级管理人员违反本法第一百八十一条至第一百八十四条规定所得的收入应当归公司所有。

（四）对控股股东、实际控制人的规制

《公司法》(2023 修订)参照域外立法相关规定,引入了“事实董事”(de facto director)和“影子董事”(shadow director)的概念:

1. 事实董事:公司的控股股东、实际控制人不担任公司董事但实际执行公司事务的,适用关于董事、监事、高级管理人员的忠实和勤勉义务,即将忠实和勤勉义务履行主体扩展到控股股东和实际控制人。

2. 影子董事:公司的控股股东、实际控制人指示董事、高级管理人员从事损害公司或者股东利益的行为的,与该董事、高级管理人员承担连带责任。

（五）董事、高管的履职赔偿责任

1. 履职中故意或重大过失的赔偿责任①:因董事及高级管理人员执行公司职务造成的他人损害,由公司承担赔偿责任。但若董事、高级管理人员存在故意或者重大过失,也应承担赔偿责任。

2. 董事作为清算义务人②:明确规定董事为清算义务人,明确清算组由董事组成,因清算人不及时清算而给公司及债权人造成损害的应承担赔偿责任。

3. 董事责任保险③:董事责任保险是指公司董事在履行公司管理职责的过程中,因工作疏忽、不当行为而被追究个人赔偿责任时,将由保险公司负责赔偿该董事进行责任抗辩时所支出的相关法律诉讼费用,同时承担其他相应民事赔偿责任的保险。公司可以为董事投保责任保险来转移责任风险,主要赔偿内容一般包括:庭外和解金额、法庭判决金额、抗辩费等。董事责任保险的保费一般由公司而非董事个人进行交纳,并由被投保的董事共用保险额度。

《公司法》(2023 修订)进一步明确了董事、高级管理人员履职对公司管理的重要意义,强化了履职责任。由此,董事、高级管理人员需要积极、有效地控制履

---

① 《公司法》(2023 修订)第 191 条:董事、高级管理人员执行职务,给他人造成损害的,公司应当承担赔偿责任;董事、高级管理人员存在故意或者重大过失的,也应当承担赔偿责任。

② 《公司法》(2023 修订)第 232 条:公司因本法第二百二十九条第一款第一项、第二项、第四项、第五项规定而解散的,应当清算。董事为公司清算义务人,应当在解散事由出现之日起十五日内组成清算组进行清算。清算组由董事组成,但是公司章程另有规定或者股东会决议另选他人的除外。清算义务人未及时履行清算义务,给公司或者债权人造成损失的,应当承担赔偿责任。

③ 《公司法》(2023 修订)第 193 条:公司可以在董事任职期间为董事因执行公司职务承担的赔偿责任投保责任保险。公司为董事投保责任保险或者续保后,董事会应当向股东会报告责任保险的投保金额、承保范围及保险费率等内容。

职风险,特别是对于参股股东委派的董事和高级管理人员,受制于对参股公司经营管理决策事项的参与程度和影响程度,尤其应关注如下几个方面:

其一,投资阶段加强尽调,重点核查股东出资情况。董事会采取有效的督促措施进行催缴出资,如将核查及催缴股东出资情况作为董事会定期议题,以及要求在董事会会议记录中明确记录国有参股股东委派的董事对股东出资核查及催缴事宜的发言及观点,避免因股东出资问题引发自身连带赔偿责任。

其二,在股东协议及章程中明确框定国有参股股东委派的董事、监事及高级管理人员的职责范围,明确权责划分(例如将核查及催缴出资事项明确委派给执行事务的董事处理,并定期向董事会汇报)。但是,该等股东协议及章程层面的约定能否充分实现董事责任的分配和隔离仍存在一定不确定性。

其三,在公司履职过程中,董事、监事和高级管理人员应注意避免因故意或重大过失行为而造成公司损害,或是受到公司的控股股东、实际控制人指示从事损害公司或股东利益的行为。如存在前述行为的,应及时止损,以尽最大努力减小造成的公司损失。

其四,董事、监事和高级管理人员需注意及时采取适当的措施,避免自身利益与公司利益冲突,否则可能会因违反忠实义务而承担赔偿责任;同时董事、监事、高级管理人员需考虑以实现公司利益最大化为目的,并兼顾管理者通常的注意义务。对于董事、监事和高级管理人员采取的避免冲突措施和管理者注意义务,不仅是董事、监事和高级管理人员的履职义务要求,更是其免责或减责的依据。可以通过借助第三方专业人士意见(如律师、会计师等),以证明自己在做出经营决策时系主观善意且已尽到合理的勤勉义务。

其五,公司可根据实际情况考虑投保董事、高级管理人员责任保险,以缓解上述人员履职的个人赔偿风险,并促使上述人员自主为公司经营管理进行积极的决策和执行。同时,还可以要求公司在国有参股公司委派的董事离任时,出具董事责任豁免函。

第二节　国有参股股东的权益保护之道和合作发展之路

国有股东作为市场化的投资主体，一方面需要规避作为公司非控股股东的法律风险，另一方面则肩负国有资产保值增值的使命，亟待探究市场化经营与自我权益保护之道。站在国有股东的角度，可以从投资决策、投资程序、投后管理几个维度，并结合《公司法》和国资监管部门的要求，分析解决之道，探索合作发展之路。

一、投资决策

根据《公司法》（2023 修订）、《企业国有资产法》等法律法规和文件，参照《中央企业投资监督管理办法》、国资委《国有企业参股管理暂行办法》等规范性文件要求，国有企业投资需遵循严把主业投资方向、严格甄选投资及合作对象、合理确定参股方式并完善审核决策机制的要求。

（一）严把主业投资方向

根据《中央企业投资监督管理办法》，中央企业投资活动应遵循以下原则：

1. 符合国家发展规划和产业政策；

2. 符合企业布局和结构调整方向；

3. 符合企业发展战略与规划；

4. 突出主业，有利于提高企业核心竞争能力；

5. 非主业投资应当符合企业调整、改革方向，不影响主业的发展；

6. 符合企业投资决策程序和管理制度；

7. 投资规模应当与企业资产经营规模、资产负债水平和实际筹资能力相适应；

8. 充分进行科学论证，预期投资收益应不低于国内同行业同期平均水平。

各地方国资监管机构亦根据上述规范，结合地方实际制定了国有资本投资管理相关办法，国有企业参股投资过程中，应充分考量投资方案与国资投资监管相关规范性文件要求之契合程序，遵守国资投资原则。同时，应严格执行国有资产投资监督管理有关规定,坚持聚焦主业,严控非主业投资。不得为规避主业监管要求,通过参股等方式开展国有企业投资项目负面清单规定的商业性房地产等禁止类业务。

(二)严格甄选投资及合作对象

1. 充分尽职调查

国有企业选择合作对象时应进行充分尽职调查,通过各类信用信息平台、第三方调查等方式审查合作方资格资质信誉,选择经营管理水平高、资质信誉好的合作方。对存在失信记录或行政处罚、刑事犯罪等违规违法记录的意向合作方,要视严重程度审慎或禁止合作。不得选择与参股投资主体及其各级控股股东领导人员存在特定关系(指配偶、子女及其配偶等亲属关系,以及共同利益关系等)的合作方。

2. 确认出资能力

国有企业应当避免与信誉不佳、资产质量较差或明显缺乏投资能力的企业合资合作,建议根据合作方财务状况判断其出资能力,并可以考虑要求合作方先履行出资义务后,国有股东再行出资,国有股东不得为其他股东出资垫资。如合作方以实物资产出资,应当履行评估程序,并对实物资产权利负担进行充分调查。

3. 履行投资程序

国有企业投资已存续项目的,应当履行尽职调查、审计、评估等程序,并结合评估值确认入股价格,针对尽职调查发现的问题在投资协议中应予以针对性处理。

(三)合理确定参股方式

国有企业参股前,应结合自身及投资对象经营发展需要,合理确定持股比例,以资本为纽带、以产权为基础,依法约定各方股东权益。

1. 压缩投资层级

严格控制三级及以下子企业(暂不包括上市公司)开展产权(股权)收购和长期股权投资,避免国资管控的弱化。

2. 控制股权变动

如参股企业设立后合作方短期内发生变更,那么前期对合作方的甄别就失去了意义。因此在参股企业章程中可以约定在一定期限内合作方不得以直接或间接方式转让股权。

3. 参股合作的禁止

对于中央企业，相关规范性文件明确其不得以约定固定分红等“名为参股合作、实为借贷融资”的名股实债方式开展参股合作，其他国有企业亦应避免存在上述违规的合作模式。

（四）完善审核决策机制

国有企业应建立对外投资决策制度，并按国资监管要求将投资决策制度向相关部门备案，投资决策过程中应严格履行企业内部投资决策程序，如涉重大决策事项，如授权放权文件中规定需由国资监管部门批准的投资项目、年度投资计划外项目、与年度投资计划不符且对国有企业正常发展产生实质性影响的项目等，则需向国资监管部门进行报告。

二、投资程序

根据相关国资监管规定，国有参股股东在直接设立出资、股权受让及增资过程中，均需严格履行相关程序，并监督合作方及投资对象履行法定程序，避免因程序瑕疵损害国有股东权益的情况。

（一）出资程序

国有参股股东出资设立公司时，一方面，应在公司章程中合理设置自身出资期限，按照章程约定按时实缴出资；另一方面，国有股东应监督合作方及时全面履行出资义务，与合作方在章程中明确双方均应严格履行的出资义务，并约定合作方出资瑕疵时的违约责任及国有股东对外承担责任后的追偿权。在国有参股股东全面履行出资义务的前提下，可考虑在公司章程中设置瑕疵出资股东的权利限制，包括不享有利润分配请求权、新股优先认购权、剩余财产分配请求权等权利。同时，国有参股股东制定对外投资管理办法或相关规定时，应当包括对被投资公司股东的出资进行监督、核查的相关规定，明确自身派出董事或股东代表督促、核查其他股东履行出资义务的工作指引。

对于非货币出资之情形，若国有股东以非货币财产出资，应事先评估作价，核实财产，并以评估价值确定出资额。若合作方以非货币资产出资，应在章程中设置相关条款约束合作方的出资行为，如设定保证条款、权利及义务、违约责任等，确保在市场主体登记前合作方的非货币财产已完成评估且所出资资产足额并已将财产权属变更登记至投资对象，以维护国有股东的合法权益，避免国有股东承担连带责任，派出的董事承担赔偿责任。

（二）审计评估程序

根据国资监管要求，股权投资项目应开展必要的尽职调查，并按要求履行资产评估或估值程序。从最大限度维护国有股东权益角度，国有企业在股权投资前，应对拟受让股权或拟增资企业进行审计及评估，为交易对价及投资数额的确定提供决策基础。

（三）参股股权流转程序

国有股东所持的参股股权取得、转让应严格执行国有资产评估、国有产权进场交易、国有股权管理等制度规定，确保国有权益得到充分保障。

三、投后管理

在秉持"同股同权同责同利"的投资原则基础上，国有参股企业对投资项目的投后管理关注如下几个方面。

（一）依法履行股东职责

国有股东应当向投资企业委派适当的董事、监事、高级管理人员，并按照国有股东意志行使表决权，避免只投不管。加强对选派人员的管理，进行定期轮换。在参股企业章程、议事规则等制度文件中，可结合实际明确对特定事项的否决权等条款，以维护国有股东权益。

（二）注重投资回报

国有企业参股管理是一项股权投资全生命周期的管理，从决策开始到退出终止，因此要求定期对参股的国有权益进行清查，核实分析参股收益和增减变动等情况。合理运用增持、减持或退出等方式加强价值管理，不断提高国有资本配置效率。

《参股办法》的"参股股权退出管理"专章提出了监管新要求和引导性规则。

1. 应退尽退原则

除战略性持有或培育期的参股股权外，国有企业应当退出 5 年以上未分红、长期亏损、非持续经营的低效无效参股股权，退出与国有企业职责定位严重不符且不具备竞争优势、风险较大、经营情况难以掌握的参股投资。进一步引导国有企业聚焦主责主业,强化风险管控,体现国资委管资本的职能。

2. 合规退出原则

股权退出要严格执行国资监管的有关规定,依法合规履行财务审计、资产评估和产权交易等规范程序,旨在防止参股管理在股权退出环节成为国资监管的盲区,避免发生低价抛售、处置国有股权甚至贪腐犯罪,造成国有资产损失。

3. 合理退出原则

引导国有企业合理、择优选择国有参股股权的退出方式,加强研究论证,创新方式方法,合理选择股权转让、股权置换、清算注销等方式,清理退出低效无效参股股权。充分发挥国有资本投资、运营公司作用,鼓励"专业人干专业事",积极探索委托管理、集中打包、重组整合等措施,集中处置低效无效参股股权,提高处置效率,加快资产盘活,提升参股股权退出的效率与质量。

(三)严格财务管理

加强运行监测,及时掌握参股企业财务数据和经营情况,发现异常要深入剖析原因,及时采取应对措施防范风险。特别是以下两方面:

1. 财务审计

加强财务决算审核,对于关联交易占比较高、应收账款金额大或账龄长的参股企业,要加强风险排查。对风险较大、经营情况难以掌握的股权投资,要及时退出。《参股办法》新增了"规范开展参股经营投资的审计监督,重点关注参股企业财务信息和经营情况"的要求,明确提及国有企业股东需享有审计监督的权利。

2. 借款及担保

不得对参股企业其他股东出资提供垫资。国有股东对参股企业提供借款或担保时,应当按照同股同责原则,在判断商业风险基础上,不得超股权比例提供借款或担保。需要严格控制对参股企业提供担保,确需提供的,则应严格履行决策程序。

(四)规范产权管理

严格按照国有产权管理有关规定,及时办理参股股权的产权占有、变动、注销等相关登记手续,定期进行数据核对,确保参股产权登记的及时性、准确性和完整性。

（五）规范无形资产使用

国有股东不得将字号、经营资质和特许经营权等提供给参股企业使用，产品注册商标确需授权给参股企业使用的，则应严格授权使用条件和决策审批程序，并采取市场公允价格。同时，还应当在章程或合作协议中明确在国有股权退出后，未经许可企业不得再使用相关字号或商标。

（六）任职管理与廉洁从业

国有企业领导或委派管理人员在参股企业兼职，应根据工作需要从严掌握，一般不越级兼职，不兼“挂名”职务。确需兼职的，按照管理权限审批且不得在兼职企业领取工资、奖金、津贴等任何形式的报酬，不得获取股权和其他额外利益；任期届满需要连任的，应当重新履行相关程序。

参股经营投资主体及其各级控股股东领导人员亲属在参股企业关键岗位任职，应参照企业领导人员任职回避有关规定执行。

此外，在国有参股企业中对国有资产负有经营管理责任的人员还应符合《国有企业领导人员廉洁从业若干规定》相关要求。

（七）加强党的建设

国有企业持股比例合计50%以上的参股企业，党建工作原则上由持股比例最大的国有股东或国有资产监督管理机构领导和指导为主，按照有关规定落实管党治党责任。

其他国有参股企业，国有股东应当加强对企业党建工作的领导和指导，推动党的组织和工作有效覆盖，充分发挥党组织和党员作用，确保党的领导和党的建设在参股企业得到充分体现，维护国有资产权益和社会公共利益，严防国有资产流失。

国有参股企业党组织关系、党建工作领导和指导责任归属国有资产监督管理机构或国有企业的，原则上应当保持稳定。

按照关于加强和改进非公有制企业党的建设工作有关规定，切实加强党的建设，开展参股企业党的工作，努力推进党的组织和工作覆盖，宣传贯彻党的路线方针政策，团结凝聚职工群众，促进企业健康发展。

综上，国有参股股东作为所投资企业中的非控股股东，一方面应积极维护自身权利，避免被控股股东侵害合法权益，另一方面应高度重视自身投资于混合所有制企业中的参股管理,加强组织领导,制定完善规章制度,细化管理措施,落实管理责任,切实维护国有资产权益,防止国有资产流失,促进混合所有制经济健康发展。

下　篇

合作开发协议

第一章　合作开发协议总则

第一节　合作开发协议的概念与特征

依靠土地一级市场赚取高额级差地租的时代红利已经结束。土地出让金与城市更新项目投入成本之间的差额空间越来越小,从这个角度而言,精耕细作每一块土地,强强联手,将城市空间价值利用市场规律发挥到最大化是未来的必然趋势。

市场化主体和政府平台企业合作,进而获取土地资源要素和金融资本要素,作为进入城市更新参与下一轮城市发展的赛道,也是大势所趋。城市开发建设与运营的本质和核心是金融,而合作开发模式使国有平台获得市场的效率,也使合作方得以共享融资方面的红利,控制投资成本,同时为其商誉和品牌赋能。

作为城市更新实施主体,项目公司同时肩负了国有资本保值增值的考核要求,如何在项目开发建设销售或者资产运营管理过程中,兼顾效益、合规、成本、风控、投资回报等各项因素,需要清晰的合作进入与退出通道、有效的组织架构和决策方式、周延同时具备弹性的管控模式、完善的审批流程制度、对核心团队有效的激励奖惩机制。

一、合作开发协议的概念

合作开发协议,是指出资各方订立的以获取土地使用权和项目开发建设运营权为目标、以共同投资、共同建设、共享收益(资产溢价也是收益)、共担风险为基本内容的合作开发房地产的合同。

出资各方采用设立项目公司模式时,则出资人身份转变为项目公司股东。合作开发协议即为项目公司股东之间合作开发房地产的先期约定,书面约定项目公司在设立、存续期间,除项目公司章程之外,与项目全生命周期有关事项的合同。

合作开发协议是协议股东共同一致的意思表示,比较自由灵活;对项目定位、合作方式、合作目标、合作分工可以进行全方位的协商。比如可以根据项目建设期、销售期或者运营期,分别约定交付给具备市场专长的股东负责,或者在某方股东资金实力或融资能力较强的情况下,可以在股东方之间约定融资合作工具。合作的退出机制,也是合作协议中非常重要的模块。同时,合作协议具有强约束特征,即没有履行义务的股东要对其他守约方承担违约责任。在参股不控股的情况下,可以充分发挥合作协议的灵活性,强化参股方对成本控制、核心团队考核激励、投资回报等事项的把控。

二、合作开发协议与公司章程的关系

合作开发协议是对合作开发各方权利义务全面、详细的规定,可称之为合作开发的"宪法"。而章程是项目公司治理层面的法律文件,载明了项目公司组织和活动的基本准则。一般情况下,鉴于拟定公司章程时往往以合作开发协议为基础,合作开发协议的基本内容被公司章程所吸收,两者之间通常是并行不悖、均为有效的状态。但实践中,合作开发协议中也可能因存在不便载入章程的特殊约定或因地方登记机关对章程标准文本的要求而导致与公司章程存在冲突或矛盾,在此情况下应以何者为准,如何适用条款,法律暂时未予明确规定。在实务上,在没有特殊约定的情况下,一般区分内外关系对不同的规则进行适用。

涉及公司与公司外部主体的关系时,根据商事外观主义原则,应当适用公司章程的约定。章程在公司登记部门备案,具有对外公示效力;而股东间的合作开发协议,则是协议主体之间签署的文件,只在协议主体之间有效,一般不为外人所知悉,不具对外效力。因此,涉及外部主体的事项应以经登记公示的公司章程作为判定标准。

涉及股东内部的关系时,应当以股东间的真实意思表示为准。一般以合作开发协议与公司章程之间较后签署的文本为准,除非有充分证据证明较前签署文本才是股东间的真实意思表示,否则应认为是股东间以新的意思表示变更了原来的意思表示。

涉及对公司董监高的约束机制或公司机构设置等事项时,应当适用公司章程的约定。根据合同的相对性原则,合作开发协议不能约束协议当事人以外的主体;而章程是公司的管理制度,公司设立后即对董监高等人员产生约束力。

公司章程是以资本管理为主要抓手的国资管理的重点,合作开发偏重经营属性。建议“章程的”归章程,“合作开发的”归合作开发协议。合作开发协议应明确严格、具体、细致的责任分配和违约责任,以使后续房地产开发经营能按照合作开发协议的内容严格履行。

目前,大多合作开发项目看似采用了项目法人责任制,即项目法人对项目的策划、资金筹措、建设、运营和资产保值增值实行全过程负责,但实操过程中,项目法人中股东委派管理人员均各自执行股东意志,故实际仍为项目部管理模式。因此,签署合作开发协议,并在合作开发协议中明确权责分配,根据项目具体情况,对目标成本、规划设计、项目招标采购、安全生产、工程目标和质量、管理费用与财务费用、运营、营销等设定明确的控制目标,围绕控制目标明确控制手段、控制节点、违约责任等,对项目的顺利实施与开展尤为重要。

第二节　签署合作开发协议应注意的法律风险

一、合作开发协议的性质与效力

合作开发协议依法应具备共同投资、共享利润、共担风险 3 个要件,为避免合同性质改变,日后引发纠纷,协议中应避免出现“提供土地/提供资金的合同主体一方不承担经营风险,只收取固定利益/分配固定数量房屋/收取固定数额货币/只以租赁或者其他形式使用房屋”的约定①,同时,合作各方在约定投资回报

---

① 最高人民法院《关于审理涉及国有土地使用权合同纠纷案件适用法律问题的解释》(2020 修正)第 21 条:合作开发房地产合同约定提供土地使用权的当事人不承担经营风险,只收取固定利益的,应当认定为土地使用权转让合同。

最高人民法院《关于审理涉及国有土地使用权合同纠纷案件适用法律问题的解释》(2020 修正)第 22 条:合作开发房地产合同约定提供资金的当事人不承担经营风险,只分配固定数量房屋的,应当认定为房屋买卖合同。

最高人民法院《关于审理涉及国有土地使用权合同纠纷案件适用法律问题的解释》(2020 修正)第 23 条:合作开发房地产合同约定提供资金的当事人不承担经营风险,只收取固定数额货币的,应当认定为借款合同。

最高人民法院《关于审理涉及国有土地使用权合同纠纷案件适用法律问题的解释》(2020 修正)第 24 条:合作开发房地产合同约定提供资金的当事人不承担经营风险,只以租赁或者其他形式使用房屋的,应当认定为房屋租赁合同。

时,应避免采用固定数额形式。

共同投资是指合作开发各方均参与投资。投资方式可以多样,除了常见的一方提供土地、一方提供资金外,还可以是以技术、劳务方式作为投资,可以是一方提供某一种或多种投资要素。最高人民法院在制定《关于审理涉及国有土地使用权合同纠纷案件适用法律问题的解释》(2020 修正)时,多数观点认为“合作既然是两个以上的主体共同完成的项目,双方理应共同出资。至于出资的方式如现金、技术、劳务等并不影响双方合作的性质”①。

共享收益是指合作开发各方共同分享房地产开发成果,分配比例由各方协议约定,分配方式可以是资金、房地产实物、经营权以及其他经济利益表现形式。

共担风险的核心含义是合作开发各方有意愿承担合作开发中的风险,如果盈利则共享收益,如果损失则共担损失风险。合作各方若在合同中约定固定利益条款,则不满足共担风险要件。

二、房地产开发项目最低资本金的要求

根据国务院《关于固定资产投资项目试行资本金制度的通知》与国务院《关于调整和完善固定资产投资项目资本金制度的通知》规定,除保障性住房和普通商品住房项目外,房地产开发项目的最低资本金比例为25% 。

投资项目资本金,是指在投资项目总投资中,由投资者认缴的出资额;对投资项目来说是非债务性资金,可以用货币出资,也可以用实物、工业产权、非专利技术、土地使用权作价出资,项目法人不承担这部分资金的任何利息和债务;投资者可按其出资的比例依法享有所有者权益,也可转让其出资,但不得以任何方式抽回。

与项目资本金易产生混淆的是注册资本。有限责任公司的注册资本为在公司登记机关登记的全体股东认缴的出资额。

项目资本金与注册资本的概念比较如表 3 - 1 - 1 所示。

---

① 最高人民法院民事审判第一庭编著:《最高人民法院国有土地使用权合同纠纷司法解释的理解与适用》,人民法院出版社 2015 年版,第 160 页。

表 3-1-1　项目资本金与注册资本的概念比较

对比项	项目资本金	注册资本
主要依据	国务院《关于固定资产投资项目试行资本金制度的通知》、国务院《关于调整和完善固定资产投资项目资本金制度的通知》	《公司法》《公司登记管理条例》《公司注册资本登记管理规定》
适用范围	经营性投资项目	有限责任公司、股份有限公司
出资形式	货币出资、实物出资均可	货币出资、实物出资均可
出资比例	除保障性住房和普通商品住房项目外,房地产开发项目的最低资本金比例为25%	《公司法》取消了对出资比例的限制,部分行业(如金融机构等)或有特殊要求
资金用途	只能用于项目建设,可转让其出资,但不得挪作他用或者抽回出资	无明确限制,股东可转让、质押股权等,但不能抽逃出资
主要作用	投资项目必须首先落实资本金才能建设,银行等金融机构在核实项目资本金到位后才能放款	股东以出资额为限,对外承担责任
违反后果	项目无法建设,不能获得金融机构融资	未全面履行出资义务的股东需向其他股东承担违约责任,向公司债权人承担补充赔偿责任

三、房地产开发项目的自有资金要求

根据中国人民银行《关于进一步加强房地产信贷业务管理的通知》规定,房地产开发企业申请银行贷款,其自有资金(指所有者权益)应不低于开发项目总投资的30%。商业银行发放的房地产贷款,只能用于本地区的房地产项目,严禁跨地区使用。

自有资金一般是指为进行生产经营活动所经常持有、能自行支配而不需偿还的资金。通俗来说,在企业银行账户的资金一般即视为归其所有。但在金融监管中,自有资金往往被穿透资金来源,如果投资人账户内资金来自贷款,则会被认定为"债务性资金"而不是"自有资金"。

四、国有企业对外投资的要求与程序

根据《国有资产评估管理办法》《企业国有资产法》规定,当国有企业以非货币方式对外投资时，应该对相关资产进行评估，完成资产评估相关流程。[①]

根据《企业国有资产法》和有关规定[②]，国有企业在投资之前应进行详尽全面的项目尽职调查工作，对项目进行可行性论证，合规性调查，根据风险预测设置风险应对策略等，同时履行审批、备案及相关决策程序。

五、国有企业的"三重一大"决策制度要求

签署合作开发协议属于"三重一大"制度中的"重大决策事项"，需满足"三重一大"的程序及要求。同时，在签署协议前，需要了解所属国资委及当地的特殊要求，防范违规风险。

（一）"三重一大"制度要求

"三重一大"制度，是指国企在重大事项决策、重要人事任免、重大项目安排和大额度资金运作事项，必须经集体讨论作出决定的制度。

"三重一大"最早源于1996年第十四届中央纪委第六次全会公报中对党员领导干部在政治纪律方面提出的要求，在2005年中共中央颁布的《建立健全教育、制度、监督并重的惩治和预防腐败体系实施纲要》、2010年6月5日中共中央办公厅、国务院办公厅发布的《关于进一步推进国有企业贯彻落实"三重一大"决策制度的意见》及各地政策性文件中得到深化。

"重大决策事项"是指依照《公司法》《全民所有制工业企业法》《企业国有资产法》《商业银行法》《证券法》《保险法》以及其他有关法律法规和党内法规规定

---

① 《国有资产评估管理办法》第3条：国有资产占有单位（以下简称占有单位）有下列情形之一的，应当进行资产评估：

（一）资产拍卖、转让；

（二）企业兼并、出售、联营、股份经营；

（三）与外国公司、企业和其他经济组织或者个人开办外商投资企业；

（四）企业清算；

（五）依照国家有关规定需要进行资产评估的其他情形。

《企业国有资产法》第47条：国有独资企业、国有独资公司和国有资本控股公司合并、分立、改制，转让重大财产，以非货币财产对外投资，清算或者有法律、行政法规以及企业章程规定应当进行资产评估的其他情形的，应当按照规定对有关资产进行评估。

② 《企业国有资产法》第35条：国家出资企业发行债券、投资等事项，有关法律、行政法规规定应当报经人民政府或者人民政府有关部门、机构批准、核准或者备案的，依照其规定。

《企业国有资产法》第36条：国家出资企业投资应当符合国家产业政策，并按照国家规定进行可行性研究；与他人交易应当公平、有偿，取得合理对价。

的应当由股东大会(股东会)、董事会、未设董事会的经理班子、职工代表大会和党委(党组)决定的事项。主要包括企业贯彻执行党和国家的路线方针政策、法律法规和上级重要决定的重大措施,企业发展战略、破产、改制、兼并重组、资产调整、产权转让、对外投资、利益调配、机构调整等方面的重大决策,企业党的建设和安全稳定的重大决策,以及其他重大决策事项。

“重要人事任免事项”是指企业直接管理的领导人员以及其他经营管理人员的职务调整事项。主要包括企业中层以上经营管理人员和下属企业、单位领导班子成员的任免、聘用、解除聘用和后备人选的确定,向控股和参股企业委派股东代表,推荐董事会、监事会成员和经理、财务负责人,以及其他重要人事任免事项。

“重大项目安排事项”是指对企业资产规模、资本结构、盈利能力以及生产装备、技术状况等产生重要影响的项目的设立和安排。主要包括年度投资计划,融资、担保项目,期权、期货等金融衍生业务,重要设备和技术引进,采购大宗物资和购买服务,重大工程建设项目,以及其他重大项目安排事项。

“大额度资金运作事项”是指超过由企业或者履行国有资产出资人职责的机构所规定的企业领导人员有权调动、使用的资金限额的资金调动和使用。主要包括年度预算内大额度资金调动和使用,超预算的资金调动和使用,对外大额捐赠、赞助,以及其他大额度资金运作事项。

(二)违反“三重一大”决策制度的后果

根据中共中央办公厅、国务院办公厅《关于进一步推进国有企业贯彻落实“三重一大”决策制度的意见》规定,国有企业领导人员违反“三重一大”决策制度的,应当依照《国有企业领导人员廉洁从业若干规定》和相关法律法规给予相应的处理,违反规定获取的不正当经济利益,应当责令清退;给国有企业造成经济损失的,应当承担经济赔偿责任。

根据国务院办公厅《关于建立国有企业违规经营投资责任追究制度的意见》规定,国有企业经营管理有关人员违反国家法律法规和企业内部管理规定,未履行或未正确履行职责,即在投资时未按规定开展尽职调查,或尽职调查未进行风险分析等,存在重大疏漏;财务审计、资产评估或估值违反相关规定,或过程中授意、指使中介机构或有关单位出具虚假报告,造成国有资产损失以及其他严重不良后果的,将被追究相应的责任。

根据《上海市市属国有企业违规经营投资责任追究实施办法(试行)》规定,

企业管理人员违反规定，未履行或未正确履行职责，即在投资时，未按照规定开展尽职调查、可行性研究分析，或尽职调查、可行性研究分析未进行风险分析等，存在重大疏漏；财务审计、资产评估或估值违反相关规定；投资过程中授意、指使中介机构或有关单位出具虚假报告，或未按照规定对其报告履行审查职责且存在重大过失的；未按照规定履行决策和审批程序，或决策未充分考虑重大风险因素并制定风险防范预案；违反规定以各种形式为其他合资合作方提供垫资等手段向关联方输送利益；投资合同、协议及标的企业章程等法律文件中存在有损国有权益的条款，致使对标的企业管理失控；投资后未按照有关工作方案原则开展整合，致使对标的企业管理失控；投资参股后，未行使相应股东权利或无正当理由承担额外股东义务，或发生重大变化未及时采取止损措施等，造成国有资产损失或其他不良后果的，应当追究相应责任，包括组织处理、扣减薪酬、禁入限制、党纪政务处分、移送监察机关或司法机关处理等。

第三节　签署合作开发协议的风险防范措施

合作开发协议的签署宜早不宜迟。如果是在土地出让阶段就形成联合体或者项目公司，那么在竞得土地使用权之前应该就合作开发等核心事项形成合同。如果是在项目公司成立后参与开发，则应该在开展股权收并购的同步形成合作开发协议主要内容。

一、尽职调查

在签署合作开发协议前，建议先对合作方进行深入考察了解，并委托律所、会计师事务所等专业中介机构对合作方进行尽职调查，一般包括法律尽职调查和财务尽职调查，以此作为投资决策的重要依据，保证合作对方的履约能力，整体预防风险。调查内容主要包括合作方的公司基本情况调查、可持续经营能力调查、潜在风险调查、治理结构调查重大债务风险、拟投入合资公司的人才与资源真实性、同业经营、合规经营等方面。

公司基本情况调查主要包括，合作对方公司的设立、股权变动、资产重组、股份转让、财产状况、债权债务等情况；可持续经营能力调查主要包括合作对方公司行业性质、主营业务情况、主要产品情景、业务发展目标、未来发展是否存在重大不确定性等；潜在风险调查主要包括合作对方公司对外担保形成的或有风险，未决诉讼、仲裁形成的或有风险，以及其他方面的或有风险，如是否有海关、税务纠纷等；治理结构调查主要包括查阅合作对方公司章程，了解股东会、董事会、监事会及高级管理人员的构成情况和职责；调查股东的出资是否到位，出资方式是否合法，是否存在出资不实、虚假出资、抽逃资金等情况；在业务、资产、人员、财务及机构等方面是否均与公司控股股东相互独立，资产是否被控股股东占用，股东与公司之间是否存在关联交易等。

二、预留内部审批流程的时限

在签署合作开发协议前，还建议要求合作方书面保证已完成协议签署的各项内部审批，如合作方为国有和国有控股企业，由于国有企业自身管理体制的特点，事事需要“走程序”，在用印、付款等环节往往需要花更多时间，建议在合作开发协议中约定各类义务的履行期限时，不仅应关注条款是否对等，还应结合自身实际，争取适当放宽期限，以避免自身违约。此外，还需考虑部分地方对国企对外投资是否有明确规定，比如，国有企业下设子公司对外股权投资的限制，特殊行业投资的资质要求等。

同时，《公司法》(2023 修订)第 48 条第 2 款规定“对作为出资的非货币财产应当评估作价，核实财产，不得高估或者低估作价”。《企业国有资产评估管理暂行办法》第 6 条规定，国有企业以非货币资产对外投资不仅应当对相关资产进行评估，而且作价不得低于经备案的评估价。因此，如国有企业未按规定进行评估、备案，就将非货币资产作价入股，将面临违规被追责的风险；建议国有企业以非货币资产出资的，应事先向本级国资监管部门咨询确认可行性。

三、核心关键条款的明确

(一)核心条款

核心条款包括但不限于以下几个方面。

1. 合作项目概况。它包括合作各方介绍，地块现状及基本资料，项目报批手续等。城市土地出让不止三通一平，起码七通一平，涉及特殊领域比如医药化学可能十通一平。项目到了合作开发阶段，征收工作在前期应已完成。

2. 合作开发方式。合作开发方式一般采用项目公司方式。如果是在土地出让阶段,则合作方共同出资获取土地使用权和项目开发权。如果是某一方已经完成土地出让流程,那么后续进入的合作方可以采用增资扩股或者收并购方式进入到项目公司中。

3. 合作开发项目公司的核心团队组成。项目公司团队构成需要根据项目本身特征确定。比如碧桂园与某国资平台合作的产业地产项目,国资平台控股不操盘,项目核心团队均是碧桂园总部委派,利用市场化团队为碧桂园的考核机制激发项目活力。万科在和某国企合作过程中,国企委派财务负责人,将项目纳入本集团资金集中归集项目池中管理,但是建设和销售负责人均是万科委派。

4. 合作开发项目公司的管控归属。项目公司在管理条线上隶属于控股股东还是实际操盘股东,需要在合作协议中明确。在成本管控等方面是自行依照每年公司审定的预算执行还是归入某方股东的集中财务成本管理条线和招采条线中,需要在合作协议中明确。比如国内某大型房企作为合作方会要求项目端招采使用其入库供应商供材。项目端的资金是封闭管理还是上级财务中心可以集中调配,也需要加以明确。

5. 制度建设。当明确团队和管控归属之后,可以着手完善制度建设,明确项目公司应在目标成本、规划设计、项目招标采购、安全生产、工程目标和质量、管理费用与财务费用、运营、营销等方面制定相关制度,以及执行、监督的流程。

6. 合作各方的权利和义务。包括但不限于项目总投资数额及投入方式、工程建设项目相关许可证书的办理、资金到位进度安排及监管等,以及其他各方认为有必要的事项。

7. 是否设定退出机制。合作方遇到重大不利因素或者认为项目孵化到目标价值时,是否允许退出,如何退出。此为公司治理内容中的股东会职权,通常都是每年股东会根据开发周期和上一年经营情况确定,合作开发协议中可以约定,但仍归属股东会职权。

8. 合作期限。

9. 违约责任。针对不同的违约情形约定具体的承担金额或承担比例。

10. 项目公司治理僵局。如无法召开董事会股东会进而不能决策,合作开发协议中可以约定,但仍归属股东会职权。

11. 未尽事宜的处理方式、争议解决条款、合同份数及合同生效的条件等。

除了以上通用核心条款外,还可根据项目具体情况,对目标成本、规划设计、项目招标采购、安全生产、工程目标和质量、管理费用与财务费用、运营、营销等设定控制目标、控制手段、控制节点、违约责任等。

(二)防范合作开发协议效力问题

合作开发协议是处理合作各方在合作过程中发生各种问题和纠纷的根本依据。如果合作开发协议无效,将对各方合作带来致命性打击。因此,建议从以下几个方面防范无效协议:

(1)准确把握协议性质,避免签订名不符实的协议;

(2)严格审查当事人的资质条件;

(3)以划拨土地使用权作投资,应保证已取得有批准权的人民政府同意;

(4)保证合作开发协议的建设内容符合法律规定;

(5)如果审批手续存在瑕疵,需要及时补办审批手续,在协议被认定为无效之前将其变更为有效协议。

(三)合作开发协议中应明确责任划分

充分发挥各自企业优势,取长补短,分工不分权,权利还是应依法归属于总经理、董事会、股东会。通过前期对责任分工的划分,可以避免合作期间各种因为责任不明确而产生的延宕和纠纷。

(四)合作开发协议中应明确各方委派的人员及权限,并在审批流程上设置节点

建议争取的权限包括但不限于:财务印章使用的书面签字/网络审批,对外支付资金的审批,审阅项目公司所有经营信息;审核招投标流程符合项目公司管理制度,推荐供应商参与投标,审核各类合同签订与结算,查询月度成本核算;施工方案审批,工程节点审批;设计变更/洽商/现场签证的审批;参加项目公司的各项营销管理会议,参与营销措施的制定,实时查询蓄客和销售信息等。

建议国有企业至少委派包括1名财务管理人员及1名成本管理人员参与日常生产经营管理。销售管理人员、工程管理人员等其他岗位根据项目情况及合作方管理模式协商处理。

(五)合作开发协议中加强国企对财务人员垂直管控力

国企方直接委派财务人员的管理权限须得到制度保证,参与项目管理决策,

监控项目开发运营状况。财务负责人直接对委派方负责,工资薪金考核均由委派方直接负责发放。

(六)合作开发协议可约定,在发生必要变更时,及时签订补充协议,厘清权利义务关系

在合作开发协议订立时,合作各方无法完全预见项目实际开发情况超出合同约定的情形;同时,受市场、政策、突发事件等影响,即使合作各方签署了齐全、完备的合作开发协议,也可能存在需要变更合同约定的情形。此时,各方应及时协商签订书面补充协议,厘清各方的权利义务关系。

(七)国有企业参股不控股时,经营管理权常由合作对方主导,合作开发协议应约定由项目公司管理制度,必须经项目公司董事会批准或者报备,成为项目公司内部规章

由于项目公司章程、议事规则能够规定的具体经营管理事项相对有限,合作开发的具体事项更多在项目公司管理制度、具体规章内进行,要想避免合作对方及其委派的管理人员通过主导制定基本管理制度、具体规章,将可能损害项目公司和其他股东权益的行为"合理化""合规化",进而实现对项目公司的实际操控并损害其他股东权益,可约定董事会批准或制定基本管理制度时实行一致决。

第二章　工程目标成本控制

第一节　成本管理概述

一、基本概念

（一）成本管理基本概念

工程项目关于价值消耗方面的术语较多，人们常有一些习惯的用法，从不同的角度有不同的名称，常常有不同的含义。如以下 3 个方面。

1. 投资和投资管理。这一般都是从业主，从投资者角度出发的。

2. 成本和成本管理，这通常承包商用得较多。

3. 费用和费用管理。它的意义更为广泛，各种对象都可使用。但在财务上，"成本"和"费用"概念不一样，有些费用可以进入成本项目，有的不能作为成本开支。

上述 3 个方面都以工程上的价值消耗为依据，他们实质上有统一性。无论从业主或从承包商的角度，其计划和控制方法都是相同的。

（二）建筑工程概预算相关概念

1. 基本建设工程设计概算和施工图预算

基本建设工程设计概算和施工图预算，是指在执行工程建设程序的过程中，根据不同设计阶段设计文件的具体内容和国家规定的定额、指标及各项费用取费标准，预先计算和确定每项新建、扩建、改建和重建工程所需要的全部投资额的文件。基本建设工程设计概算和施工图预算总称为基本建设工程预算，简称建设预算。

建设预算确定的每一个建设项目、单项工程和其中单位工程的投资额，实质上就是相应工程的市场价格。这种价格在实际工作中通常被称为概算造价或预算造价。

2. 投资估算

投资估算,一般是指在基本建设前期工作(规划、项目建议书和设计任务书)阶段,建设单位向国家申请拟立建设项目或国家对拟立项目进行决策时,确定建设项目在规划、项目建议书、设计任务书等不同阶段的相应投资总额而编制的经济文件。

3. 设计概算

设计概算是指在初步设计阶段,由设计单位根据初步设计阶段初步设计图纸,概算定额或概算指标,各项费用定额或取费标准,建设地区的自然、技术经济条件和设备预算价格等资料,预先计算和确定建设项目从筹建到竣工验收、交付使用的全部建设费用的文件。

4. 修正概算

修正概算是指采用三阶段设计形式时,在技术设计阶段,随着设计内容的深化,可能会发现建设规模、结构性质、设备类型和数量等内容与初步内容相比有出入,为此,设计单位根据技术设计图纸,概算指标或概算定额,各项费用取费标准,建设地区自然、技术经济和设备预算价格等资料,对初步设计总概算进行修正而形成的经济文件,即为修正概算。修正概算的作用与初步设计概算的作用基本相同。

5. 施工图预算

根据《会计师事务所从事基本建设工程预算、结算、决算审核暂行办法》(财协字〔1999〕103 号),基本建设工程预算是指根据施工图所确定的工程量,选套相应的预算定额、预算单价及有关的取费标准,预先估算工程项目价格的文件。

施工图预算是指在施工图设计阶段,当工程设计完成后,在单位工程开工之前,施工单位根据施工图纸、施工组织设计和国家规定的现行工程预算定额、单位估价表及各项费用的取费标准、建筑材料预算价格、建设地区的自然和技术经济条件等资料,计算和确定单位工程或单项工程建设费用的经济文件。

施工图预算,在 1959 年以前由设计单位负责编制,称为设计预算;1959 年之后改为由施工单位负责编制,称为施工图预算。

施工图预算在基本建设中的作用主要表现在:

(1)它是确定单位工程和单项工程预算造价的依据;

(2)它是签订工程施工合同、实行工程预算包干、进行工程竣工结算的依据;

(3)它是建设银行拨付工程价款的依据;

(4)它是施工企业加强经营管理,搞好经济核算的基础。

建设预算中的设计概算和施工图预算作用的不同方面主要表现在:设计概算在控制投资总额方面的作用最为突出;施工图预算在最终确定建筑安装产品的计划价格,作为施工企业加强经济管理等方面的作用最为明显。

6. 施工预算

施工预算是指施工阶段,在施工图预算的控制下,施工队根据施工图、施工定额(包括劳动定额、材料和机械台班消耗定额)、单位工程施工组织设计或分部分项工程施工过程设计和降低工程成本技术组织措施等资料,通过工料分析、计算和确定完成一个单位工程或其中的分部分项工程所需的人工、材料、机械台班消耗量及其相应费用的经济文件。

施工预算一般有以下几方面的作用。

(1)它是施工企业对单位工程实行计划管理以及编制施工、材料、劳动力等计划的依据。

(2)它是实行班组经济核算,考核单位用工、限额领料的依据。

(3)它是施工队向班组下达工程施工任务书和施工过程中检查与督促的依据。

(4)它是班组推行全优综合奖励制度的依据。

(5)它是施工队进行"两算"对比的依据。

施工图预算确定的预算成本,是对施工企业完成单位工程的劳动耗费进行补偿的社会标准。而施工预算确定的成本,是施工企业完成该单位工程时预计要达到的成本目标,作为控制人工、材料和机械台班消耗数量以及相应费用和其他费用支付的标准。通过对"两算"中规定的相应分项工程、分部工程和单位工程的人工、材料消耗数量以及相应费用、机械使用费和其他费用的对比分析,可以预测到施工过程中,人工、材料和各项费用降低或超出的情况,以便及时采取技术组织措施,进行科学的控制。

(6)它是单位工程原始经济资料之一,也是开展造价分析和经济对比的依据。

(7)它是保证降低成本技术措施计划完成的重要因素。

因为预算人员在计算和确定为完成某单位工程施工预算所需的工程量、人工、材料数量时,一般已考虑了由于采取具体的降低成本技术措施对施工预算所产生的影响,所以在施工管理中,只要按照施工任务书规定的内容,对班组及其成员进行科学的检查与督促,就能保证降低成本技术措施计划的实现。

7. 工程结算[①]

根据《会计师事务所从事基本建设工程预算、结算、决算审核暂行办法》(财协字〔1999〕103 号),基本建设工程结算,是指按工程进度、施工合同、施工监理情况办理的工程价款结算,以及根据工程实施过程中发生的超出施工合同范围的工程变更情况,调整施工图预算价格,确定工程项目最终结算价格的竣工结算文件。

工程结算是指一个单项工程、单位工程、分部工程或分项工程完工,并经建设单位及有关部门验收或验收点交后,施工企业根据施工过程中现场实际情况的记录、设计变更通知书、现场工程更改签证、预算定额、材料预算价格和各项费用标准等资料,在概算范围内和施工图预算的基础上,按规定编制的向建设单位办理结算工程价款,取得收入,用以补偿施工过程中的资金耗费,确定施工盈亏的经济文件。

工程结算一般有定期结算、阶段结算和竣工结算等方式。它们是结算工程价款、确定工程收入、考核工程成本、进行计划统计、经济核算及竣工决算的依据。其中竣工结算是反映工程全部造价的经济文件,以它为依据通过建设银行向建设单位办理工程结算后,就标志着双方所承担的合同义务和经济责任的结束。

8. 竣工决算

根据《会计师事务所从事基本建设工程预算、结算、决算审核暂行办法》(财协字〔1999〕103 号),基本建设工程决算,是指在工程项目或单项工程竣工后编制的,综合反映工程项目实际造价、建设成果的文件。

竣工决算是指在竣工验收阶段,当建设项目完工后,由建设单位编制的建设项目从筹建到建成投产或使用的全部实际成本的技术经济文件。它是建设投资管理的重要环节[②],是工程竣工验收、交付使用的重要依据,也是进行建设项目财

---

① 《基本建设财务规则》第 28 条:项目建设单位应当严格按照合同约定和工程价款结算程序支付工程款。竣工价款结算一般应当在项目竣工验收后 2 个月内完成,大型项目一般不得超过 3 个月。

② 原《基本建设财务管理规定》(财建〔2002〕394 号)

第 37 条:建设单位及其主管部门应加强对基本建设项目竣工财务决算的组织领导,组织专门人员,及时编制竣工财务决算。设计、施工、监理等单位应积极配合建设单位做好竣工财务决算编制工作。建设单位应在项目竣工后 3 个月内完成竣工财务决算的编制工作。在竣工财务决算未经批复之前,原机构不得撤销,项目负责人及财务主管人员不得调离。

第 39 条:在编制基本建设项目竣工财务决算前,建设单位要认真做好各项清理工作。清理工作主要包括基本建设项目档案资料的归集整理、账务处理、财产物资的盘点核实及债权债务的清偿,做到账账、账证、账实、账表相符。各种材料、设备、工具、器具等,要逐项盘点核实,填列清单,妥善保管,或按照国家规定进行处理,不准任意侵占、挪用。

务总结,银行对其实行监督的必要手段。其内容由文字说明和决算报表两部分组成。文字说明主要包括:工程概况;设计概算和基建计划执行情况;各项技术经济指标完成情况;各项拨款使用情况;建设成本和投资效果的分析以及建设过程中的主要经验;存在的问题和解决意见等。

此外,施工企业往往也根据工程结算结果编制单位工程竣工成本决算,核算单位工程的预算成本、实际成本和成本降低额。作为企业内部成本分析、反映经营效果、总结经验、提高经营管理水平的手段,它与建设项目的竣工决算在概念上是不同的。

其中,基建程序、建设预算和其他技术经济文件之间的关系示意如图 3 –2 –1 所示,建设项目中成本管理的过程与内容如图 3 –2 –2 所示。

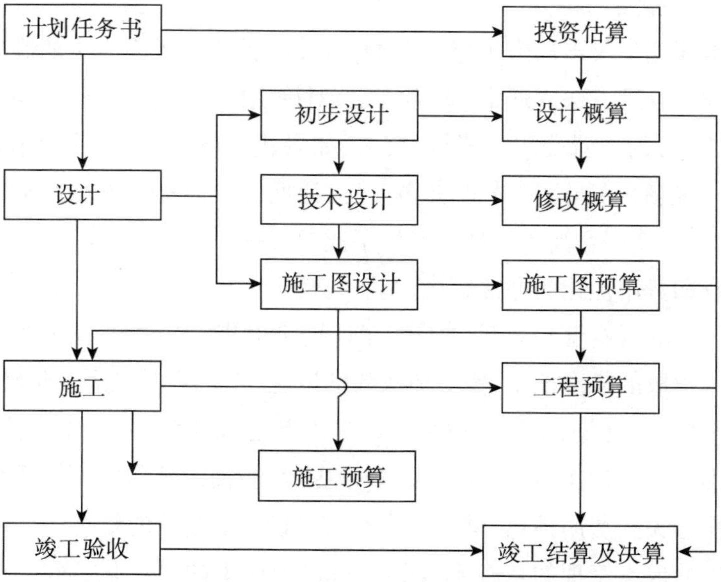

图 3 –2 –1　基建程序、建设预算和其他技术经济文件之间的关系示意

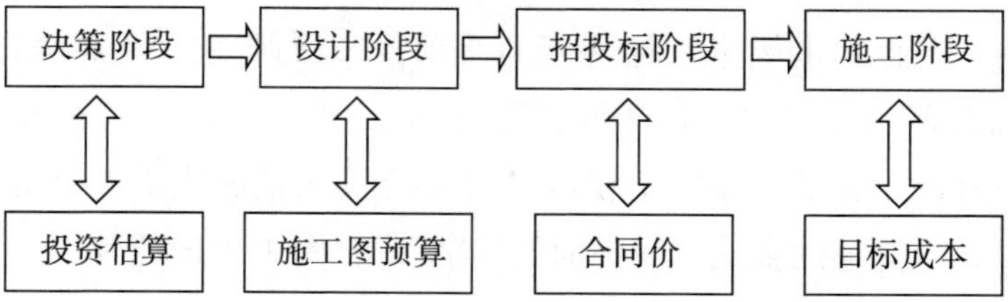

图 3 –2 –2　建设项目中成本管理的过程与内容

二、积极的成本管理

成本管理在工程项目中已存在许多年了,可以说历史悠久。很久以前人们就对拟建的工程项目进行费用预算(或估算),并以此作为项目的经济分析和决策、签订合同或落实责任、安排资金的依据。

但在现代工程项目中,积极的成本管理不仅不局限于事先的成本估算(或报价),而且也不局限于工程的成本进度计划(即S曲线),还体现在以下几个方面。

1. 积极的成本管理不仅仅是被动地按照已确定的技术设计、合同、工期、实施方案和环境预算工程成本(当然这是最基本的),而且应包括对不同的方案进行技术经济分析,从总体上考虑工期、成本、质量、实施方案等之间的互相影响和平衡,以寻求最优的解决。

2. 成本管理不仅不局限于建设成本,而且还要考虑运营成本的高低,即采用全寿命期成本管理方法。通常(但不一定)对确定的功能要求,建设质量标准高,建设成本增加,则运营费用会降低;反之,如果建设成本低,运营费用就会提高。这如同买一辆新的轿车,一次投资多,但油耗低,修理费少;而买一辆二手旧车,一次投资少,但使用费高。这样就产生了成本目标争执,这要通过工程全寿命期经济性比较和费用优化的办法解决。

3. 全过程的成本管理管理。不仅在计划阶段进行周密的成本管理,而且在实施中参与积极的成本控制,不断地按新的情况(新的设计,新的环境,新的实施状况)调整和修改计划,预测工程结束的成本状态及工程经济效益,形成一个动态控制过程。在项目实施过程中,人们(业主,承包商或项目的上层系统)作任何决策都要作相关的费用预算,顾及对成本和项目经济效益的影响。

4. 积极的成本管理的目标不仅是项目建设成本的最小化,而且它必须与项目盈利的最大化统一。盈利的最大化经常是从整个项目(包括生产运行期)的效益角度分析的。例如对工业项目经过工期和成本的优化可以选取一个最佳的工期,以节约投资;但如果压缩工期,使工程提前投产,每提前一天带来的运营利润就可能有几百万元。此时尽管建设费用增加了,但项目的整体效益是优化的。又如承包商在决定工期方案时不仅应考虑资源投入量和成本的高低,而且应考虑工期拖延的合同违约金或工期提前的奖励,或合同中规定的其他奖励措施(如项目提前运行实现利润的分成),有时还要考虑企业信誉和形象。

5. 积极的成本管理还体现在,不仅按照可获得的资源(资金)量安排项目规模和进度计划,而且按照项目预定的规模和进度计划安排资金的供应,保证项目的顺利实施。这一切表明,在现代工程项目管理中成本管理的职能得到加强。

三、防止两种错误倾向

在实际工程中,人们对成本管理常常有两种错误的倾向。

(一)人们(特别是业主和上层领导)在项目初期常常就对项目的成本管理有较高的要求

1. 期望能够尽快且准确地预先获得将来的成本值。由于目标成本在项目初期作出,它是项目经济分析和决策的依据,常常决定一个项目能否成立。

2. 希望目标成本尽可能低,以尽可能少的花费,达到预定目标,因为这样的项目容易获得批准。

3. 要求或希望实际成本低于它而不是超支,如果发生超支则归咎于计划的失误,这种心情是可以理解的。

但出于如下原因,这些期望常常又很难保证。

1. 项目初期工程的技术设计、实施方案的设计和各项安排等尚未落实,不详细和具体,所以不可能有准确的成本管理。

2. 在项目实施中用户、业主对项目新的期望,工期提前的要求,质量提高和工程范围的扩大,都必然会导致成本的提高。

3. 工程合同价(如工程、供应等)受市场竞争程度,双方经营策略的影响很大,所以即使最好的成本管理也不可能与招标结果100%符合;同时合同价格与最终工程实际价格也不可能完全相同。由于各种因素的影响,即使采用固定总价合同,在正常情况下实际结算价格与合同价也会有很大的差异。

4. 工程过程中的环境因素的影响,如通货膨胀,地质条件的变化等,导致成本的变化。上述原因在任何工程中都会存在,它们都会造成实际的成本大幅度增加。而上层的管理者往往对这些影响因素不重视,在作出新的决策,或提出变更指令时,常常不注意对成本的影响,没有成本的概念。

(二)项目的决策者、计划部门心理因素的影响

计划是人按照客观情况作出的,所以计划的人为因素影响特别大。

例如以下几种情形。

1. 在计划期尽力扩大目标成本值，留有过大的余地，这样可以提高项目成本的承包额。这样在项目结束时的成本考核中，成本节约额较大，自己部门或项目组成本控制的成果显著，以期获得较高的奖励。

2. 在项目初期，为了能够获得上级的批准，有意压低目标成本值，提高项目的预期收益，等项目上马后再要求追加投资（或费用）。

3. 业主和承包商在工程招标投标中的非理性行为，如业主一味地压低合同价格，使承包商无利可图，甚至亏本；而承包商为了中标有意压低报价，企图通过工程过程中的索赔追加补偿。

这些会导致如下结果。

1. 影响项目决策的正确性、科学性和客观性，导致项目的决策失误。因为项目成本管理直接影响项目的经济性分析，从而影响项目的决策，而且成本管理又是进行投资分解和进行限额设计的基础，是成本（投资）控制的尺度，所以它直接影响项目总体目标。

2. 影响上层系统资源有效的分配和正确的计划，影响上层系统战略的实现。

3. 导致实施过程的混乱，导致对项目其他目标的损害。

在我国计划经济时代，许多地方和部门普遍采用这种方法争"上项目"，而许多项目在实施过程中由于投资不足或等待追加投资而中途长期停工。在许多工程中，特别是在政府工程中，工程项目的决策者、计划工作者存在上述心理，最终造成计划失误。这种现象在国内外都十分常见。

通常认为，在一个工程中如果环境没有出现特殊的情况，技术方案没有重大的修改，工程范围没有重大的变化，则大量节约成本或成本大幅度超支都属于不正常的，不积极的状况。所以成本管理应是有根据的、科学的、理智的、符合实际的、有预见性的，能清楚地表达在假设条件下（工程、环境等）的成本花费。要达到这一点，首先人们必须是理性的，从一开始就鼓励所有计划工作者和项目参与者开诚布公和诚实，特别要防止与反对虚假行为。

四、项目成本管理的精度

（一）项目成本管理的精度的相关因素

人们总希望作出精确的成本管理，但这是很困难的，因为企业预算可以以往年数据为基础,而项目是一次性的,没有比较的基础。项目成本管理的精确度主要与如下因素有关。

1. 项目的工程范围确定性、工程技术设计的深度和工程技术标准的精细程度。

2. 工程环境,特别是市场情况(如市场价格、通货膨胀、税率等)的信息量和信息的准确性。

3. 实施方案,例如工期方案、组织方案、技术措施的确定性。

4. 所掌握的同类工程的资料的详细和精确程度。对过去同类工程的资料和经验数据应检查在现项目条件下的可用性。目标成本的精确度完全依赖上述资料的可靠度、清晰度和精细程度,所以要进行大量的调查,同时应要求工程专业人员尽早地参与项目计划,并及早地拿出技术方案,尽可能详细地描述。而业主常常缺少对这点的理解,有时为了节约建设管理费(主要为咨询费),不愿尽早作技术方案和其他计划的研究,但却希望计划人员一开始就拿出100%准确的成本管理值,并保持到最后。正如前面所述这是不可能的。

(二)成本管理精度的边界条件

与工程最终实际的成本相比较,对于常见的项目(不包括特别新颖、风险大的项目),目标设计时的目标成本能有±30%的误差,可行性研究时的可能达±20%的误差,初步设计时的可能达±15%的误差,成本预算误差能达±(5%~10%)。在项目施工前,设计再精细,说明再清楚,成本管理的精度也不会再提高。这是由于以下两个因素。

1. 投标人报价的不确定。他们要考虑竞争条件,企业的经营方针。

2. 工程过程中工程变更、设计错误、环境变化、业主失误等,会导致承包商和其他方面追加费用的要求(索赔)。只有到工程结束才能得到准确的成本值。

五、成本管理的过程

在项目进程中,成本管理有许多版本,它们分别在项目目标设计、可行性研究、设计和计划、施工过程、最终结算中产生,形成一个不断修改、补充、调整、控制和反馈的过程。成本管理工作与项目各阶段的其他管理工作融为一体,现在人们不仅将它作为一项管理工作,而且作为专业性很强的技术工作。所以国外一些大工程中常设成本工程师。

从总体上,成本管理通常经过确定总成本目标、成本逐层分解、成本估算、由下而上逐层汇集、进行对比分析的过程。

1. 在项目的目标设计时就提出总投资目标,经过可行性研究对总投资目标进行进一步分析论证。项目被批准立项,则确定了该项目的计划总成本(投资或费用)。它是有约束力的,对以后每一步设计和计划起总控制作用。人们常常将这个总额直接进行成本的分解,拆分到各个成本对象,例如项目单元、工程分项、项目的各个阶段等,以作为对这些单元或部分进行设计和计划的依据或限制。常常按照这个限额提出它们的设计标准、决定功能、工程范围、质量要求等。这样形成一个由上而下的控制过程。

2. 随着项目的深入,技术设计和实施方案的细化,可以按结构图对各个成本对象或子部分(例如项目单元,工程分部、成本要素等)计算成本估计值,这常常是比较精确的。将这个估计值与限额相比较。

3. 按结构图由下而上进行汇总,并与原计划(限额)进行对比,衡量每一层单元计划的符合程度,以此决定对设计和计划的修改,这样形成由下而上的保证和反馈过程。

4. 这样的分解作为新的成本管理的版本,必须经过规定的批准程序。一经批准即作为各层次组织成本责任,并作为成本控制的依据。在项目分解结构中,成本限额应是平衡的,使成本合理的分配(或布局)。这种合理的分配是项目系统均衡性和协调的保证,是实现项目总体功能目标、质量目标和工期目标平衡的保证。

六、成本管理的内容和表达方式

通常一个完整的项目成本管理包括如下几方面内容。

1. 各个成本对象的目标成本值。

2. 成本—时间表和曲线,即成本的强度计划曲线。它表示在各时间段上工程成本的完成情况。

3. 累计成本—时间表和曲线,即 S 曲线或“香蕉图”,它又被称为项目的成本模型。

4. 相关的其他计划。例如,工程款收支计划、现金流量计划、融资计划等。

成本管理应形成文件,计划的依据应能追溯其来源。这些信息对上层管理者、项目经理和其他项目参加者都是十分重要的。成本管理应根据项目管理的需要采用简单易懂,便于成本控制的表达方式。常用的成本管理的表达方式有如下几种。

1. 表格形式,例如成本项目—时间表和成本分析对比表等。

2. 曲线形式。这种形式有两种:(1)直方图形式,例如“成本—时间”图,它表达任一时间段中工程成本的完成量。(2)累计曲线,例如“累计成本—时间”曲线。

3. 其他形式,例如表达各成本要素份额的圆(柱)形图等。

第二节　工程项目目标成本的确定

一、目标成本的对象

目标成本是指具体成本项目(成本对象)的预期成本值。为了便于从各个方面、各个角度对项目成本进行精确的全面的计划和有效的控制,必须多方位、多角度地划分成本项目,形成一个多维的严密的体系。

1. 项目分解结构图及各层次的项目单元。它们首先必须作为成本的估算对象,这对后面项目成本模型的建立、成本责任的落实和成本控制有至关重要的作用。所以项目结构分解是成本管理不可缺少的前提条件。通常成本管理仅分解、核算到工作包,对工作包以下的工程活动,成本的分解、计划和核算都十分困难,一般采用资源(如劳动力、材料、机械台班)消耗量来进行控制。

2. 项目费用分解结构。将项目按费用要素进行分解,则能得到项目的费用(或投资)结构,这种分解又有许多角度。在我国建设项目费用可以分为:(1)建筑工程费用;(2)安装工程费用;(3)设备购置费用;(4)工具、器具、家具购置费用;(5)其他费用,如土地、建设单位管理费、拆迁费用等。当然,对于具体类型的工程项目还可以按特点细分。如果进行项目全寿命期目标成本核算或分析,还必须包括对项目运行费用的结构分解。

3. 建筑工程成本要素。通常建筑工程成本可以分为人工费、材料费、机械费、其他直接费、现场管理费、总部管理费等。每一项又有一个具体的统一的成本范围(细目)和内容。承包商的成本管理和核算通常以它作为基础。它的主要作用有:(1)我国预算定额以及取费标准的划分;(2)承包商报价中的成本分项;(3)承包商会计成本核算的科目划分;(4)承包商和业主之间涉及费用索赔的计算分项;(5)按工程分项划分。这通常是将工程按工艺特点、工作内容、工程所处位置细分成分部分项工程。这在招标文件的工程量目录中列出,承包商按此报价,并作为业主和承包商之间实际工程价款结算的对象。我国预算定额所用工程分项,国际通用的工程量计算规则,美国施工规范协会(CSI)和加拿大施工规范协会(CSC)联合制定的工程划分标准格式都属于这一类。在工程项目管理中,这种分解结构是最重要的,因为业主、监理工程师和承包商都需要这方面的信息。它是业主的投资管理系统与承包商成本管理系统的信息交会点。

4. 项目参加者,即成本责任人。成本责任通常是随合同、任务书(责任书)委托给具体的负责单位或人的,例如工程小组、承(分)包商、供应商、职能部门或专业部门。他们是各项相关工作的承担者,又是成本责任的承担者。目标成本可作为对他们工作的考核、评估、处罚的依据。例如,各工程小组的成本消耗指标,承(分)包合同价格;采购(供应)部门费用计划;各职能部门费用计划等。

5. 还有一些其他的分解形式,例如按项目阶段分为可行性研究、设计和计划、实施运行等各个阶段的费用计划,形成不同阶段的成本结构,还可以按照年度进行分解。上述每一种成本对象的分解,都应该以树形结构的形式,应清楚列出相关范围内的所有成本,保证完备性。

二、目标成本的估算方法

确定工程项目目标成本的具体工作属于工程估价或概预算的内容。它是专业性非常强的工作,必须由专门人员(估算师或预算员)承担。不同阶段及不同成本对象的目标成本估算方法不同。

(一)前期策划阶段的估算

成本管理工作在项目中投入较早,在目标设计时就开始工作,为决策提供依据。这个阶段仅有总体目标和总功能要求的描述对项目的技术要求,实施方案尚不清楚,所以无法精确地估算。一般只能针对要求的功能,按以往工程的经验值或概算指标进行估算。

1. 参照过去同类工程信息,按照项目规模、生产能力或服务能力指标匡算。

例如住宅小区或办公楼以“元/平方米”,医院以“元/病床”,住宅以“元/平方米”,公路建设以“元/千米”估算。而一般的工业项目可以按照单位生产能力(如每万千瓦时发电能力,每吨产品生产能力)估算总投资,并由此给出一个目标成本(投资)总值。有时也会将一个大项目按结构分解成许多功能区间进行估算。

2. 按照国家或部门颁布的概算指标计算。概算指标通常是在以往工程统计的基础上得出的,它有较好的指导作用,在国民经济的各部门中都有本部门工程的概算指标。但选择这个值时常须考虑特殊的环境情况可能带来的附加的不正常的费用和专门开发费用(如占用农田或居民区,拆迁量和青苗赔偿量大,项目要建长距离输变电路和设施,特殊的建筑基础状况等)及特殊的使用要求(例如由于天气太热或太冷所有建筑要100%的空调)。

3. 专家咨询法。针对新项目,尚没有系统的详细说明,对研究开发性的项目,可用德尔菲(Delphi)法进行成本估算。这里的专家是从事实际工程估价、成本管理的工作者。可以采用头脑风暴的办法,也可以用小组讨论的办法。这时应尽可能给专家以详细的资料,例如项目结构图,相应的工程说明,环境条件等(一般项目结构图出来较早,工程详细说明很迟)、并在估价中提供专业咨询和说明。按项目结构图的层次引导各专家作出估计,并记录在卡片上,采用小组的办法让专家有讨论和修改的可能。对估计值有两种处理可能:(1)按最高值和最低值求平均值,或各个加权平均。(2)如果各估计值非常离散,出现大幅度的波动,则可以让最高者和最低者各自陈述理由,作出说明。特别对完成该项目单元工作的不同假设(估价的依据)必须进行讨论并记录,主持者将假设作一个统一的说明,再让他们提出估价。如果仍不能统一,可以将各项目单元再分解,作更低层次的估价。一般随着假设状态的统一和项目单元说明的细化,专家意见会逐渐趋于一致。

4. 生产能力估算法。寻找一个近期内已建成的性质相同的建设项目,可以根据该项目的生产能力A1和实际总投资额C1,拟建的建设项目生产能力A2来推算拟建项目的总投资额C2,A1和A2必须用统一的生产能力指标。f为考虑不同时期,不同地点引起的价格调整系数。n为生产能力指数,一般取$0.6 < n < 1.0$的值。一般考虑:(1)当A1和A2很相近时,即两个项目生产能力、规模差别不大时,n取值可近于1。(2)当A1、A2差别很大,而生产能力的扩大是通过扩大单个设备的生产容量实现时,n取0.6~0.7;若是通过增加与A1相同规格的

设备的数量扩大生产能力，则n取0.8～0.9。

随着项目的进展，工程服务和主要技术方案确定，调查进一步深入，有了进一步详细的资料，则可以按总工期划分的几个阶段和总工程划分的几个部分分别估算投资，可以作成本（投资，费用）—时间图（表）。

可行性研究经过批准后即作为项目的投资计划。由于多方投资，预算紧张，资金追加困难，在现代工程中，人们常常以批准的项目总投资作为后面投资控制的尺度，并在此基础上进行投资分解，限额设计。

（二）项目设计和计划阶段的概预算

在项目审批后，进入了设计和计划阶段。在国内外，虽然名目各不相同，但都有几步设计。例如我国有初步设计，扩大初步设计和施工图设计，国外有方案设计、技术设计、详细设计等。每一步设计又都有相应的实施计划，同样就有相应的成本管理的版本。在我国分为概算，修正总概算和施工图预算。他们必须与设计和计划文件一起经过批准。随着设计精度的深入和计划工作的细化，预算不断细化，目标成本的作用就越大，它对设计和计划的任何变更的反应就越灵敏。

1. 使用定额资料，如概（预）算定额。在我国，工程估价一直使用统一的概预算定额、规定的取费标准和计划规定的利润。所以计算方法就是按施工图算工作量，套定额单价，再计算各种费用。对业主来说，计算结果作为确定招标工程标底的依据，而承包商相应的计算结果作为报价的基础。但定额是在一定时间和一定范围内工程实际费用统计分析的结果，它代表常见的工程状况、施工条件、运输状况、设备、施工方案和劳动组合，而如果拟建工程有特殊性会带来一定的有时甚至是很大的误差。从理论上讲，概预算定额可以作为业主进行投资估算和制定标底的依据。承包商的投标价格应以目标成本作为基础，而目标成本应该是精确的，反映实际的。（1）反映实际是指，它必须反映：招标文件所确定的工程范围、技术标准、工程量；合同条件所规定的承包商的工程责任和应承担的风险；工程的环境，包括市场价格、自然条件、法律、现场和项目的周边条件；工程实施方案，包括技术方案、组织方案、工期方案等。在上述内容的基础上，确定劳动效率、各种资源（劳动力、材料、设备等）的投入量、各种费用支出量，以此计算目标成本值。（2）对承包商来说，一方面，由于竞争激烈，要求报价尽可能低于竞争对手，同时又要保证盈利；另一方面，签发投标书后，从投标截止期开始，承包商即对报价承担责任。一般招标文件和承包合同都规定,承包商必须对报价的正确性、完备性承担责任,承包商的报价已包括他完成全部合同责任的所有花费。除了合同规定的情况外,承包商的合同价格是不允许调整的。(3)但在投标报价中,承包商要精确计算成本常常是很困难的,这是由于:时间很紧迫,即做标期短,承包商没有时间进行详细的招标文件分析和环境调查、制定详细的实施方案、细致地计算工程量和各种费用;所能获得的资料的限制;由于竞争激烈,中标的可能性较小。如果不中标,则估价等工作白费,业主没有补偿的责任,所以在投标期又不能投入太多的时间、精力和费用作成本管理。所以要求目标成本的计算既要精确,又要快捷。

对报价单中不同的项目可用不同的计算方法,例如可以用 A、B、C 分类法。

对 A 类分项,即对工程成本有重大影响的工程分项应详细精确核算。这些项目数目少(一般仅占 10%),但工作量大,价格高,占工程总成本的比例高(一般可占到 70% 以上)。

对 B 类分项,其数目较多(一般占 20% 以上),价格一般,占工程总成本的比例也一般(通常占 20%),这类分项的核算不必非常精细,可以直接使用过去工程资料或定额。

对 C 类分项,它的数目很多(一般占 70% 左右),而单项价格低,占工程总价比例也很低(通常仅占 10% 以下),这类分项可以较为粗略,如可以参考以前的报价资料,参考其他工程的结算资料。它即使误差有 10%,对工程总价误差也在 1% 以下。

2. 直接按部分工程,专项的供应或服务进行询价,以作为计划的依据。无论是业主或承包商都可采用这种方式。通常将所掌握的技术要求、方案、采购条件、环境条件等说明清楚,请一个或几个承包商或供应商提出报价。

3. 采用已完工程的数据。这在国外,业主、设计事务所、管理公司用得较多。通常由专门的部门(学会、政府机关)公布有代表性的工程资料,它按照统一的工程费用结构或建筑工程成本结构分项标准统计并公布,它包括了已完工程成本的特征数据。我国也开始进行这方面的工作。用它可以进行目标成本的匡算或概算,也可以作精细的成本管理。

在这些资料应用中,应顾及并调整以下几个方面。

(1)不同的年代有不同的市场环境和物价指数,如果所选择的工程资料太老,则可比性差。虽然可以用物价指数进行调整,但各方面差异性仍很大。价格指数不能完全反映一个建筑价格的变化(因为国民经济中,价格指数是加权平均的),所以最好采用最近工程的资料。如果通货膨胀率很高,尽管为近期工程,但数据的可用性同样也很差。

(2)不同的地区。不同地区的物价、工程价格是不平衡的。当地的市场物价、运输条件、发展水平、地质条件等都会影响工程价格。

(3)建筑物的差异。通常对主体结构和一些常规的、标准的设施,如给排水,照明电路、常规装潢等可以用过去工程资料。而对特殊的装备要求,特殊的技术处理必须独立计算。例如采用特殊的建筑形式,复杂的平面布置,有个性的解决方案等,都会极大地提高成本。

(4)过去对工程人们常常知道得不多,即使作为标准工程公布的成本资料,人们也只能获得“硬信息”如工程规模、面积、建筑饰面要求、建设工期、各成本项目的实际成本值。而软信息很难得到,如承包商的企业方针,报价策略,合同双方友好合作程度,工程中受到干扰的情况,工程中的经验教训,它们对实际成本有很大的影响。

(5)对于一个单体建筑如办公楼、住宅楼尚可参照,但对建筑群或一个工业项目则很难把握。

(6)其他方面如气候、地质条件、市场竞争状况等的影响。

在国外,施工企业、管理公司除了使用公布的成本数据库外,还有自己内部的最近完成的具体工程的成本统计结果和通常费用的数据库。这些数据作为一个参照系,有许多优点。在实际工作中,常常选择几个相似工程,用他们的特征数据,计算拟建工程的成本值,以增加其结果的可靠度,有时也可以用它们来审查通过其他计算办法确定的工程目标成本的可信度,或者共同确定合理的目标成本。通常一定类型的工程其项目单元或工程部分的费用结构有一定的比例。

4. 合同价。这是业主在分析许多投标书的基础上最终与一家承包商确定的工程价格,最终在双方签订的合同文件中确认,它作为工程结算的依据。对承包商来说,是通过报价竞争获得承包资格而确定的工程价格。现代工程通常都用招标投标形式委托、签订合同,所以在这之前无论是业主还是承包商所作的目标成本都不是最终的、有约束力的工程价格(合同价格)。业主事先做概预算作为标底,而承包商作工程报价,最后业主在众多的投标人中选择一个报价合理的投标人中标,双方有可能再度商讨并修改合同价格(标后谈判)。有时最终合同价与标底,与报价差距很大,例如鲁布革引水工程最终合同价是业主标底的58%。

现在在许多大项目中,投标时施工图经常尚未出来,而是在施工中逐步地提出(有的由业主提供有的由施工单位作出,再经业主批准),这给双方确定目标成本和决定工程价格带来许多问题,增加了不确定性。所以在招标过程中业主应增加工程透明度,尽可能拿出确定性的工程系统说明文件,以防止误导,而承包商应尽力弄清楚业主所要求的,或招标文件所表达的项目形象。在这种情况下,业主的目标、技术设计方案(例如地基选型)和施工方案之间有不同的交互作用。当然必须先定技术设计方案,再定施工方案。如果这两个方面都能给出描述,则目标成本就简单多了。这个阶段成本管理者必须与工程专业设计人员共同工作,探讨相应的技术设计实施方案对成本有影响的各种因素,并将这些因素转化为目标成本的各个因素。在这一阶段,成本管理可能涉及重大的不确定因素,应对风险作出评价,在目标成本中加入适当的裕度,如风险准备金、合同中的暂定金额。

(三)工程实施中的成本管理工作

在工程实施中,成本管理工作仍在进行。一般有以下几个方面。

1. 已完成或已支付成本,即在实际工程上的成本消耗,它表示工程实际完成的进度。

2. 追加成本(费用)。这是指由于工程变更,环境变化,合同条件变化所应该追加的部分。对业主由于增加了工程范围或物价上涨,按合同应给承包商赔偿,受到承包商的索赔,则应予以追加合同价格。对承包商由于工程量增加,成本亦相应增加,必须向业主索赔。

3. 剩余成本管理,即按当时的环境,要完成余下的工程还要投入的成本量。它实质上是项目前锋期以后的目标成本值。这样项目管理者可以一直对工程结束时的成本状态、收益状态进行预测和控制。

4. 最终实际成本和结算价格。施工结束后必须按照统一成本分解规则(一般按建筑要素)对工程项目的成本状况进行统计分析,储存资料,作为以后工程成本管理的依据。

三、成本数据库的建立和使用

对常规的已完工程项目建立成本数据库,对工程成本管理有非常大的好处,这在许多发达国家已很普遍。成本数据库的建立应注意如下问题。

1. 为了使成本管理能规范化、标准化,对于一定的专业工程,前述成本对象的划分应标准化,建立统一的划分方法、统一的编码、统一的实际成本的汇集方法,形成一个统一的国家标准。这样在工程中,各参加者可以统一口径进行计划,提出账单,核算、汇集实际成本,建立本工程成本数据库。工程结束可以按这个标准进行成本分析、统计。这是成本管理的基础工作之一,这样才能进行工程资料之间的对比参照。这种标准化包括许多内容,例如成本范围和内容的定义,成本管理过程,成本项目的分解及统一编码等。如美国和加拿大施工规范协会联合制定的工程分项标准格式等就包括这些内容。

2. 已完的进入成本数据库的工程应有代表性,对它的具体状况应有足够的说明。例如对建筑工程包括工程地点、工程开始时间、持续时间、工程规模、平立面图形、建筑面积体积、层次、功能要求、建筑、土建、水暖、电、空调等专业工程的特殊说明,以及各种成本项目的实际成本值(绝对值、每平方米值、相对百分比等)。而且对已完项目的成本数据可以按统一要求和标准定义储存,新项目也要能进行统一的分解,使它与已完工程成本数据库有良好的接口。

3. 这些划分应与实际成本的核算、工程成本的统计在性质上、内容上、范围上统一,即实际工程统一按此进行成本分解、计划、核算和统计,这样以往工程的数据才有参考价值,这样才可能形成预测、计划、核算、跟踪、诊断、考核、评估、奖罚这样一个完整的体系。否则,在控制中,计划和实际成本的对比没有实际意义。

4. 为了保证资料的可用性,实际工程成本资料的统计工作应规范化,甚至法制化。不仅必须按照标准的成本分解结构统计,而且要按照划定的成本开支范围统计,还要保证数据的真实性、可靠性。这在我国目前是做不到的。

5. 在工程中,上述目标成本几个对象之间应有很好的沟通,并不是从不同的角度要做几个独立的计划和核算,而是将一个详细的核算,如承包商的成本预算(报价),按不同的对象进行信息处理得到不同项目的成本结构。这里编码是几种核算之间沟通的主要手段,特别在采用计算机数据处理过程中对不同角度的成本项目采用不同的编码体系。

第三节　目标成本控制应注意的法律风险

一、国有企业对外投资的监督管理

以上海市为例,《上海市国资委监管企业投资监督管理办法》规定,监管企业在境内外从事的股权投资与固定资产投资,应当根据相关法律法规规章、公司章程及国资监管部门的规范性要求,建立投资管理体系,健全投资管理制度,合理设定内部管理层级,规范本部及所属企业投资决策程序,对所属企业投资活动进行有效管控,切实履行投资的主体责任和股东监管职责。监管企业未履行或未正确履行投资管理职责造成国有资产损失以及其他严重不良后果的,依照《企业国有资产法》、国务院办公厅《关于建立国有企业违规经营投资责任追究制度的意见》等有关规定,由有关部门追究企业经营管理有关人员的责任。

二、国有企业对外投资的责任追究

以上海市为例,《上海市市属国有企业违规经营投资责任追究实施办法(试行)》规定,企业管理人员未履行或未正确履行职责,在经营投资中造成国有资产损失或其他不良后果,经调查核实和责任认定,对相关责任人将进行违规经营投资责任追究。该办法同时具体列举了以下相关情形。

(一)风险管理方面可能导致责任追究的情形

未按照规定履行内控及风险管理制度建设职责,导致内控及风险管理制度缺失,内控流程存在重大缺陷;

内控及风险管理制度未执行或执行不力,对经营投资重大风险未能及时分析、识别、评估、预警、应对和报告;

未按照规定对企业规章制度、经济合同和重要决策等进行法律审核。

(二)固定资产投资方面可能导致责任追究的情形

未按照规定进行可行性研究或风险分析;

项目概算未按照规定进行审查,严重偏离实际;

未按照规定履行决策和审批程序擅自投资;

外部环境和项目本身发生重大变化，未按照规定及时调整投资方案并采取止损措施；

擅自变更工程设计、建设内容或追加投资等；

项目管理混乱，致使建设严重拖期、成本明显高于同类项目。

（三）工程承包与建设方面可能导致责任追究的情形

未按照规定履行决策和审批程序，擅自签订或变更合同、未经授权或超越授权投标；

违反规定，无合理商业理由以低于成本的报价中标；

未按照规定程序对合同约定进行严格审查，存在重大疏漏；

工程以及与工程建设有关的货物、服务未按照规定招标或规避招标；

违反规定分包等；

工程组织管理混乱，致使工程质量不达标或不能按期交付，工程成本严重超支；

违反合同约定超计价、超进度付款。

三、目标成本控制的风险防范措施

（一）目标成本控制一般事项

建立项目目标成本管理责任体系，制定目标成本管理计划，对项目目标成本目标进行分解与控制。

制定项目目标成本控制与目标成本管理制度，设置负责目标成本管理的机构或工作岗位。

按目标成本控制权限和管理程序调整目标成本，对重大设计变更应进行技术经济综合评价，宜采用合理优化设计方案等预控措施。

制定成本费用统计管理制度，建立成本费用统计台账，并向相关机构报送项目成本费用统计文件。

（二）目标成本控制与目标成本管理

宜委托具有相应经验的造价咨询机构编制项目执行目标成本预算文件。如上海地区的中心城区项目，基于公共规划调整等因素，容易发生红线外费用、抗议费用，导致误工、停工等不可控事件，需要提前规划。

应结合项目总进度计划，制定项目目标成本（年度）计划、资金流计划。

应建立目标成本风险分析制度,对分年度逐月编制的单项工程项目目标成本管理应及时进行审查、分析。

应根据项目采购、合同实施的变动情况,动态调整目标成本管理。

应编制项目其他成本费用管理制度及其实施细则,对目标成本管理执行情况定期进行检查、分析,形成书面分析文件。

(三)竣工财务决算

应根据工程所涉及的法律规定,制定竣工财务决算管理制度。

竣工财务决算可分为单项工程财务决算、阶段性竣工财务决算和项目竣工财务总决算。

应以许可的项目成本费用估算、历年价格调整文件以及实际融资成本等为依据,编制阶段性竣工财务决算和项目竣工财务总决算。

编制竣工财务决算应遵循下列工作程序(但不限于):(1)收集、整理有关竣工财务决算依据;(2)清理项目账务、债务和结算物资;(3)编写竣工财务决算说明书;(4)编制竣工财务决算表;(5)报送业主审查、备案。

项目竣工财务总决算应包含项目从前期策划到竣工验收的全部成本费用,在项目正式竣工验收前,应按国家的法律规定完成项目竣工财务总决算审计。

(四)投资(财务)监理

1. 投资(财务)监理机构的选择确定

投资(财务)监理机构应具备规定的资格条件,配备具有一定政治素质、政策水平和专业技术水平的专业人员,能自觉执行国家的法律法规,没有违纪违规行为。

投资(财务)监理委托主体应按照"公开、公平、择优"原则,进行招标选择和确定投资(财务)监理机构。投资(财务)监理机构实行回避制度,与项目单位的设计、招标代理、代建、监理单位等有关联关系的机构应当回避,不可参与投资(财务)监理投标。

2. 编制投资(财务)监理实施细则

投资(财务)监理机构负责与项目实施单位对接,编制投资(财务)监理实施方案。属于重点项目的,方案需同步报送项目实施单位和财政部门。

投资(财务)监理实际工作需严格按照实施细则执行。

3. 投资(财务)监理机构的资金监控职责

投资(财务)监理机构如具备条件,可参与项目可行性研究、初步设计和概预算的审查,审查项目资金来源落实情况,审查项目建设内容及投资超计划或漏项投资等情况。

(1)协助项目实施单位对接资金安排部门,确认资金来源落实情况。

(2)配合项目实施单位对设计概算进行常规逻辑性审核,审查是否漏项、是否有明显的科目资金分配不足、是否超工可投资,对概算编制的合理性提出建议。

投资(财务)监理机构对项目勘察、设计、征地、房屋征收、补偿、市政配套增容费等前期费用进行审核,检查前期费用开支是否符合规定。

(1)对在上海市政府采购平台进行的服务采购,审核政府采购预算金额,出具书面审核意见。

(2)审核招标文件及控制价,审核费用是否在经批准的概算范围内,计费标准是否符合国家或行业收费标准规定及项目所在地市场行情、支付方式和价款调整等经济条款是否符合相关规定,出具书面审核意见。

(3)对征地、房屋征收、补偿等费用进行程序性审核,审核费用审批手续是否符合区相关规定。

(4)审核合同,审核合同金额支付方式和价款调整等经济条款是否符合相关规定,出具书面审核意见。

(5)审核资金支付申请,出具书面审核意见。

执行基建财务制度有关规定,根据财政部门批准的项目(法人)单位管理费年度预算计划,加强对项目(法人)单位管理费支出的审核。

(1)审核代建合同,审核合同金额支付方式和价款调整等经济条款是否符合相关规定,出具书面审核意见。

(2)审核资金支付申请,出具书面审核意见。

参与项目招投标以及施工、材料、设备采购等经济合同谈判、签订工作,对合同中相关的经济条款提出审核意见,并做好合同执行情况的检查工作。

(1)参加与费用有关的谈判等工作会议。

(2)审核招标文件、工程量清单及控制价,审核费用是否在经批准的概算范围内、是否符合国家或行业规定及项目所在地市场行情,对工程量清单进行常规逻辑性审核,出具书面审核意见。

(3)审核合同,审核合同金额支付方式和价款调整等经济条款是否符合相关规定,出具书面审核意见。

(4)审核资金支付申请,出具书面审核意见。

配合项目(法人)单位或代建单位做好对施工图预算、甲供材料、设备采购等价格的审核工作。

(1)对可行性研究报告中明确要求进行施工图预算审核的项目,审核施工图预算,出具书面审核意见。

(2)审核甲供材料、设备采购价格,出具书面审核意见。

(3)审核暂估价中需二次招标的专业工程或暂估价材料招标文件、控制价,审核费用是否在经批准的概算范围内、是否符合国家或行业收费标准规定及项目地市场行情,出具书面审核意见。

审核经施工监理确认的施工单位实际完成工作量,对照施工合同和预付工程款,为项目(法人)单位或代建单位签署支付工程款等资金支付申请的审核意见。

严格督促项目(法人)单位或代建单位按照批准的设计规模、设计标准进行工程建设,配合项目(法人)单位或代建单位做好因设计变更、施工实际情况变化等引起的造价变更的审核签证工作。对于擅自提高建设标准、扩大规模的各项开支提出审核意见。

(1)督促项目实施单位按照批准的设计规模、设计标准进行工程建设,实施过程中发现超规模、超标准建设时,出具书面专题分析报告,同时报送项目实施单位和财政部门。超规模、超标准建设费用未经批准前,原则上不得办理资金支付申请。

(2)审核造价变更费用,出具书面审核意见。如有超概,出具书面专题分析报告,同时报送项目实施单位和财政部门。超概费用未经批准前,原则上不得办理资金支付申请。

做好政策性调整、设计变更和物价上涨等因素影响项目投资的情况分析,建立实际投资与概(预)算动态对照分析表、资金支付情况表及资金需求分析表。

(1)每月编制投资(财务)监理月报和概算动态对比分析表、资金支付情况表及资金需求分析表披露特殊事项。

(2)项目实施单位调概时,编制概算动态对比分析表,向财政部门汇报分析概算调整内容。

工程竣工后,审查施工单位递交的工程竣工结算(包括供料,设备价款,施工用水、用电的审核抵扣等)。审查工程竣工结算,做好资料签收工作,在规定时限内出具审价报告。

项目全部完成后,审查项目全部费用,审核项目造价。对实际总支出与项目总概算进行对比分析。

(1)编制项目总投资支出情况表,汇总所有支出。

(2)编制概算对比分析表。

4. 投资(财务)监理机构的财务管理职责

建设资金必须专款专用,不得用于计划外工程,防止建设资金流失和非法占用。

协助项目(法人)单位或代建单位编制年度、月度资金用款计划,并予以初审。

协助项目(法人)单位或代建单位正确设置会计账户,指导项目(法人)单位或代建单位规范运用,正确及时上报各类财务报表。

加强对建设项目成本、费用等检查,确保各项开支符合国家规定。

加强对项目(法人)单位或代建单位自行采购的设备、材料的采购、保管、领用3个环节的管理及财务核算。

协助项目(法人)单位或代建单位正确编制竣工财务决算,审查项目竣工财务决算报表的真实性、完整性等;审查基建收入及结余资金属于应上交财政部分是否及时上交。

第三章 规划设计管理

第一节 规划设计管理的概念与流程

一、规划设计管理的概念

规划设计阶段是指建设单位通过招投标或委托等方式选定设计单位，而被选定的设计单位需要根据规划目标及建设单位的各项要求做好相应的创造性规划与设计工作，并以设计图纸作为规划与设计成果的载体的过程。

规划设计是项目建设的基本依据，是做好成本控制、施工流程组织和质量控制的基本依据。既不能不计成本地盲目追求设计效果，也不能因不合理地降低成本导致进度迟延、品质下降。此外，当前部分房地产项目建设中，往往在规划设计阶段存在多种负面因素，对成本控制工作开展造成负面影响。比如，部分项目建设中存在设计方案审核依据不完善、设计质量控制不到位、审图工作不到位等方面问题，在工程建设中需要进行多方面的工程变更，这直接造成建设成本增加。

二、规划设计的流程

规划设计流程一般分为 3 个阶段：方案设计、初步设计、施工图设计。

（一）方案设计阶段

设计单位应提前对与开发项目做好充分调研工作，以了解地势、当地气候、施工区域地质、政府规划部门对开发项目的各项要求、对周边基础配套工程的要求、项目开发的整体目标等情况，并以此来确定容积率、绿化率、可售面积、自持物业面积、投资规模、工期等细节内容。在对以上资料进行收集和分析研究后，设计单位便可按照项目开发的整体目标完成总体布局设计、户型配比、高低层搭配、立面形式、装修风格、园林风格的选择等工作,并最终确定一个符合各类规范要求、具有一定亮点的设计方案。

方案设计阶段的设计文件一般包括以下几类。

第一,设计说明书,包括各专业设计说明以及投资估算等内容;对于涉及建筑节能、环保、绿色建筑、人防等设计的专业,其设计说明应有相应的专门内容。主要内容包括:设计依据、设计要求及主要技术经济指标;总平面设计说明;建筑设计说明;结构设计说明;建筑电气设计说明;给水排水设计说明;供暖通风与空气调节设计说明;热能动力设计说明;投资估算文件等。

第二,总平面图以及相关建筑设计图纸。主要内容包括:总平面设计图纸;建筑设计图纸;热能动力设计图纸(当项目为城市区域供热或区域燃气调压站时提供)等。

第三,设计委托或设计合同中规定的透视图、鸟瞰图、模型等。

(二)初步设计阶段

初步设计阶段是整个规划设计工作的关键,也是设计方案实现技术完善和成本量化的重要阶段。方案设计针对建设工程规划许可证规划主管部门审批要求,主要需要满足规划指标上的要求,包括建筑规模、栋数、层数、结构类型、总平面图、各层建筑平面图、各向立面图和剖面图。依据《城乡规划法》,在该阶段,设计单位首先需要完成细化平面布局、确定单体建筑的层数、确定主体结构的构成以及建筑基础模式、选定建筑材料以及给排水系统等主要工作;其次需要对所有设计方案的技术可靠性、经济合理性进行论证分析,从而将项目投资概算控制在前期项目投资估算误差范围内;最后需要根据最终的设计方案编制项目总概算。

初步设计阶段的设计文件一般包括以下几类。

第一,设计说明书,包括设计总说明、各专业设计说明。对于涉及建筑节能、环保、绿色建筑、人防、装配式建筑等的专业,其设计说明应有相应的专项内容。主要内容包括:工程设计依据、工程建设的规模和设计范围、总指标、设计要点综述、提请在设计审批时需解决或确定的主要问题。

第二,有关专业的设计图纸及主要设备或材料表。

第三,工程概算书。建设项目设计概算是初步设计文件的重要组成部分。概算文件应单独成册。设计概算文件由封面、签署页(扉页)、目录、编制说明、建设项目总概算表、工程建设其他费用表、单项工程综合概算表、单位工程概算书等内容组成。

第四,有关专业计算书。计算书不属于必须交付的设计文件,但应按规定相关条款的要求编制。

(三)施工图设计阶段

施工图设计针对建设工程施工许可证建设主管部门审批要求,主要需要满足施工标准,保证建筑工程的质量和安全,依据《建筑工程施工许可管理办法》应当先办理《建设工程规划许可证》的,待取得建设工程规划许可证后方可办理。

由于施工图是设计意图与设计成果的综合体现,也是设计单位移交施工方的唯一成果,施工图确定后,项目开发成本就已确定。为避免在后期施工阶段出现因设计文件变更而引起成本增加的情况,承包单位和设计单位应尽可能确保规划设计阶段成本管理工作的精细度,同时根据实际施工进度及时调整管理内容,进而把成本管理工作贯穿于项目开发全过程。

三、施工图审查制度的变革

施工图审查制度建立至今已有 20 多年,特别是在近年持续优化营商环境、深化审批制度改革的大背景下,各地在推进“多审合一”改革、优化审查范围、精简审查内容、加强事中事后监管等方面出台了一系列举措。建设主管部门将施工图审查作为政府对勘察设计质量监管的手段,以审查倒逼设计质量的保障和提升,以高水平的审查服务推动经济发展和社会进步。

20 世纪 90 年代,我国工程建设质量安全监管制度尚不完善,工程质量安全形势严峻、风险加剧。据不完全统计,全国平均每 3 天发生 1 起房屋倒塌事故,其中近半数的事故是设计质量安全问题所致。

当时,原建设部经过充分的国外、境外、国内调研后,为加强对质量安全的监管,在参考发达国家和地区通行做法的基础上,结合中国实际情况,试行了施工图审查制度,通过在部分省市试点取得了良好的效果。在总结试点经验的基础上,我国于 2000 年正式设立了施工图审查制度。施工图审查制度在我国实施以来,通过施工图审查,消除了大量存在于工程设计文件中的安全隐患,避免了大量工程安全事故的发生和因设计导致的房屋倒塌事故。

施工图审查制度实施以来,一些固有问题一直影响着行业的健康发展:一是审查性质屡遭质疑,审查地位几度面临挑战,以致审查的必要性备受怀疑,发挥的作用被忽视;二是市场化运行呈现无序竞争态势,审查机构生存过分依赖建设单位、设计单位,受利益驱动的影响,审查逐渐流于形式;三是一些地区实行的施工图审查政府购买服务落实困难,政府支付的财政资金不足或不能及时到位,审查机构生计维持出现困难;四是审查属地化造成发展不平衡、不充分现象,审查质量良莠不齐;五是受各方面因素的影响,施工图审查的从业吸引度过低,不能吸引更优秀的人才从事施工图审查工作;六是审查技术人员从业准入、退出机制不健全,从业人员专业培训、职业操守教育不到位;七是少数审查机构内部管理不到位,人员力量不足,买证充人数凑资质,以营利为目的,丧失责任的担当。

目前,部分地区已经结合地区实际,进行了一系列施工图审查的改革,如表3-3-1所示。

表3-3-1　施工图审查改革

审查形式	相关规定
部分取消	上海:《关于进一步推进本市工程建设项目施工图设计文件审查改革工作的通知》发布“免于审查正面清单” 广州:探索取消政府投资类的房屋建筑工程、市政基础设施工程的施工图设计文件审查,强化建设单位主体责任,建设单位可根据项目实际情况,自行决定是否委托第三方开展施工图设计文件审查 浙江:2020年,全省积极推行施工图自审备案制度,取消低风险小型项目、一般房建项目的施工图事前审查环节,建成全省一体化工程建设项目施工图在线管理模块。2021年起,除依法需要消防设计审查的项目外,全面推行施工图自审备案制,加强事中事后监管及信用评价管理 杭州:从2020年5月18日起取消部分项目施工图审查,部分项目实行施工图事后审查。3类实行取消施工图审查:新建企业投资简易低风险建设项目、公园绿化建设项目、30米以下的一般城市道路建设项目(特殊道路及涉及桥梁、隧道等除外)。除了规定的8种类别外,部分建设项目可在取得施工许可后60天内再进行图审,既不耽误工期,也能有效执行国家标准 山东:取消社会投资简易低风险项目施工图审查。在中国(山东)自由贸易试验区、中国—上合组织地方经贸合作示范区、青岛西海岸新区探索取消施工图审查或缩小审查范围,2020年12月底前全省依法取消,实行告知承诺制和设计人员终身负责制,推行勘察设计责任保险制度 南京:对于社会投资简易低风险项目,取消施工图审查;除特殊建设工程和人员密集场所外,取消消防验收及备案;取消设计方案审查;取消人防、交通、竣工档案验收,以及水、电、气等工程验收 成都:部分工程建设项目中,实行勘察设计质量自审承诺制度,免于施工图设计文件审查。住建、人防、卫健等行政主管部门应做好事中事后监管,建立自审承诺工程项目“双随机、一公开”抽查机制,采用“互联网+监管”模式,定期或不定期对实施自审承诺制度的工程项目勘察设计文件进行质量抽查

续表

审查形式	相关规定
线上审查	广东:2019 年 9 月 27 日起,广东省施工图数字化审查管理系统正式上线运行。11 月 1 日起,全部实行数字化文件线上报审,不再受理纸质文件报审 重庆:自 2020 年 4 月 1 日起,全面实行数字化文件线上报审,新建、改建、扩建房屋建筑和市政基础设施工程的施工图设计文件(含勘察文件和重大设计变更文件,涉密工程除外)审查实行无纸化申报、在线审查和在线监管,审查成果文件实现数字化管理和在线下载、打印 湖南:2020 年 6 月 1 日起试行施工图 BIM 审查

第二节　规划设计阶段应注意的法律风险

一、规划设计与工程质量密切相关

建设工程的质量直接关系着人民群众生命财产安全,重大建设工程的质量优劣甚至会对社会政治、经济活动产生巨大影响。作为技术和智力最为密集的建设活动主体,工程设计单位的工作成果直接影响甚至决定了建设工程的品质,设计单位的任何疏忽和纰漏都有可能导致巨额的经济损失,乃至于不可弥补的人身伤害。鉴于此,应当对工程设计加以重视。

二、应当严格审查勘察、设计单位的资质等级

《建设工程勘察设计管理条例》第 38 条规定:"违反本条例规定,发包方将建设工程勘察、设计业务发包给不具有相应资质等级的建设工程勘察、设计单位的,责令改正,处 50 万元以上 100 万元以下的罚款。"

三、原则上施工图设计文件仍应当通过审查后才可施工

《建设工程质量管理条例》第 56 条规定,建设单位迫使承包方以低于成本的价格竞标的;明示或者暗示设计单位或者施工单位违反工程建设强制性标准,降低工程质量的;施工图设计文件未经审查或者审查不合格,擅自施工的等,将被责令改正,处 20 万元以上 50 万元以下的罚款。

《建设工程质量管理条例》第 57 条规定,建设单位未取得施工许可证或者开

工报告未经批准，擅自施工的，责令停止施工，限期改正，处工程合同价款1%以上2%以下的罚款。

四、设计单位应根据勘察成果文件、工程建设强制性标准进行设计

《建设工程质量管理条例》第63条规定："违反本条例规定，有下列行为之一的，责令改正，处10万元以上30万元以下的罚款：(一)勘察单位未按照工程建设强制性标准进行勘察的；(二)设计单位未根据勘察成果文件进行工程设计的；(三)设计单位指定建筑材料、建筑构配件的生产厂、供应商的；(四)设计单位未按照工程建设强制性标准进行设计的。有前款所列行为，造成工程质量事故的，责令停业整顿，降低资质等级；情节严重的，吊销资质证书；造成损失的，依法承担赔偿责任。"

责令停业整顿，即由有关行政执法部门责令该建筑设计单位在一段时间内停止从事建筑设计活动，进行整顿。停业整顿的时间，应由行政执法部门依照国务院的有关规定，根据设计单位违法行为的不同情节作出决定。

降低其资质等级或者吊销其资质证书。建筑设计单位不按建筑工程质量、安全标准进行设计，造成工程质量事故，情节较重的，不仅要给予责令停业整顿的处罚，还应降低其资质等级；情节严重的，应吊销其资质证书，取消其从事建筑设计活动的资格。

没收违法所得。这里所讲的"违法所得"，是指设计单位不按照建筑工程质量、安全标准进行设计所取得的收入。

并处罚款，即除了要没收其违法设计所取得的收入外，还要对其处以罚款。

因建筑设计单位的违法设计发生建筑工程质量事故，给他人造成损失的，由该建筑设计单位承担赔偿损失的民事责任。

五、因违反规定降低工程质量标准，造成重大安全事故的，将承担法律责任

《建设工程质量管理条例》第74条规定，建设单位、设计单位、施工单位、工程监理单位违反国家规定，降低工程质量标准，造成重大安全事故，构成犯罪的，对直接责任人员依法追究刑事责任。也即按照《刑法》第137条所规定的建筑工程重大安全事故罪处罚。

《建设工程质量管理条例》第70条规定，发生重大工程质量事故隐瞒不报、

谎报或者拖延报告期限的，对直接负责的主管人员和其他责任人员依法给予行政处分。

关于“单位直接负责的主管人员和其他直接责任人员”的认定：直接负责的主管人员，是在单位实施的违法行为中起决定、批准、授意、纵容、指挥等作用的人员，一般是单位的主管负责人，包括法定代表人。其他直接责任人员，是在单位实施的违法行为中具体实施并起较大作用的人员，既可以是单位的经营管理人员，也可以是单位的职工，包括聘任、雇用的人员。

通常来说，“直接负责的主管人员”应当是单位中决策机构的成员，或者单位管理层、领导层的人员，对单位的生产经营活动发挥着重要作用。结合司法实践与法律法规，上述人员通常是单位的法定代表人（可依法代表单位行使民事权利，履行民事义务的主要负责人）、实际控制人、高级管理人员（公司的经理、副经理、财务负责人、上市公司董事会秘书和公司章程规定的其他人员）以及部门负责人等。

《建设工程质量管理条例》第 73 条规定，依照本条例规定，给予单位罚款处罚的，对单位直接负责的主管人员和其他直接责任人员处单位罚款数额 5% 以上 10% 以下的罚款。

此外，根据最高人民法院《关于审理建设工程施工合同纠纷案件适用法律问题的解释（一）》第 13 条第 1 款第 1 项，在建设工程施工合同纠纷中，如果发包人提供的设计有缺陷，造成建设工程质量缺陷的，应当承担过错责任。

第三节　规划设计阶段的风险防范措施

一、明确各类设计的范围、深度、标准、质量及进度

建筑设计行业的成本产生很大一部分是人为因素引起的，针对这种情况，首先应当注重设计任务书的设定。

设计任务书就是设计的输入，充分的设计输入是优秀设计输出的起点。方案设计阶段，设计任务书的输入主要应包括公司高层的规划意见、营销部门提供的产品定位、开发部门提供的政府征询意见、预算部门提出的初步成本建议以及项目现场管理部门提供的勘测报告等；初步设计和施工图设计阶段，设计任务书

的输入则主要应包括前面的设计成果、报批过程中获知的反馈意见、预算部门提供的细化成本要求以及项目现场管理部门提供的配套设备的设计要求等。

在设计的各个阶段,设计任务书输入的重点不同,方案设计阶段的重心在于政府规划、产品定位、领导意图,而初步设计和施工图设计阶段的重心则在于报批反馈意见、成本要求。由于后续参与设计成果评审的部门基本与提供设计输入建议的部门一致,若此环节将某个部门省略,那么后续的设计评审也将缺乏针对性的效果。

此外,由于当前设计单位普遍经济观念和市场观念相对淡薄,“重技术、轻经济”,加上设计费的取费标准一般按建筑面积或投资额计算,不利于设计单位加强成本控制意识,设计保守不合理,浪费极大。为尽量控制后期变更,减少不必要的成本支出,应当要求设计人员转变传统设计观念,立足于合同和成本,注重功能和优化。因为设计单位具有较强的自主能力,若完全敞开设计,项目投资将难以控制,所以,在设计任务书或投资估算上规定造价的限额,并和设计费挂钩,对设计单位进行经济赏(节约)罚(超支),是控制造价的有效方法之一。

因此,在合作开发协议中,应当明确约定编制设计进度安排、编制设计任务书的审批流程,使得设计进度符合项目整体开发节奏,各类设计的范围、深度、标准、质量符合包括法律法规、规章制度、项目目标等在内的各类要求。

二、严格管控设计单位的选定

为了优化项目工程设计,促进设计质量提升,应当严格通过招标程序优选设计单位。应在满足安全、可靠、经济的前提下,注重特定工程对特殊功能的需求,从经济、技术等各方面着手进行设计招标,利用综合评分法优选设计单位。按照项目对技术、质量、安全、成本等要素的重要性合理划分权重,并邀请该行业专家对各家设计单位打分,从符合国家和自身要求的候选单位中优选信用好、业绩突出、设计思路清晰的设计单位。

设计风险往往是因为设计单位选择失误,对拿地条件信息理解不到位或者前期营销定位报告市场调研不到位等,造成节点延迟,工作返工,后续销售效果不佳。比如住宅类产品的户型不被认可、使用功能不健全等错误,造成项目适用性和安全性较差、不够美观等,从而降低销售量及销售价格。

因此,在合作开发协议中,应当明确约定组织方案设计单位和设计总负责单位招标工作、评标工作的审批流程;此外,在确定设计单位后,应当对各类设计单位管理的权限进行约定,如设计单位不服管理、技术能力或服务能力不足影响项目进展和质量,应当按照各类设计合同中的相关违约条款要求设计单位承担违约责任。

三、重视设计全过程控制管理

设计过程的控制是设计意图得以图纸化的有力手段。如果不重视过程的控制,缺乏必要的跟踪,就会导致设计结果出现不应有的偏差。因此,该规划设计应当重视日常管理、关键节点控制及设计成果评审,以减少偏差的发生。

在对设计的日常管理过程中,应当加强对设计单位的跟踪和指导,不能仅通过几次会议或汇报的方式来解决复杂的技术问题,比较复杂的问题要主要依靠设计管理人员与设计师进行面对面的沟通和商量,一起参与设计;对设计中出现的问题,设计管理人员可及时汇报寻求解决方案或意见,这种措施可有效地将一些细节或不大的问题解决好,而且因为有甲方代表的参加,设计师的积极性和主动性会得到加强,工作效率会大幅提高,由领导拍板决策的范围缩小,节省了领导的精力。汇报会的主要目的有两个:一是向领导通报设计的进展和中间成果。二是就设计中的关键问题进行讨论,寻求解决方法或意见,以便于下一步设计的继续。

此外,需要重视关键节点的控制,要依据设计进度安排结合委托设计任务书中关于阶段成果的深度要求及公司拟定该设计项目的关键节点进度计划,在关键节点,由设计管理部门组织检查,必要时可组织各部门参与研讨,碰到不确定性问题时应及时地征询规划、消防等主管部门意见,尽早发现问题,提前解决问题。

设计成果评审是设计意图得以图纸化的一种重要手段,也是对设计单位提供成果的最后一次把关,这一次把关的成败很大程度决定了后面设计变更和工程签证的多少,应给予高度的重视。

做好设计成果的评审,首先要合理组织评审会,应尽可能地在组织上花功夫使之更加科学合理有效:在时间上,应充分考虑到评审参与者的工作安排,避免出差或其他情况导致的缺席;设计方案或施工图应根据量的大小提前(2～3天)下发评审参与者,以备消化吸收,提高评审会效率;选择权威人士担任主持人,提高各参与部门的重视程度,同时在出现争持意见时决策拍板,避免长期争执影响效率。其次,参与部门要充分。一般来说,提供设计输入的部门以及领导都应参与,核对提供的设计要求或建议是否在设计图纸中得到体现。必要时,还应邀请外部有关专家参与。最后,应当形成评审纪要以提高部门的重视程度,并且为日后的设计分析总结提供素材和依据。各个评审会都应有详尽的评审意见记录,并要求签字确认。

因此,在合作开发协议中,应当对设计过程的控制在日常管理、关键节点控制及设计成果评审等各方面作出明确约定。

四、加强图纸校审力度,提高施工图的设计质量

《建筑法》(2019 修正)[全国人民代表大会常务委员会关于修改《中华人民共和国建筑法》等八部法律的决定(2019 年 4 月 23 日第十三届全国人民代表大会常务委员会第十次会议通过)]第 4 条提出:"国家扶持建筑业的发展,支持建筑科学技术研究,提高房屋建筑设计水平,鼓励节约能源和保护环境,提倡采用先进技术、先进设备、先进工艺、新型建筑材料和现代管理方式。"注意,这里的典型用语是"先进"。

两相比较,从"新"到"先进",不只是用词的变化,更强调实效,强调实实在在、行之有效的创新。在项目建设期间,为避免施工图的质量问题引起设计变更与成本增加,可以从以下两个方面入手:第一,在施工图设计阶段,委托第三方引入 BIM 技术,并利用该先进科技来核查设计的合理性、设备管道的排布情况等重点内容,从而减少后期返工;第二,根据相关标准和以往的项目开发经验,编制土建施工图审查要点表,以便管理人员对经常出错的内容进行重点排查。

除此之外,在施工图完成后的一周内,约定应及时组织各部门根据各专业的审查要点对施工图进行全面、细致的审查,同时要求各部门提交施工图审查意见表,根据意见表的内容,要求设计人员完善施工图。施工图完善后,预决算部门复核各类设计指标、限额设计情况。对于超出预算的部分,总工室应组织设计单位及专家组进行优化设计。

2013 年 8 月实施的中华人民共和国住房和城乡建设部令第 13 号《房屋建筑和市政基础设施工程施工图设计文件审查管理办法》要求,施工图审查机构人员应由有 15 年以上工作经验的一级相关专业注册人员担任,这也为保证施工图审

查质量打下了基础。经过 10 多年的实践,施工图审查制度对保证工程勘察设计质量安全发挥了巨大作用。

近几年,施工图审查工作也不断与时俱进,有的地区正在推进“最多跑一次”改革,全面推进房屋建筑和市政基础设施工程施工图设计文件进行“多图联审”,方便了群众和企业办事。有的地区实施了施工图数字化审图,有效解决了建设单位送审图纸距离远、送审时间长的问题,比传统方式节省了 30% 的审查时间,也减少了大量纸质文件的传递、邮寄、存储等环节,在方便建设单位和勘察设计单位的同时,也进一步规范了审查行为。

此外,通过数字化审图网络信息平台,建设单位、勘察单位、设计单位、审查机构和监管部门之间实现了资源的有效整合、资源数据的共享,强化了管理、提高了审图效率、提升了服务水平。

但是,我们也应看到,施工图审查制度在委托方式、取费标准、服务内容等方面还需进一步完善。目前,建设行政主管部门正在根据国务院的要求,研究制定相关管理办法,进一步完善施工图审查制度,保障工程勘察设计质量安全。

因此,在合作开发协议中,应当对办理施工图设计的审图手续,组织施工图设计的交底,汇编、审查和签发施工图设计交底会议纪要的审批流程进行约定并严格管控。

五、重视设计报批过程中的沟通管理

设计报批不仅是批准的问题,还是时间、经济上的问题,要认识到设计报批是将设计目标通过政府的批准加以确认和合法化的过程。因此,应当重视公司与规划、消防、人防等政府各个主管部门的沟通和协调,做到在设计过程中就保持与政府主管部门良好沟通。

设计管理人员要及时跟踪和协调,如果在一个范围允许选择或主管部门有商量的余地,可以通过合法的正当途径将公司的发展目标和设计意图准确地反映给主管部门,并与之积极协商和沟通以影响决策倾向。比如关于小区入口位置、与市政管网接口位置、建筑外立面效果等均可以根据公司对项目的要求结合造价因素争取有利的审批结果,也可以根据市场、相关政策、项目具体实际对规划技术指标申请调整。

因此,在合作开发协议中,应当明确约定总体设计工作和总体设计送审工作组织与办理的权限与审批流程;在合作过程中,应当及时将政府主管部门和市政配套部门的审核意见及专家咨询意见提交各方审议,涉及重大设计变更的优化意见,应当加强审批。

六、加强设计变更控制

设计变更可能产生好的影响,如节省成本,产品在功能上更加符合业主的要求,也可能产生不好的影响,如带来成本的严重超出,需要严格管控。设计变更的产生可以有多方面的原因,主要包括:基于公司发展的角度要求的变更;产品的功能设计不符合业主的要求或给业主带来不便而进行的变更;施工单位因材料设备使用问题而提出的变更;施工单位发现图纸设计失误,如明显的图纸错漏而提出来的变更等。

设计变更的控制主要从设计变更发生的次数和设计变更的处理两方面进行控制。对于减少设计变更次数,需要将风险前置,将发生设计变更的可能性尽可能在设计管理工作中予以解决,例如做好设计任务书编制、设计过程控制和设计成果评审 3 项基本工作。此外,在设计变更的处理上,鼓励推行会审制度,由各个设计输入部门对设计变更进行会审,坚持“先研讨再测算最后决策”的控制原则,以规避不必要的设计变更。

因此,在合作开发协议中,应当明确约定设计修改文件或变更文件的组织审查审批流程,尤其是涉及工期、费用、建设标准或使用功能方面的重大修改意见或变更方案,应当严格审批。

第四章　项目招标采购管理

第一节　招标采购管理的基本内涵

一、招标采购管理的要求

招标采购管理是在“公开、公正、公平”的原则下，为项目建设周期各环节匹配合适的服务资源，是通过制定制度、搭建流程来规范招采动作的过程。

招标采购管理要求对采购业务过程进行组织、实施、规划和控制，包括对采购组织和采购流程的设计、供应商的选择和管理、采购成本的分析和控制，以及采购风险的控制和采购绩效的评估管理等内容。

二、招标采购管理的基本特征

招标采购管理具有集成性、系统性、协调性和同步性特征，由于要深度参与到项目全过程，采购管理者必须对小到采买物的价值工程学特征，大到项目的技术经济特征以及工程管理知识，都能有专业性的理解，还要就项目管理提出建议和实施方案。

第二节　招标采购过程中应注意的法律风险

一、应避免的违法招标采购行为

《关于严格执行招标投标法规制度进一步规范招标投标主体行为的若干意见》规定了哪些情况属于违法招标采购行为，具体包括以下内容。

依法经项目审批、核准部门确定的招标范围、招标方式、招标组织形式，未经批准不得随意变更。

依法必须招标项目拟不进行招标的、依法应当公开招标的项目拟邀请招标的，必须符合法律法规规定情形并履行规定程序；除涉及国家秘密或者商业秘密的外，应当在实施采购前公示具体理由和法律法规依据。

不得以肢解发包①、化整为零、招小送大、设定不合理的暂估价或者通过虚构涉密项目、应急项目等形式规避招标；不得以战略合作、招商引资等理由搞“明招暗定”“先建后招”的虚假招标；不得通过集体决策、会议纪要、函复意见、备忘录等方式将依法必须招标项目转为采用谈判、询比、竞价或者直接采购等非招标方式。

对于涉及应急抢险救灾、疫情防控等紧急情况，以及重大工程建设项目经批准增加的少量建设内容，可以按照《招标投标法》第 66 条和《招标投标法实施条例》第 9 条规定不进行招标，同时强化项目单位在资金使用、质量安全等方面的责任。不得随意改变法定招标程序，不得采用抽签、摇号、抓阄等违规方式直接选择投标人、中标候选人或中标人。

除交易平台暂不具备条件等特殊情形外，依法必须招标项目应当实行全流程电子化交易。

严禁招标人代表私下接触投标人、潜在投标人、评标专家或相关利害关系人；严禁在评标过程中发表带有倾向性、误导性的言论或者暗示性的意见建议，干扰或影响其他评标委员会成员公正独立评标。

加强对依法必须招标项目合同订立、履行及变更的行政监督，强化信用管理，

---

① 《招标投标法》第 48 条第 1 款、第 2 款：中标人应当按照合同约定履行义务，完成中标项目。中标人不得向他人转让中标项目，也不得将中标项目肢解后分别向他人转让。中标人按照合同约定或者经招标人同意，可以将中标项目的部分非主体、非关键性工作分包给他人完成。接受分包的人应当具备相应的资格条件，并不得再次分包。

《招标投标法实施条例》第 59 条第 1 款、第 2 款：中标人应当按照合同约定履行义务，完成中标项目。中标人不得向他人转让中标项目，也不得将中标项目肢解后分别向他人转让。

中标人按照合同约定或者经招标人同意，可以将中标项目的部分非主体、非关键性工作分包给他人完成。接受分包的人应当具备相应的资格条件，并不得再次分包。

《工程建设项目施工招标投标办法》第 67 条第 1 款、第 2 款：对于不具备分包条件或者不符合分包规定的，招标人有权在签订合同或者中标人提出分包要求时予以拒绝。发现中标人转包或违法分包时，可要求其改正；拒不改正的，可终止合同，并报请有关行政监督部门查处。

监理人员和有关行政部门发现中标人违反合同约定进行转包或违法分包的，应当要求中标人改正，或者告知招标人要求其改正；对于拒不改正的，应当报请有关行政监督部门查处。

防止“阴阳合同”“低中高结”①等违法违规行为发生，及时依法查处违法违规行为。

招标人发生违法行为的，依法严肃追究负有责任的主管人员和直接责任人员的法律责任，不得以他人插手干预招标投标活动为由减轻或免除责任。

与公安机关建立有效的协调联动机制，加大对围标串标②等违法犯罪行为的

---

① 《招标投标法》第46条第1款：招标人和中标人应当自中标通知书发出之日起三十日内，按照招标文件和中标人的投标文件订立书面合同。招标人和中标人不得再行订立背离合同实质性内容的其他协议。

《招标投标法实施条例》第57条第1款：招标人和中标人应当依照招标投标法和本条例的规定签订书面合同，合同的标的、价款、质量、履行期限等主要条款应当与招标文件和中标人的投标文件的内容一致。招标人和中标人不得再行订立背离合同实质性内容的其他协议。

《工程建设项目勘察设计招标投标办法》第42条：招标人和中标人应当在投标有效期内并在自中标通知书发出之日起三十日内，按照招标文件和中标人的投标文件订立书面合同。中标人履行合同应当遵守《合同法》以及《建设工程勘察设计管理条例》中勘察设计文件编制实施的有关规定。

第43条：招标人不得以压低勘察设计费、增加工作量、缩短勘察设计周期等做为发出中标通知书的条件，也不得与中标人再行订立背离合同实质性内容的其他协议。

《评标委员会和评标方法暂行规定》第51条：招标人应当与中标人按照招标文件和中标人的投标文件订立书面合同。招标人与中标人不得再行订立背离合同实质性内容的其他协议。

《工程建设项目施工招标投标办法》第62条第1款：招标人和中标人应当在投标有效期内并在自中标通知书发出之日起三十日内，按照招标文件和中标人的投标文件订立书面合同。招标人和中标人不得再行订立背离合同实质性内容的其他协议。

② 《招标投标法实施条例》第39条：禁止投标人相互串通投标。有下列情形之一的，属于投标人相互串通投标：（一）投标人之间协商投标报价等投标文件的实质性内容；（二）投标人之间约定中标人；（三）投标人之间约定部分投标人放弃投标或者中标；（四）属于同一集团、协会、商会等组织成员的投标人按照该组织要求协同投标；（五）投标人之间为谋取中标或者排斥特定投标人而采取的其他联合行动。

第40条：有下列情形之一的，视为投标人相互串通投标：（一）不同投标人的投标文件由同一单位或者个人编制；（二）不同投标人委托同一单位或者个人办理投标事宜；（三）不同投标人的投标文件载明的项目管理成员为同一人；（四）不同投标人的投标文件异常一致或者投标报价呈规律性差异；（五）不同投标人的投标文件相互混装；（六）不同投标人的投标保证金从同一单位或者个人的账户转出。

第41条：禁止招标人与投标人串通投标。

有下列情形之一的，属于招标人与投标人串通投标：（一）招标人在开标前开启投标文件并将有关信息泄露给其他投标人；（二）招标人直接或者间接向投标人泄露标底、评标委员会成员等信息；（三）招标人明示或者暗示投标人压低或者抬高投标报价；（四）招标人授意投标人撤换、修改投标文件；（五）招标人明示或者暗示投标人为特定投标人中标提供方便；（六）招标人与投标人为谋求特定投标人中标而采取的其他串通行为。

《工程建设项目施工招标投标办法》第46条：下列行为均属投标人串通投标报价：（一）投标人之间相互约定抬高或压低投标报价；（二）投标人之间相互约定，在招标项目中分别以高、中、低价位报价；（三）投标人之间先进行内部竞价，内定中标人，然后再参加投标；（四）投标人之间其他串通投标报价的行为。

第47条：下列行为均属招标人与投标人串通投标：（一）招标人在开标前开启投标文件并将有关信息泄露给其他投标人，或者授意投标人撤换、修改投标文件；（二）招标人向投标人泄露标底、评标委员会成员等信息；（三）招标人明示或者暗示投标人压低或者抬高投标报价；（四）招标人明示或者暗示投标人为特定投标人中标提供方便；（五）招标人与投标人为谋求特定中标人中标而采取的其他串通行为。

打击力度。加强与纪检监察机关、审计机关协作配合，按照规定做好招标投标领域违规违纪违法问题线索移交，对收到的问题线索认真核查处理。

二、违法招标采购的责任追究

以上海市为例，《上海市国资委监管企业投资监督管理办法》规定，监管企业在境内外从事的股权投资与固定资产投资，应当根据相关法律法规规章、项目公司章程及国资监管部门的规范性要求，建立投资管理体系，健全投资管理制度，合理设定内部管理层级，规范本部及所属企业投资决策程序，对所属企业投资活动进行有效管控，切实履行投资的主体责任和股东监管职责。监管企业未履行或未正确履行投资管理职责造成国有资产损失以及其他严重不良后果的，依照《企业国有资产法》、国务院办公厅《关于建立国有企业违规经营投资责任追究制度的意见》等有关规定，由有关部门追究企业经营管理有关人员的责任。同时，《上海市市属国有企业违规经营投资责任追究实施办法（试行）》规定，企业管理人员未履行或未正确履行职责，在经营投资中造成国有资产损失或其他不良后果，经调查核实和责任认定，对相关责任人将进行违规经营投资责任追究。

该办法具体列举了以下相关情形。

（一）购销管理方面的责任追究情形

未按照规定订立合同或合同标的价格明显不公允、合同约定存在重大疏漏；

未按照规定履行合同或无正当理由放弃应得合同权益；

违反规定开展融资性贸易业务或开展“空转”“走单”等虚假贸易业务；

违反规定利用关联交易输送利益；

未按照规定进行招标或未执行招标结果；

违反规定提供赊销信用、资质、担保（含抵押、质押等）或预付款项，利用业务预付或物资交易等方式变相融资或投资；

违反规定开展商品期货、期权等衍生业务；

未按照规定对应收款项及时追索或采取有效保全措施。

（二）工程承包与建设方面的责任追究情形

未按照规定履行决策和审批程序，擅自签订或变更合同，未经授权或超越授权投标；

违反规定，无合理商业理由以低于成本的报价中标；

未按照规定程序对合同约定进行严格审查,存在重大疏漏;

工程以及与工程建设有关的货物、服务未按照规定招标或规避招标;

违反规定分包等;

工程组织管理混乱,致使工程质量不达标或不能按期交付,工程成本严重超支;

违反合同约定超计价、超进度付款。

第三节　项目招标采购管理应注意的风险防范措施

一、招标采购管理一般事项

(一)做好招标采购,有利于项目造价全过程管理

项目早期,项目建议书、可行性研究报告编制单位的选择要通过招标采购工作方可开始。招标采购工作完成后,作为合同签订方,各类报告首先要交付给招标采购部门,然后再分发管理并存档。合同有合同价,可行性研究报告里有项目估算资料,这是早期的成本分析、成本管理与审查的重要依据。

进入项目现场实施期后,招标采购部门要编制招标采购计划,该计划中要有招标采购的开始时间、完成时间、合同签订时间,甚至完工时间,并且要与项目的整体组织进度相对应,以保证工作的一贯性,而后的合同签订、履行(签证、变更、索赔),也均要和项目现场有效结合。

项目后期,招标采购部门要负责单体合同的结算,预算的收口,配合项目的决算、投资转固定资产等工作,以保证项目的有效管理。

综上所述,招标采购是一项贯穿项目造价管理全过程的工作,招标采购只有做到规范、科学、高效,才能有效保障项目的成功。

(二)注重全面性和时效性,有利于管理决策

在建设项目中,开发部门有开发资料,工程管理部门有工程管理资料,技术部门有技术资料,质量安全环境部门有质量安全环境资料,但这些资料往往是相对独立的,仅掌握某一方面的资料,通常很难了解项目的整体情况,不利于进行管理决策。实践中,这些资料大部分要汇总到招标采购部门,帮助其进行招标文

件、合同等的编制。合同签订后,在项目实施过程中的签证、变更、索赔、结算、决算、投资转固定资产等各个时期,要随时更新这些资料,以体现资料的时效性。所以,招标采购工作也是一个汇总了大量全面、最新信息的平台,通过这个平台,相关方能够随时掌握项目的情况,为管理决策部门提供科学决策依据。

(三)强调专业性,有利于规避风险、降低成本

每一个标段(合同范围)划分后,都会通过招标采购选定施工单位及设备供应商。由于没有任何两个项目是完全相同的,每个项目开工后,都必须要根据现场情况、专业情况、施工单位及设备供货商情况,进行细致认真的专业性分析,得出最合适的施工方案。在合同履行的过程中,要随时关注签证、变更、索赔等工作,这些都是可能导致项目成本失控的风险因素。这些环节均凸显了招标采购部门的专业性和重要性,只有做到了专业,才能有效规避风险,并进一步降低成本。

1. 对供应商进行科学管理,降低不良供应商风险

一次招标采购工作的排序,并不能充分体现各个供应商的能力水平,且排序只是阶段性工作的结果,现实随时都在发生变化。供应商作为投资人的合作伙伴,体量规模、技术实力等固然很重要,但是全面如实了解供应商的综合实力,以及注重供应商和项目的匹配性往往更加重要。由于目前我国还暂未建立起完善的企业信用评价体系,招标与采购单位必须要建立自身的动态供应商管理体系,并且要加强维护升级,及时动态更新,以更好地掌握供应商的信誉、服务、质量、在建项目的履约情况、诉讼、财务等状况,同时要对供应商和施工单位曾经和正在提供的产品和服务进行长期持续性跟踪。只有做到这些,才能在招标采购工作中对供应商作出正确、客观的评估,进而为项目找到最合适的合作伙伴,降低低素质投标人中标后以项目成败作为筹码增加项目费用的风险。

2. 有效规避低于成本价中标的风险

合理低价中标有利于降低投资人投资成本,促进投标人管理能力、创新能力及技术水平的提升,但是不合理的低价(低于成本价)中标,却有可能引发建筑工程质量安全等一系列问题,严重的还可能导致项目失败。因此,如何通过招标采购工作妥善解决这类问题,对企业来说具有重要意义。

业界对于最低价中标持有不同意见,争议的核心是如何判定一份低价报价是否为恶意报价。实践中,造成低价的原因往往有很多种,有可能是投标人工作

疏忽,也可能是投标人恶意所为,还有可能是投标人采用了科学的管理、先进的工艺、革新的技术等,而“不低于成本价”中的“成本”往往是市场的平均先进水平,如果拒绝了最低价,那么就可能拒绝了生产工艺的优化和创新。所以,这项工作的核心是判断价格的合理性。

如何作出最有利于企业的判断,在笔者看来,招标采购部门需要通过合格的招标采购工作解决5方面的问题:一是避免投标人错项、漏项、汇总统计错误造成低价中标导致的风险;二是避免投标人未全面响应招标文件要求导致的低价中标风险;三是避免投标人低于成本价投标导致的低价中标风险;四是加强澄清工作,尽量避免由于采用了先进的管理和施工工艺产生的合理低价而不能中标;五是减少项目执行过程中签证、变更、索赔导致的成本增加风险。

要解决这些问题,需要招标采购部门具备较高的专业能力和协调、组织、分析能力,只有具备这些能力,才能有效规避低于成本价中标的风险,通过项目创造价值。

3. 切实做好合同的签订与管理

实践中,由招标采购部门负责合同商务部门的履行往往是最合适的,因为其从项目的最前期开始就已经介入相关工作,了解单项工程、单位工程、分部工程甚至分项工程的情况,了解工作包划分的情况及思路,了解招标过程中发生的各种评比的内容及优劣,了解在招标过程中发生的各种澄清和回复,其对于项目实施期的工作开展往往更具备优势,更有系统性,能够有效避免成本超支风险。

要真正做好这些工作,需要招标采购人员熟悉现场,了解技术,懂得成本,掌握《合同法》、《公司法》及相关法律法规,并能将这些知识和经验综合起来,做到融会贯通,学以致用,这样才算得上是具备动态管理项目成本和管理风险的能力。

招标采购绝不只是拿到技术资料后简单编制一份招标文件发出去就行,而是要求工作人员首先要在脑海中清晰地掌握整个项目的关键流程和重要节点,熟悉完成招标范围内的工作的具体内容,同时还要了解项目现场并熟悉专业方面的知识,如余土外运弃土地点的落实、水电的接入点及水电的计量方式、交叉施工的范围、时间与空间的分界、物流的管理、材料的保管、安保的管理等,这些都是专业性很强的工作,要将这些内容放在招标范围里描述清晰。只有把这些工作都做好了,才能有效地控制费用和风险。

(四)做好成本管控,有利于预算控制及管理

每一个单项合同发生的费用,最终都要计入项目成本的管理,分析并计列到项目预算的条目中,如工程的建安工程费、设备及工器具费、管理费、预备费、生产准备费等。在项目早期,就应该有意识地规划项目的预算工作。在不同的项目阶段,预算的管理工作要逐步进行细化,并分项落实,每一个预算条目都应该实现动态管理,随时更新,快速纠偏。管理要遵从 PDCA 管理原则,以有效地控制成本。

(五)做好数据管理,有利于财务工作高效推进

财务部门作为公司财务管理的收口部门,所有数据的来源必须有理有据,所有凭证必须齐备,这些数据和资料大部分来自招标采购部门,也就是说,招标采购管理工作为财务管理工作做了很多前置工作并提供了大量的管理依据,使财务工作能有效进行。

1. 在项目前期的可行性研究阶段,招标采购部门在进行成本分析后会形成项目估算,结合可行性研究单位出具的估算及相关财务数据,形成成套资料汇总到财务部门,财务部门会根据这些数据核算投资回收期、收益率等一系列财务数据。这些数据,既是招标采购和财务两个共同管控费用的部门随后工作开展的基础,也是彼此日常沟通的桥梁,对于整个项目的成本管理工作具有积极意义。

2. 在项目前期制定估算后,招标采购部门会制订项目资金初步计划,财务部门则据此进行融资的规划等工作。

3. 在项目的实施过程中,招标采购部门会把具备时效性的数据与财务同步共享,并编制季度、月度的资金计划,便于财务安排资金使用,从而有效降低资金的短缺和冗余。

4. 在项目后期,招标采购部门会进行结算工作的管理和审计,并将结算报送给财务部门,由财务部门进行项目决算和投资转固定资产工作。在此过程中,招标采购部门也要予以全过程配合。

可以这样说,财务部门和招标采购部门既要共同管理项目的费用,也要互相配合,互相完善,两个部门的高效协同对于项目的顺利实施具有重要作用,对于公司组织机构的科学运行也有着积极意义。

(六)做好工作协同,有利于项目顺利实施

进度的延迟必然影响项目的造价和成本,故从成本控制角度来说,有效控制

工期,通常具有重要意义。对于投资人来说,项目投产晚一天,就会晚一天盈利;对于EPC方来讲,项目进度不符合要求,会直接影响合同价款。项目的现场进度和招标采购、合同工作息息相关,应同步推进,要以项目的组织进度工作为大纲,可以采用工程部门和招标采购部门同步管理的模式,穿插进行,如果某一个时点,招标采购部门应该进行的工作(如招标、合同、节点收付款、结算等)没有完成,那么招标采购人员就会在预定时间点之前主动找寻原因,快速反馈上报,推动工程进度。这样做可在一定程度上避免项目现场工作可能出现的延期问题,从而推进整个项目的顺利开展。

二、完善制度体系

建立健全工程采购管理流程、工程供应商招标采购管理流程(公开招标/自行招标)、采购模式分判作业指引以及工程供应商管理作业指引等一系列制度,分别对采购计划、采购方式、招标管理、供应商管理等进行明确的规范。

三、规范招标采购

根据公司业务特点,确立“以招标为主,以直接委托和零星采购为辅”的采购原则。以招标采购的内控制度为例,公司招标采购遵循透明公正、充分竞争、择优竞标、廉洁奉公、保密及可追溯原则,公司在成本管理部下设招标采购处,专门负责招标采购工作,具体采购遵循以下流程。

1. 发布招标信息。招标采购处根据项目专项采购计划启动单项招标,包括招标时间安排、招标方式选择,经业务主管审核后报请成本分管领导审批。招标采购主管在单项招标审批通过后,根据项目规模、特征编制招标信息,经公司领导批准后,在主管部门监督下发布招标信息。

2. 投标方资格审查。招标采购处根据公告规定的时间在招标办监督下,接收潜在投标人报名和组织相关部门进行资格预审(其中,已经进入公司合格供应商名录且合作良好的承包商,报名后即可取得竞标资格),并根据采购金额的大小对潜在投标人进行现场考察。

3. 确定入围企业。招标采购主管负责汇总各部门资质材料,并根据园区招标办要求准备相应表单和材料编制入围单位报批文件,按公司授权体系依次提交至部门负责人、工程分管领导、成本分管领导分别进行审核,审核通过后再报招投标决策委员会评审、总经理审核、园区招标办审批。

4. 招标文件编制与审批。入围单位确定后，招标采购处组织各部门编制招标文件，填写招标文件会签审批单，经工程管理部/项目部、财务管理部、成本管理部、合约法务部会签后，依次报工程分管领导、成本分管领导、总经理、园区招标办审批通过。

5. 确定中标方。招标采购主管严格按照工程供应商招标采购管理流程组织发标、踏勘与答疑、开标、评标等工作，最终由园区批标委员会根据专家评审意见确定中标方。

6. 签订合同。招标采购主管组织向中标单位发放中标通知书，向落标单位发放落标通知书，并根据合同管理流程组织采购合同签订工作。

四、加强工程物资验收

工程物资到货后，项目部组织相关部门到货验收。验收过程中，监理单位负责按供货合同验收货物质量，并对其型号、规格等参数进行审核；施工单位负责监察其外观质量、数量并接收。如整批材料设备都合格，则由施工单位接收并投入施工；如部分或全部不合格且无法使用但可重新供货，则由监理单位发出部分拒收或全部拒收的通知。监理单位在发拒收通知时应考虑是否影响工期，如不影响工期，则安排供应商重新发货；如影响工期，则及时通知项目部寻找代替方案，并由成本管理部根据合同管理流程办理索赔。

严格采购付款工程供应商根据相关合同的付款要求，向经办部门提出付款申请，并填写付款申请表，按公司授权体系经经办部门审核、成本管理部成本职能审核、财务管理部审核、经办部门分管领导审核、财务分管领导审核、总经理审批。审批通过后，由财务管理部出纳根据财务制度办理付款。

五、供应商管理

（一）供应商管理职责

成本管理中心招标采购部门负责在招采系统中录入招标项目供应商信息并组织考察，组织对中标供应商的履约评估，并及时将考察评估资料保存至供应商管理系统中。

(二)供应商库的建立

股东有相关供应商库的,可在合作开发协议中约定相关供应商库的选用程序。

所有供应商均可以通过成本管理中心审核后进入供应商库,成为潜在供应商。所有供应商均应提供完整信息资料,统一交由成本管理中心,经审核后由招采部门录入到供应商库,成为潜在供应商。潜在供应商通过招标采购部门组织的资格预审和考察,确定其综合评定等级。未取得综合评定等级的潜在供应商在招标采购系统中将不能被选做招标项目的入围供应商。

成本管理中心招标采购部门可以通过各种渠道收集符合招标要求的承包商、供应商的信息,需要通知这些供应商提交资格审核资料,并通过资格审核成为潜在供应商,进而通过考察获得综合评定等级,综合评定为合格供应商或不合格供应商。

(三)供应商库的维护和更新

成本管理中心招采部门是供应商库系统的维护责任部门,负责供应商资料审核及日常维护。

成本管理中心招采部门负责供应商注册的资料审核工作,审核和考察通过后项目公司即可成为合格供应商;供应商信息的完善及更新由该注册的项目公司提交审核后,由招采部门负责更新。

供应商信息发生重大变更时,招标采购部门应组织对该供应商进行再次核实,审核通过后,该项目公司才可以继续成为合格供应商参与投标。重大变更事项包括法人变更、经营范围调整、资质等级、投标联系人发生变化等。

新增的合格供应商均必须按期完成资质评估,招采部门负责汇总及审核。

成本管理中心招采部门按期维护更新发布合格供应商库。

(四)采购规划

应结合项目管理模式、项目特点与管理目标,通过采购规划编制采购管理计划,明确采购数量、发包形式、合同类型和采购计划等。

应通过采购规划明确技术界面、标段界面和报价范围,将项目目标和工作范围逐级分解,避免合同之间的重叠与遗漏。

采购计划应符合项目进度、质量、安全、目标成本、建设征地与移民安置、环境保护与水土保持管理等要求。

在采购文件中明确项目采购的技术要求、质量标准和评审办法等。

(五)采购实施

制定采购控制流程,对采购计划、具有相应经验的工程咨询委托机构选择、市场调研、采购文件编制等环节进行跟踪与管理。

建设单位或其委托的具有相应经验的工程咨询机构应按国家的法律规定,完成下列工作(但不限于):(1)编制和发售采购文件、资格预审文件;(2)组织潜在承包人踏勘现场;(3)以书面形式进行问题答疑,发放补遗文件;(4)制定具体的评标标准;(5)接收投标文件;(6)组织开标;(7)组建评标机构和选择评标专家组人员;(8)按采购文件公示的程序与标准进行评标、定标;(9)起草合同文件,进行合同谈判等。

对承包人进行资格审查。采用资格预审时,应编制、发售资格预审文件和接收潜在承包人的资格预审申请书,确定合格潜在承包申请人。

编制采购文件,向合格的潜在承包申请人发售。应按规定时限将中标通知书发给中标承包人,同时将中标结果通知所有未中标的潜在承包参与人。

采购合同中应明确(但不限于):(1)工程范围、工作内容、控制性工期与进度要求、技术规范与质量标准;(2)合同各方的责任、权利与义务;(3)工程与合同风险的分摊原则、方式及其规定;(4)工程计量的方式;(5)资金来源及其付款的种类、方式、程序与期限;(6)主要利益相关者的管理关系与沟通程序;(7)建设单位代表提供的支持条件;(8)处理变更、索赔和争议的工作程序;(9)激励、处罚条款与评价方式等。

第五章　安全生产管理

第一节　安全生产管理概述

一、安全生产管理概念

安全生产管理是指经营管理者对安全生产工作进行的策划、组织、指挥、协调、控制和改进的一系列活动，目的是保证在生产经营活动中的人身安全、财产安全，促进生产的发展，保持社会的稳定。建筑施工的安全生产管理在建设工程的各项管理工作中是最关键的工作之一。

根据《建筑法》第36条的规定，建筑工程安全生产管理必须坚持安全第一、预防为主的方针，建立健全安全生产的责任制度和群防群治制度。安全生产管理建筑工程施工安全管理是一个系统性、综合性的管理，其管理的内容涉及建筑生产的各个环节。

二、建筑安全事故的等级划分及处理流程

(一)建筑安全事故的等级划分

《生产安全事故报告和调查处理条例》第3条规定，根据生产安全事故(以下简称事故)造成的人员伤亡或者直接经济损失，事故一般分为以下等级：

1. 特别重大事故，是指造成30人以上死亡，或者100人以上重伤(包括急性工业中毒，下同)，或者1亿元以上直接经济损失的事故；

2. 重大事故，是指造成10人以上30人以下死亡，或者50人以上100人以下重伤，或者5000万元以上1亿元以下直接经济损失的事故；

3. 较大事故，是指造成3人以上10人以下死亡，或者10人以上50人以下重伤，或者1000万元以上5000万元以下直接经济损失的事故；

4. 一般事故,是指造成3人以下死亡,或者10人以下重伤,或者1000万元以下直接经济损失的事故。

国务院安全生产监督管理部门可以会同国务院有关部门,制定事故等级划分的补充性规定。

本条第1款所称的“以上”包括本数,所称的“以下”不包括本数。

(二)建设安全事故的处理流程

根据《生产安全事故报告和调查处理条例》规定,事故发生后,事故现场有关人员应当立即向本单位负责人报告;单位负责人接到报告后,应当于1小时内向事故发生地县级以上人民政府安全生产监督管理部门和负有安全生产监督管理职责的有关部门报告。情况紧急时,事故现场有关人员可以直接向事故发生地县级以上人民政府安全生产监督管理部门和负有安全生产监督管理职责的有关部门报告。

报告内容包括:事故发生单位概况;事故发生的时间、地点以及事故现场情况;事故的简要经过;事故已经造成或者可能造成的伤亡人数(包括下落不明的人数)和初步估计的直接经济损失;已经采取的措施;其他应当报告的情况等。

三、建设单位的首要责任

建设单位是项目管理总牵头单位,是贯彻落实国家安全生产责任制、建立健全安全生产规章制度中的重要角色。建设单位应当组织各参建单位建立与项目相适应的整体安全生产管理体制机制,督促其他参建单位承担各自法定及合同约定的安全生产责任,确保工程建设全过程安全;依法履行基本建设程序,禁止未批先建、肢解工程、违规发包等行为;及时足额拨付安全施工措施费,不得压缩合同约定的工期,不得要求或者默许施工单位盲目抢工期、赶进度;定期或不定期组织各参建单位对工程项目安全状况进行检查、巡查,督促做好现场隐患排查治理。

根据《建设工程安全生产管理条例》的规定,建设单位的安全责任包括:向施工单位提供施工现场及毗邻区域内供水、排水、供电、供气、供热、通信、广播电视等地下管线资料,气象和水文观测资料,相邻建筑物和构筑物、地下工程的有关资料,并保证资料的真实、准确、完整;不得对勘察、设计、施工、工程监理等单位提出不符合建设工程安全生产法律、法规和强制性标准规定的要求,不得压缩合同约定的工期;在编制工程概算时,应当确定建设工程安全作业环境及安全施工措施所需费用;不得明示或者暗示施工单位购买、租赁、使用不符合安全施工要求的安全防护用具、机械设备、施工机具及配件、消防设施和器材;在申请领取施工许可证时,应当提供建设工程有关安全施工措施的资料;依法批准开工报告的建设工程,建设单位应当自开工报告批准之日起15日内,将保证安全施工的措施报送建设工程所在地的县级以上地方人民政府建设行政主管部门或者其他有关部门备案;应当将拆除工程发包给具有相应资质等级的施工单位;应当在拆除工程施工15日前,将施工单位资质等级证明、拟拆除建筑物、构筑物及可能危及毗邻建筑的说明、拆除施工组织方案、堆放、清除废弃物的措施报送建设工程所在地的县级以上地方人民政府建设行政主管部门或者其他有关部门备案等。

《住房和城乡建设部工程质量安全监管司2018年工作要点》(建质综函〔2018〕15号)明确提出:"强化事故责任追究。以严肃问责为抓手推动安全生产工作,有效落实发生事故的施工企业安全生产条件复核制度,严格执行对事故责任企业责令停业整顿、降低资质等级或吊销资质证书等处罚规定,加大事故查处督办和公开力度,督促落实企业主体责任。"

建设工程安全生产管理是一项复杂的系统工程,单靠施工单位的安全管理无法从根本上解决问题,需要各参建单位通力合作,互相配合,才能有效减少事故的发生。建设单位往往是连接项目参与各方的纽带,在项目建设中处于核心地位,具有很强的影响力和号召力,尽管不是工程项目的直接实施者,但建设单位的管理对项目建设有着举足轻重的作用。因此,建设单位应当积极主动地参与安全管理,这有利于提高建设项目的安全管理水平。

第二节　安全生产管理应注意的法律风险

一、刑事责任风险

(一)重大责任事故罪

《刑法》第134条第1款规定:在生产、作业中违反有关安全管理的规定,因而发生重大伤亡事故或者造成其他严重后果的,处3年以下有期徒刑或者拘役;

情节特别恶劣的,处3年以上7年以下有期徒刑。

根据最高人民法院《关于进一步加强危害生产安全刑事案件审判工作的意见》(法发〔2011〕20号),认定相关人员是否违反有关安全管理规定,应当根据相关法律、行政法规,参照地方性法规、规章及国家标准、行业标准,必要时可参考公认的惯例和生产经营单位制定的安全生产规章制度、操作规程。

而从具体表现形式上来看,主要包括以下4种情形,一是生产、作业中违反有关安全管理的规定,造成死亡1人以上,或者重伤3人以上;二是造成直接经济损失50万元以上的;三是发生矿山生产安全事故,造成直接经济损失100万元以上的;四是造成严重亚病症或重大安全事故等其他严重后果的情形。

此外,根据最高人民法院研究室《关于对重大责任事故和玩忽职守案件造成经济损失需追究刑事责任的数额标准应否做出规定问题的电话答复》①,重大责任事故和玩忽职守这两类案件的案情往往比较复杂,二者造成经济损失的数额标准只是定罪量刑的重要依据之一,不宜以此作为定罪的唯一依据。在实践中,因重大责任事故和玩忽职守所造成的严重损失,既有经济损失、人身伤亡,也有的还造成政治上的不良影响。其中,有些是不能仅仅用经济数额来衡量的。在审理这两类案件时,应当根据每个案件的情况做具体分析,认定是否构成犯罪。

(二)强令、组织他人违章冒险作业罪

《刑法》第134条第2款规定:强令他人违章冒险作业,或者明知存在重大事故隐患而不排除,仍冒险组织作业,因而发生重大伤亡事故或者造成其他严重后果的,处5年以下有期徒刑或者拘役;情节特别恶劣的,处5年以上有期徒刑。

强令冒险作业是指那些负有生产、作业指挥和管理职责的人员,为了获取高额利润,明知存在安全生产隐患,或者为了获得高额利润,采取违反安全管理规定的行为,在生产、作业人员拒绝的情况下,利用职权或者其他强制手段强令工人冒险作业,因而发生重大伤亡事故或者造成其他严重后果的行为。这里的"强令"根据最高人民法院、最高人民检察院《关于办理危害生产安全刑事案件适用法律若干问题的解释》的规定,分别为:第一,利用组织、指挥、管理职权,强制他人违章作业的;第二,采取威逼、胁迫、恐吓等手段,强制他人违章作业的;第三,

---

① 已被最高人民法院、最高人民检察院《关于办理危害生产安全刑事案件适用法律若干问题的解释》,最高人民法院、最高人民检察院《关于办理渎职刑事案件适用法律若干问题的解释(一)》代替。

故意掩盖事故隐患,组织他人违章作业的;第四,其他强令他人违章作业的行为。

冒险组织作业是《刑法修正案(十一)》新增设的行为方式,即"明知存在重大事故隐患而不排除,仍冒险组织作业"。《安全生产法》第 118 条第 2 款规定:"国务院应急管理部门和其他负有安全生产监督管理职责的部门应当根据各自的职责分工,制定相关行业、领域重大危险源的辨识标准和重大事故隐患的判定标准。"据此,本条中规定的"重大事故隐患"应当按照法律、行政法规或者安全生产监督管理部门发布的有关国家、行业标准确定;"仍冒险组织作业",是指明知具有重大事故隐患未排除,仍然组织冒险作业,如已发现事故苗头却不听劝阻、一意孤行,拒不采纳工人和技术人员意见,导致事故发生,或者通过恶劣手段掩盖安全生产隐患,蒙骗工人作业,在出现险情的情况下仍然继续生产、作业或者指挥工人生产、作业等。

(三)不报、谎报安全事故罪

《刑法》第 139 条之一规定:在安全事故发生后,负有报告职责的人员不报或者谎报事故情况,贻误事故抢救,情节严重的,处 3 年以下有期徒刑或者拘役;情节特别严重的,处 3 年以上 7 年以下有期徒刑。

该罪是《刑法修正案(六)》中增加的一条规定。个别生产经营单位无视国家法律,无视政府监管,无视劳动者的生命安全,违反有关安全管理的规定进行生产作业,有的根本不具备基本的安全生产条件或设施。而在事故发生后,事故单位的负责人和对安全事故负有监督管理职责的人员弄虚作假、隐瞒不报或者谎报事故情况,延误了抢险救援的时机,使得本来可以避免的人员伤亡、财产损失未能幸免,造成损失进一步扩大。为严惩这种行为,《刑法修正案(六)》将其规定为犯罪予以刑罚处罚。

本罪的主体为特殊主体,即对安全事故"负报告职责的人员"。根据最高人民法院、最高人民检察院《关于办理危害生产安全刑事案件适用法律若干问题的解释》(法释〔2015〕22 号),《刑法》第 139 条之一规定的"负有报告职责的人员",是指负有组织、指挥或者管理职责的负责人、管理人员、实际控制人、投资人,以及其他负有报告职责的人员。在安全事故发生后,与负有报告职责的人员串通,不报或者谎报事故情况,贻误事故抢救,情节严重的,依照《刑法》第 139 条之一的规定,以不报、谎报安全事故罪共犯论处。在安全事故发生后,负有报告职责的人员不报或者谎报事故情况,贻误事故抢救,具有下列情形之一的,应当认定为《刑法》第139条之一规定的"情节严重":(1)导致事故后果扩大,增加死亡1人以上,或者增加重伤3人以上,或者增加直接经济损失100万元以上的;(2)实施下列行为之一,致使不能及时有效开展事故抢救的:①决定不报、迟报、谎报事故情况或者指使、串通有关人员不报、迟报、谎报事故情况的;②在事故抢救期间擅离职守或者逃匿的;③伪造、破坏事故现场,或者转移、藏匿、毁灭遇难人员尸体,或者转移、藏匿受伤人员的;④毁灭、伪造、隐匿与事故有关的图纸、记录、计算机数据等资料以及其他证据的。具有下列情形之一的,应当认定为《刑法》第139条之一规定的"情节特别严重":(1)导致事故后果扩大,增加死亡3人以上,或者增加重伤10人以上,或者增加直接经济损失500万元以上的;(2)采用暴力、胁迫、命令等方式阻止他人报告事故情况,导致事故后果扩大的;(3)其他情节特别严重的情形。

二、行政责任风险

(一)安全生产资金投入

生产经营单位的决策机构、主要负责人或者个人经营的投资人不依照《安全生产法》规定保证安全生产所必需的资金投入,致使生产经营单位不具备安全生产条件的,将承担以下行政责任:责令限期改正,提供必需的资金;逾期未改正的,责令生产经营单位停产停业整顿。

有前款违法行为描述,导致发生生产安全事故的,对生产经营单位的主要负责人给予撤职处分,对个人经营的投资人处2万元以上20万元以下的罚款。

(二)未履行安全生产管理职责

生产经营单位的主要负责人未履行本法规定的安全生产管理职责的,将承担以下行政责任:责令限期改正;逾期未改正的,处2万元以上5万元以下的罚款,责令生产经营单位停产停业整顿。

(三)建设项目、设备工艺、安全标志等

有以下违法行为的:(1)未在有较大危险因素的生产经营场所和有关设施、设备上设置明显的安全警示标志的;(2)安全设备的安装、使用、检测、改造和报废不符合国家标准或者行业标准的;(3)未对安全设备进行经常性维护、保养和定期检测的;(4)未为从业人员提供符合国家标准或者行业标准的劳动防护用品的;(5)危险物品的容器、运输工具,以及涉及人身安全、危险性较大的海洋石油

开采特种设备和矿山井下特种设备未经具有专业资质的机构检测、检验合格,取得安全使用证或者安全标志,投入使用的;(6)使用应当淘汰的危及生产安全的工艺、设备的。将承担以下行政责任:责令限期改正,可以处5万元以下的罚款;逾期未改正的,处5万元以上20万元以下的罚款,对其直接负责的主管人员和其他直接责任人员处1万元以上2万元以下的罚款;情节严重的,责令停产停业整顿。

(四)危险物品及危险源管理

有以下违法行为的:(1)生产、经营、运输、储存、使用危险物品或者处置废弃危险物品,未建立专门安全管理制度、未采取可靠的安全措施的;(2)对重大危险源未登记建档,或者未进行评估、监控,或者未制定应急预案的;(3)进行爆破、吊装以及国务院安全生产监督管理部门会同国务院有关部门规定的其他危险作业,未安排专门人员进行现场安全管理的;(4)未建立事故隐患排查治理制度的。将承担以下行政责任:责令限期改正,可以处10万元以下的罚款;逾期未改正的,责令停产停业整顿,并处10万元以上20万元以下的罚款,对其直接负责的主管人员和其他直接责任人员处2万元以上5万元以下的罚款。

(五)未与承包、承租单位明确安全生产责任、未统一协调、管理

有以下违法行为的:生产经营单位未与承包单位、承租单位签订专门的安全生产管理协议或者未在承包合同、租赁合同中明确各自的安全生产管理职责,或者未对承包单位、承租单位的安全生产统一协调、管理的。将承担以下行政责任:责令限期改正,可以处5万元以下的罚款,对其直接负责的主管人员和其他直接责任人员可以处1万元以下的罚款;逾期未改正的,责令停产停业整顿。

(六)订立无效安全协议

有以下违法行为的:生产经营单位与从业人员订立协议,免除或者减轻其对从业人员因生产安全事故伤亡依法应承担的责任的,该协议无效。将承担以下行政责任:对生产经营单位的主要负责人、个人经营的投资人处2万元以上10万元以下的罚款。

(七)拒绝主管部门监督检查

有以下违法行为的:违反本法规定,生产经营单位拒绝、阻碍负有安全生产监督管理职责的部门依法实施监督检查的,责令改正。将承担以下行政责任:拒

不改正的,处 2 万元以上 20 万元以下的罚款;对其直接负责的主管人员和其他直接责任人员处 1 万元以上 2 万元以下的罚款。

(八)发生生产安全事故

发生生产安全事故,由安全生产监督管理部门依照下列规定处以罚款:

(1)发生一般事故的,处 20 万元以上 50 万元以下的罚款;(2)发生较大事故的,处 50 万元以上 100 万元以下的罚款;(3)发生重大事故的,处 100 万元以上 500 万元以下的罚款;(4)发生特别重大事故的,处 500 万元以上 1000 万元以下的罚款;情节特别严重的,处 1000 万元以上 2000 万元以下的罚款。

生产经营单位的主要负责人未履行本法规定的安全生产管理职责,导致发生生产安全事故的,由安全生产监督管理部门依照下列规定处以罚款:(1)发生一般事故的,处上一年年收入 30% 的罚款;(2)发生较大事故的,处上一年年收入 40% 的罚款;(3)发生重大事故的,处上一年年收入 60% 的罚款;(4)发生特别重大事故的,处上一年年收入 80% 的罚款。

(九)发生安全事故未依法处理

有以下违法行为的:生产经营单位的主要负责人在本单位发生生产安全事故时,不立即组织抢救或者在事故调查处理期间擅离职守或者逃匿的;生产经营单位的主要负责人对生产安全事故隐瞒不报、谎报或者迟报的。给予降级、撤职的处分,并由安全生产监督管理部门处上一年年收入 60% ~100% 的罚款;对逃匿的处 15 日以下拘留。

(十)谎报、瞒报事故

事故发生单位及其有关人员有下列行为之一的:(1)谎报或者瞒报事故的;(2)伪造或者故意破坏事故现场的;(3)转移、隐匿资金、财产,或者销毁有关证据、资料的;(4)拒绝接受调查或者拒绝提供有关情况和资料的;(5)在事故调查中作伪证或者指使他人作伪证的;(6)事故发生后逃匿的。

将承担以下行政责任:对事故发生单位处 100 万元以上 500 万元以下的罚款;对主要负责人、直接负责的主管人员和其他直接责任人员处上一年年收入 60% ~100% 的罚款;属于国家工作人员的,并依法给予处分;构成违反治安管理行为的,由公安机关依法给予治安管理处罚。

三、民事责任风险

《民法典》被誉为“社会生活百科全书”,其影响着社会生活方方面面,安全生产关切着百姓的人身、财产安全,同样也受到了《民法典》的规制。当发生生产安全事故时,受害人人身、财产可能遭受损害,此时在对安全事故负有责任的生产经营单位和受害人之间形成侵权法律关系,受害人可依法向有关单位主张侵权损害赔偿。《民法典》侵权责任编规定了发生安全事故后有关生产经营单位的民事责任,为受害人寻求民事救济提供了有力支撑。

侵权责任一般构成要件包括损害事实、违法行为、因果关系、过错。安全生产侵权责任中,一般实行过错责任,在举证责任方面,基于安全生产的特殊性,多实行“举证责任倒置”,即对安全生产负有责任的生产经营单位需证明自身无过错,否则承担举证不能的败诉结果。如在建筑工程安全生产领域发生建筑物或者其他设施以及建筑物上的搁置物、悬挂物发生倒塌、脱落、坠落致人损害的侵权诉讼中,所有人或者管理人对自身无过错承担举证责任,受害人只需举证证明损害事实客观存在、损害事实的发生与建筑物或者其他设施以及建筑物上的搁置物、悬挂物发生倒塌、脱落、坠落有因果关系。

四、国有企业追责风险

根据《上海市市属国有企业违规经营投资责任追究实施办法(试行)》第 10 条和第 35 条规定,对于违反规定的工程承包和建设的责任追究,对相关责任人的处理方式包括组织处理、扣减薪酬、禁入限制、党纪政务处分、移送监察机关或司法机关等,可以单独使用,也可以合并使用。

第三节　安全生产管理的风险防范措施

一、高度重视安全生产

建筑行业因建筑施工具有一次性、复杂性、高空、露天作业多、劳动人员密集、从业人员成分复杂、职工整体素质较低、安全意识差等特点,决定了施工过程中难以避免不确定性，施工过程、施工环境复杂又变幻不定，不安全因素增多，加上施工的流动性与施工设施、防护设施的临时性，容易使施工人员产生松懈麻痹思想，忽视安全防护设施的质量，致使安全隐患难以及时排除。

安全生产是企业的底线管理，是企业可持续发展的必要条件，安全生产的管控能力是企业的核心竞争力。安全事故发生，不仅让若干个家庭陷入不幸，也导致企业严重损失，甚至禁标、停业或关闭。因此，安全生产必须要从思想上重视，落实安全生产责任，采取有效措施消除安全隐患，加强建筑从业人员安全培训、落实现场安全管理措施、保证合理的安全投入，最大限度地减少安全事故发生，保障社会和谐稳定发展。

二、建立健全安全制度防范体系

在安全保障管理过程中，靠人管人很难做到有效管理，只有通过建立规章制度，才能真正落实实施。《安全生产法》第 21 条规定："生产经营单位的主要负责人对本单位安全生产工作负有下列职责：（一）建立健全并落实本单位全员安全生产责任制，加强安全生产标准化建设；（二）组织制定并实施本单位安全生产规章制度和操作规程；（三）组织制定并实施本单位安全生产教育和培训计划；（四）保证本单位安全生产投入的有效实施；（五）组织建立并落实安全风险分级管控和隐患排查治理双重预防工作机制，督促、检查本单位的安全生产工作，及时消除生产安全事故隐患；（六）组织制定并实施本单位的生产安全事故应急救援预案；（七）及时、如实报告生产安全事故。"

根据以上规定，建设单位在项目安全管理过程中应注意以下几个方面。

1. 落实建设单位的安全生产责任，根据《安全生产法》"管生产必须管安全"的原则，结合本项目特点，制定和完善项目各级负责人、管理职能部门及其工作人员的组织框架结构和安全生产责任制；同时建议安全管理职能部门的负责人为项目第一负责人，其应具有施工技术经验与安全管理经验，明确承担的责任。

2. 审核总包与监理单位的组织架构是否健全。在开工前要求总包和监理报送组织机构、安全生产责任制，并留存备案方便以后检查。

3. 施工单位进场后也应该不定期对总包单位和监理单位关键岗位人员履职情况进行检查，做好记录和影像资料，并督促监理单位、总包单位安全生产规章和安全操作规程打印上墙。

4. 建立并完善安全生产考评体系，积极开展各项安全活动，监督、控制总分包队伍执行安全规定，履行安全责任。

5. 建议要求各方签订安全生产目标责任书，内容上具体应当明确各方的安全责任和义务；明确发生事故后各自应承担的经济责任；明确安全奖罚规定和安全施工保证金的提取。签订安全生产目标责任书是建设单位对发包工程进行安全管理和经济制约的重要手段。

三、严格依法履行建设单位义务，工程发包给具有相应资质等级的单位

《建筑法》第 31 条规定："实行监理的建筑工程，由建设单位委托具有相应资质条件的工程监理单位监理。建设单位与其委托的工程监理单位应当订立书面委托监理合同。"

根据以上规定，建设单位在项目安全管理过程中应注意以下两个方面。

1. 建设单位在监理、总包和分包招标文件中要加强资质要求，从源头杜绝无资质或越级承揽工程的现象发生。

2. 日常安全管理过程中应加强资质管理，不但在招标时应要求提供相应的资质文件，在施工过程中还应定期或不定期组织资质专项检查，对监理单位、总包和分包单位是否超资质和安全许可证是否过期进行检查，即将对资质的审查静态与动态相结合在基本建设中。

四、依法提供真实、准确、完整的工程地质、水文地质和工程周边环境等资料

《建筑法》第 40 条规定："建设单位应当向建筑施工企业提供与施工现场相关的地下管线资料，建筑施工企业应当采取措施加以保护。"

《建设工程安全生产管理条例》第 6 条规定："建设单位应当向施工单位提供施工现场及毗邻区域内供水、排水、供电、供气、供热、通信、广播电视等地下管线资料，气象和水文观测资料，相邻建筑物和构筑物、地下工程的有关资料，并保证资料的真实、准确、完整。建设单位因建设工程需要，向有关部门或者单位查询前款规定的资料时，有关部门或者单位应当及时提供。"

《上海市建设工程质量和安全管理条例》第 15 条规定："建设单位应当对建设工程毗邻建筑物、构筑物和其他管线、设施进行现场调查，并向勘察、设计、施工、监理等单位提供相关的调查资料和保护要求。"

根据以上规定,建设单位在项目安全管理过程中应注意以下几个方面。

1. 在建设工程开工前,向有关部门或者城建档案馆查询相应地下管线资料。

2. 建设单位应当委托具备相应资质的地勘单位搞清楚施工现场及毗邻区域内地下管线,以及相邻建筑物、构筑物和地下工程的有关资料,否则很有可能会因施工而对其造成破坏,不仅导致人员伤亡和经济损失,还将影响周边地区单位和居民的工作与生活。建设单位与地勘单位签订的合同中,必须要求地勘单位所提供的地下管线资料真实、准确,达到满足施工安全作业的深度需要。

3. 依法向施工单位提供真实、准确、完整的工程地质、水文地质和工程周边环境等资料,提供周边水文地质报告等资料需要接收方签字。

4. 施工过程中,督促建筑施工企业应当采取措施,对地下管网系统及涉及周边安全的地下设施加以保护。

5. 对有可能引发重大安全事故的地下设施开始施工作业前,必须委托监测单位对基坑、边坡、相邻建筑物、构筑物、地下管网进行位移或沉降观测,在施工过程中要求监理单位全过程实施旁站监理。

五、不得提出不符合法律、法规的要求,不得压缩合同约定的工期

《建筑法》第54条第1款规定:“建设单位不得以任何理由,要求建筑设计单位或者建筑施工企业在工程设计或者施工作业中,违反法律、行政法规和建筑工程质量、安全标准,降低工程质量。”

《建设工程安全生产管理条例》第7条规定:“建设单位不得对勘察、设计、施工、工程监理等单位提出不符合建设工程安全生产法律、法规和强制性标准规定的要求,不得压缩合同约定的工期。”

《建设工程安全生产管理条例》第9条规定:“建设单位不得明示或者暗示施工单位购买、租赁、使用不符合安全施工要求的安全防护用具、机械设备、施工机具及配件、消防设施和器材。”

《建设工程安全生产管理条例》第55条规定:“违反本条例的规定,建设单位有下列行为之一的,责令限期改正,处20万元以上50万元以下的罚款;造成重大安全事故,构成犯罪的,对直接责任人员,依照刑法有关规定追究刑事责任;造成损失的,依法承担赔偿责任:(一)对勘察、设计、施工、工程监理等单位提出不符合安全生产法律、法规和强制性标准规定的要求的;(二)要求施工单位压缩合同

约定的工期的;(三)将拆除工程发包给不具有相应资质等级的施工单位的。"

根据以上规定,建设单位在项目安全管理过程中应注意以下几个方面。

1. 在设计过程中尊重设计单位的设计成果,不盲目进行结构优化;严格遵守住建部门建管要求,要求设计单位对施工图进行图纸审查;要求施工单位严格按图审合格的图纸进行施工;同时,建设单位必须加强图纸档案管理工作,避免出现向施工单位提供错误的图纸。

2. 在施工过程中严格把握甲方供材的质量,对于主体结构的钢筋、商品混凝土等不搞甲方供材。对于安全防护用具,必须杜绝甲供,或甲方参与购置,或以任何方式影响施工单位购买、租赁、使用不符合安全施工要求的安全防护用具、机械设备、施工机具及配件、消防设施和器材。

3. 在施工过程中严把材料质量关,要求监理把好原材料进场检验关,例如,对于拟进场的材料、构配件、设备,要求承包单位在进场前提交工程材料/构配件/设备报审表及其质量证明文件;要求项目监理部应按所报内容对所报材料、构配件、设备的质量和有关资料进行审核,并对进场实物按照委托监理合同或有关规范规定的比例采用见证取样或平行检验方式进行抽检;对未经监理人员验收或验收不合格的工程材料、构配件、设备,书面通知承包单位限期将不合格的工程材料、构配件、设备撤出现场。

4. 对于用于施工安全防护的安全防护用品、机械设备施工机具及配件、消防设施和器材,要求施工单位必须建立安全物资台账,建档时应附发票复印件、产品合格证及现场抽检合格报告,账物相符,作为支付安全生产费的依据。

5. 在招标文件中制定"合理工期"。虽然目前我国的建筑市场整体上属于发包人市场,压缩工期是一种十分普遍的常态现象,但"合理工期"应满足:与定额工期相比较,最大压缩量不应超过30%。

6. 在合同执行过程中不得任意要求施工单位压缩工期。

六、重视安全生产资金的保障

《安全生产法》第23条规定:"生产经营单位应当具备的安全生产条件所必需的资金投入,由生产经营单位的决策机构、主要负责人或者个人经营的投资人予以保证,并对由于安全生产所必需的资金投入不足导致的后果承担责任。有关生产经营单位应当按照规定提取和使用安全生产费用,专门用于改善安全生产条件。安全生产费用在成本中据实列支。安全生产费用提取、使用和监督管理的具体办法由国务院财政部门会同国务院应急管理部门征求国务院有关部门意见后制定。”

《建设工程安全生产管理条例》第8条规定:“建设单位在编制工程概算时,应当确定建设工程安全作业环境及安全施工措施所需费用。”

《建筑工程安全防护、文明施工措施费用及使用管理规定》第7条规定:“建设单位与施工单位应当在施工合同中明确安全防护、文明施工措施项目总费用。”第4条要求:建筑工程安全防护、文明施工措施费用是由文明施工费,环境保护费,临时设施费,安全施工费组成。其中安全施工费由临边、洞口、交叉、高处作业安全防护费,危险性较大工程安全措施费及其他费用组成。

《危险性较大的分部分项工程安全管理规定》第8条规定:“建设单位应当按照施工合同约定及时支付危大工程施工技术措施费以及安全防护文明施工措施费,保障危大工程施工安全。”

《上海市建设工程质量和安全管理条例》第11条规定:“建设单位应当保证与建设需求相匹配的建设资金,并按照合同约定的价款和时间支付费用,不得随意压低勘察、设计、施工、监理、检测、监测等费用。建设单位应当按照规定,在建设工程项目专户中单独列支安全防护措施费、监理费、检测费等费用。”

根据以上规定,建设单位在项目安全管理过程中应注意以下几个方面。

1. 建设单位应严格按照施工合同约定及时支付危大工程施工技术措施费以及相应的安全防护文明施工措施费。

2. 建设单位须组织监理定期检查总包单位安全经费投入(包括完善和维护安全防护、检测、探测设备、安全设施支出,安全防护物品支出,必要的应急救援器材、设备支出等)。

3. 建设单位应要求总包单位每月报送本月安全经费投入统计表,并附安全物资台账,建档台账资料应附发票复印件、产品合格证及现场抽检合格报告,账物相符,作为支付安全生产费的依据。

七、抓好工程施工安全管理,及时消除事故隐患

《安全生产法》第21条规定:“生产经营单位的主要负责人对本单位安全生产工作负有下列职责:……(五)组织建立并落实安全风险分级管控和隐患排查

治理双重预防工作机制，督促、检查本单位的安全生产工作，及时消除生产安全事故隐患……”

根据以上规定，建设单位在项目安全管理过程中应注意以下几个方面。

1. 结合项目安全工作具体实际，制定隐患排查制度，隐患排查必须按照“五定原则”落实整改，即定措施、定资金、定责任人、定完成时间、定复查人。

2. 落实每周定期检查、复查。每周初建设单位组织施工单位、监理单位、分包单位及劳务班组召开隐患排查会议，进行现场排查，形成隐患记录。每周末建设单位组织相关安全管理人员对隐患整改情况进行复查，最终实现隐患排查整改闭合循环管理。

3. 检查重点：“安全红线”、建设单位安全行为“红线清单”和建设单位安全管理“红线清单”。相关内容见表3－5－1、表3－5－2、表3－5－3。

表3－5－1 安全红线

序号	红线类别	违反红线行为描述
1	文明施工	施工现场未做到封闭管理，主出入口未设置门禁系统或视频监控
2	卸料平台	卸料平台未经验收投入使用或与施工方案搭设严重不符
3	外脚手架	脚手架连墙件设置、悬挑钢梁固定、悬挑地步隔离措施等与施工方案严重不符
		附着式脚手架未经检测和验收合格违规使用的，架体防坠、防倾倒装置未按要求安装的，混凝土强度不满足要求提前进行提升作业
4	消防管理	施工现场、生活区的临时消防管网未布置或消火栓在进行测试时3分钟内未出水
		配电间、危险品仓库、固定木工操作间、易燃材料堆放区等重点部位未配置灭火器材
		动火作业存在无证、无监护人或易燃物未清理的
5	吊篮工程	吊篮未经检测、验收，违规使用，或非2人在吊篮悬吊平台操作
6	模板工程	模板支撑体系搭设与施工方案严重不符，或未经验收合格，违规浇筑混凝土
		模板职称体系的混凝土未达到超出强度，违规拆除受力支撑杆件

续表

序号	红线类别	违反红线行为描述
7	机械设备管理	塔吊、施工电梯等大型设备无政府登记或备案手续
		特种设备(含安全装置)未经相关专业机构检测即使用或存在可能导致事故发生的重大隐患仍然继续使用的
8	人员及资质管理	承包商、监理管理人员配备不符合法律法规和招标文件有关要求
		无证人员从事电气焊、起重吊装、电气操作等特种作业
		在建工程内部有工人集体居住(3 人及以上),现场习惯性违章作业超过 3 人的,起重吊装违反"十不吊"原则的
9	超载管理	地下室顶板回填未编制方案对防超载提出要求的,或未按照经审批的方案进行防超载控制的,基坑边堆载超荷载的
10	压缩工期	严禁不合理压缩工期或强令违章冒险作业,管理措施不落实,可能发生事故的

表 3-5-2 建设单位安全行为"红线清单"

序号	红线类别	违反红线行为描述
1	工程周边环境资料	未依法提供真实、准确、完整的工程地质、水文地质和工程周边环境等资料
2	危大工程清单	未在施工招标文件中列出危大工程清单,未要求施工单位在投标时补充完善危大工程清单并明确相应的安全管理措施
3	安全防护文明施工措施费	未按照施工合同约定及时支付危大工程施工技术措施费以及相应的安全防护文明施工措施费
4	危大工程第三方监测	对于按照规定需要进行第三方监测的危大工程,未委托具有相应资质的第三方单位进行监测,未对第三方监测单位报告的异常情况组织采取处置措施
5	超过一定规模危大工程	建设单位项目负责人未参加超过一定规模的危大工程专项施工方案专家论证会

表 3-5-3 建设单位安全管理"红线清单"

序号	红线类别	违反红线行为描述
1	施工方案	危大工程施工未编制施工方案;超过一定规模危险性较大的分部分项工程方案未组织专家论证即施工;危大工程施工未执行方案要求可能导致事故的

续表

序号	红线类别	违反红线行为描述
2	分包管理	分包单位超资质或安全生产许可证过期
3	安全检查	项目周检查或上级单位检查隐患未整改
4	安全教育	工人安全教育流于形式,存在大量代签情况
5	应急预案	应急预案无指导性,未组织交底和演练

八、严格制定项目安全事故应急救援预案

《安全生产法》第 21 条规定:“生产经营单位的主要负责人对本单位安全生产工作负有下列职责:……(六)组织制定并实施本单位的生产安全事故应急救援预案……”

根据以上规定,建设单位在项目安全管理过程中应注意:应当制定生产安全事故应急救援预案,按要求在项目初期及建设过程中,定时组织“生产安全事故应急救援预案”演练,并做好生产安全事故应急救援预案演练记录及评价,对方案中的不足进行补充和完善。

九、发生事故后严格落实事故上报制度

结合《生产安全事故报告和调查处理条例》及《上海市实施〈生产安全事故报告和调查处理条例〉的若干规定》的内容,发生事故后,应严格落实事故报告和调查处理等制度,具体包括以下几个方面。

1. 上报部门。根据《上海市实施〈生产安全事故报告和调查处理条例〉的若干规定》第 3 条的规定,事故发生后,事故现场有关人员、事故发生单位应当向事故发生地的区县安全生产监管部门和负有安全生产监管职责的部门报告。

2. 上报内容。依据《生产安全事故报告和调查处理条例》第 12 条的规定,上报应包括以下内容:事故发生单位概况;事故发生的时间、地点以及事故现场情况;事故的简要经过;事故已经造成或者可能造成的伤亡人数(包括下落不明的人数)和初步估计的直接经济损失;已经采取的措施;其他应当报告的情况。

自事故发生之日起 30 日内,事故造成的伤亡人数发生变化的,应当及时补报。道路交通事故、火灾事故自发生之日起 7 日内,事故造成的伤亡人数发生变

化的，应当及时补报。

3. 建设单位负责人接到事故报告后，应当立即启动事故相应应急预案，或者采取有效措施，组织抢救，防止事故扩大，减少人员伤亡和财产损失。

4. 建设单位的负责人和有关人员在事故调查期间不得擅离职守，并应当随时接受事故调查组的询问，如实提供有关情况，积极配合有关部门完成事故的调查处理工作。

第六章　工程目标管理和质量管理

第一节　工程目标管理和质量管理的概念

一、工程目标管理概述

目标管理指的是在房地产工程施工的过程中用系统的理论、观点和方法，对工程进行有效的规划、组织、决策以及协调各部门之间的关系，利用有限的资源，在保证工程质量的前提下，按时完成方案任务，实现固定资产的预期目标。

对于建设工程而言，进度、质量、安全是在建设过程中最受到重视的要素，也是房地产工程管理的主要目标。因此，根据项目的具体情况设定进度目标、质量目标、安全目标。

以上目标管理的优劣直接涉及投资者与业主的经济利益。合理的工程管理，要在充分节省资金的情况下，节约工期，建设出质量过关的工程，实现共赢。

（一）进度管理目标

项目进度管理是根据工程项目的进度目标，编制经济合理的进度计划，并据以检查工程项目进度计划的执行情况，若发现实际执行情况与计划进度不一致，就及时分析原因，并采取必要的措施对原工程进度计划进行调整或修正的过程。在工程施工实践中，必须树立和坚持一个最基本的工程管理原则，即在确保工程安全和质量的前提之下，控制工程的进度。工程项目进度管理的目的就是实现最优工期，多快好省地完成任务。

项目总进度目标指的是整个项目的进度目标，它是在项目的决策阶段项目定义时确定的。项目总进度目标的控制是业主方项目管理的任务。总进度目标控制前，首先应分析和论证目标实现的可能性。在项目的实施阶段，项目总进度不仅包括施工的进度，还包括设计前准备阶段的工作进度、设计工作进度、招标工作进度、施工前准备工作进度、工程施工和设备安装工作进度、工程物资采购工作进度、项目动用前的准备工作进度等。

(二)安全管理目标

施工现场的安全管理目标,重点是进行人的不安全行为与物的不安全状态的控制,落实安全管理决策与目标,以消除一切事故,避免事故伤害,减少事故损失为管理目的。安全管理目标一般包括:无工亡事故;无重伤事故;无恶性险肇事故;获得文明工地称号等。

(三)质量管理目标

工程项目质量控制的目标,就是实现由项目决策所决定的项目质量目标,使项目的适应性、安全性、耐久性、可靠性、经济性及与环境的协调性等方面满足建设单位需要并符合国家法律、行政法规和技术标准、规范的要求。

工程质量管理目标一般包括做好过程控制工作,杜绝质量隐患,各工序操作过程一次完成,一次验收合格率达100%等。

二、质量管理概述

(一)质量管理概念及其特征

工程质量的好坏,将直接影响建设企业的发展。建设工程施工项目质量管理就是确立质量方针的全部职能及工作内容,并对其工作效果进行的一系列工作,也就是为了保证工程项目质量满足工程合同、设计文件、规范标准所采取的一系列措施、方法和手段。它是一个组织全部管理的重要组成部分,是有计划、有系统的活动,具有以下特征。

第一,影响工程质量的因素多。建筑工程施工是一项非常复杂且流程颇多的系统性建设工程,在施工过程中,由于施工范围比较广,在工序上就显得更为烦琐。需要考虑多种综合影响因素,比如狂风暴雨、下雪、冰雹等恶劣天气和复杂的地形条件,一旦稍有差池,就会对工程施工质量的好坏以及施工进度造成直接影响。影响建筑工程施工质量的内在因素有很多,比如建筑材料、结构的设计、机械设备、施工技术要求、人员管理等。具体为:在施工的过程中不按照相关的标准规范,随意施工;施工人员的专业素养和专业知识、技能不过关;没有及时引进新技术、新设备,导致施工技术落后;管理人员对施工质量管理工作的不重视、质量管理水平不高等,都会直接影响建筑工程施工的质量。

第二,工程质量波动大。工程项目无法根据固定的生产流水线进行批量生产,而且一般在露天环境下生产,无稳定的生产环境,且工程项目的生产强调协调性、连续性以及总体性,任何一个环节出现问题,均会使整个工程项目系统受到影响,使工程项目的质量受到损害,甚至出现质量事故。

第三,工程质量具有隐蔽性。工程项目生产的协调性同样造成生产过程中上一工序的生产结果为下一工序所掩盖,产生隐蔽工程,导致工程项目竣工后的终检验收带有一定的困难。

在建筑工程施工过程中,对施工质量进行管理主要就是采用科学、合理的方式方法以及管理的职能,来促进建筑工程施工质量管理工作的有效开展实施。在施工时,严格依照国家有关技术的政策、法律、法规和上级主管部门对施工质量管理工作的标准、要求,来达到高质量地、全面地完成建设工程施工的目的,使质量与进度、经济与技术、生产与技术达到辩证的、统一的效果。结合建筑工程的实际情况和特点,利用先进的、合理的施工技术和方法,从根本上保证建筑工程施工的质量,提高施工的效率,不断总结经验、努力创新施工方法,进而提高建筑企业的经济效益。

(二)工程质量管理标准化

根据住房城乡建设部《关于开展工程质量管理标准化工作的通知》,工程质量管理标准化,是依据有关法律法规和工程建设标准,从工程开工到竣工验收备案的全过程,对工程参建各方主体的质量行为和工程实体质量控制实行的规范化管理活动。其核心内容是质量行为标准化和工程实体质量控制标准化。

质量行为标准化。依据《建筑法》、《建设工程质量管理条例》和《建设工程施工项目管理规范》等法律法规和标准规范,按照“体系健全、制度完备、责任明确”的要求,对企业和现场项目管理机构应承担的质量责任和义务等方面作出相应规定,主要包括人员管理、技术管理、材料管理、分包管理、施工管理、资料管理和验收管理等。

工程实体质量控制标准化。按照“施工质量样板化、技术交底可视化、操作过程规范化”的要求,从建筑材料、构配件和设备进场质量控制、施工工序控制及质量验收控制的全过程,对影响结构安全和主要使用功能的分部、分项工程和关键工序做法以及管理要求等作出相应规定。

质量管理标准化的重点任务包括以下几个方面。

第一，建立质量责任追溯制度。明确各分部、分项工程及关键部位、关键环节的质量责任人，严格施工过程质量控制，加强施工记录和验收资料管理，建立施工过程质量责任标识制度，全面落实建设工程质量终身责任承诺和竣工后永久性标牌制度，保证工程质量的可追溯性。

第二，建立质量管理标准化岗位责任制度。将工程质量责任详细分解，落实到每一个质量管理、操作岗位，明确岗位职责，制定简洁、适用、易执行、通俗易懂的质量管理标准化岗位手册，指导工程质量管理和实施操作，提高工作效率，提升质量管理和操作水平。

第三，实施样板示范制度。在分项工程大面积施工前，以现场示范操作、视频影像、图片文字、实物展示、样板间等形式直观展示关键部位、关键工序的做法与要求，使施工人员掌握质量标准和具体工艺，并在施工过程中遵照实施。通过样板引路，将工程质量管理从事后验收提前到施工前的预控和施工过程的控制。按照“标杆引路、以点带面、有序推进、确保实效”的要求，积极培育质量管理标准化示范工程，发挥示范带动作用。

第四，促进质量管理标准化与信息化融合。充分发挥信息化手段在工程质量管理标准化中的作用，大力推广建筑信息模型(BIM)、大数据、智能化、移动通信、云计算、物联网等信息技术应用，推动各方主体、监管部门等协同管理和共享数据，打造基于信息化技术、覆盖施工全过程的质量管理标准化体系。

第五，建立质量管理标准化评价体系。及时总结具有推广价值的工作方案、管理制度、指导图册、实施细则和工作手册等质量管理标准化成果，建立基于质量行为标准化和工程实体质量控制标准化为核心内容的评价办法和评价标准，对工程质量管理标准化的实施情况及效果开展评价，评价结果作为企业评先、诚信评价和项目创优等的重要参考依据。

第二节　工程目标管理和质量管理应注意的法律风险

建设工程的质量形成于建设活动的各个阶段，只有对每个阶段的每个工程步骤给予高度的重视，才能够真正使建设工程质量风险防范于未然。因此，可以对建设工程所经历的不同阶段的质量控制法律风险进行识别和分析，从而制定更为精准和有效的防控措施。

一、承包单位主体资质风险

《建筑法》第12条规定：从事建筑活动的建筑施工企业、勘察单位、设计单位和工程监理单位，应当具备下列条件：

1. 有符合国家规定的注册资本；

2. 有与其从事的建筑活动相适应的具有法定执业资格的专业技术人员；

3. 有从事相关建筑活动所应有的技术装备；

4. 法律、行政法规规定的其他条件。

工程挂靠、借用资质等违法行为屡禁不止，在挂靠经营过程中，往往是没有施工资质或低等级资质的施工单位借用高等级施工单位的资质。如果建设工程相关承包单位不具备相应的资本、技术人员、技术装备等条件，就很难在工程质量，包括勘察、设计文件的质量、工程建筑质量等方面做好质量控制，即因主体资质不合格而较易造成工程质量风险，比如方法因素风险、人为因素风险、机械设备风险等。因此，为了更有效地控制工程质量问题，建设单位首先应进行挂靠经营等借用资质行为的排查，将工程发包给具有相应等级资质的施工单位。在有指定分包的时候，应当派出专门代表或者监理工程师进驻现场严格把关，并在合同中约定承包人对指定分包者的具体管理责任。

同时，《招标投标法》第3条规定："在中华人民共和国境内进行下列工程建设项目包括项目的勘察、设计、施工、监理以及与工程建设有关的重要设备、材料等的采购，必须进行招标：

（一）大型基础设施、公用事业等关系社会公共利益、公众安全的项目；

（二）全部或者部分使用国有资金投资或者国家融资的项目；

（三）使用国际组织或者外国政府贷款、援助资金的项目。

前款所列项目的具体范围和规模标准，由国务院发展计划部门会同国务院有关部门制订，报国务院批准。法律或者国务院对必须进行招标的其他项目的范围有规定的，依照其规定。"

因此，对于全部或者部分使用国有资金的项目，应履行合法的招投标手续，否则违反法律、行政法规、强制性规定需承担相应的法律责任。

二、建设工程设计风险

《建筑法》第37条规定:“建筑工程设计应当符合按照国家规定制定的建筑安全规程和技术规范,保证工程的安全性能。”第58条第2款规定:“建筑施工企业必须按照工程设计图纸和施工技术标准施工,不得偷工减料。工程设计的修改由原设计单位负责,建筑施工企业不得擅自修改工程设计。”

由此可见,工程设计文件是进行施工、安装等工作的根据,设计文件一经完成,建设工程最终所要达到的质量即有约束,可以说设计质量直接影响建设工程的质量。实践中,各地建设工程设计缺陷并不鲜见,如承载力设计缺陷、室内外墙体设计缺陷、门宽高比设计缺陷、露台门洞设计缺陷等。因此,建设工程设计风险控制可谓是建设工程质量控制中最根本的一环,应给予足够的重视。

因此,应当将施工图设计文件报县级以上人民政府建设行政主管部门或者其他有关部门审查,不能为节省设计费用,使用没有设计资质的单位设计的图纸或者未经审查批准的施工图设计文件;设计方案必须符合国家规定的设计深度要求,在设计文件中选用的建筑材料、建筑构配件和设备,应当注明规格、型号、性能等技术指标,其质量要求必须符合国家规定的标准;如果需要施工单位深化设计,必须审查施工单位是否有设计资质,在施工合同之外签订委托设计合同或者在施工合同中加入委托设计条款。

三、施工组织设计风险

《建筑法》第38条规定:“建筑施工企业在编制施工组织设计时,应当根据建筑工程的特点制定相应的安全技术措施;对专业性较强的工程项目,应当编制专项安全施工组织设计,并采取安全技术措施。”

若施工图设计是解决造什么样的建筑物产品的问题,则施工组织设计就是解决如何建造的问题。施工组织设计是承包单位进行施工的依据,包括施工方法、工序流程、进度安排、施工管理、安全对策、环保对策等。因此,如果施工组织设计不够全面、精准,可能导致项目实施受阻,停工、窝工、返工等,影响项目建设进度,造成不必要的损失。

四、人员因素风险

人是进行建筑活动的主体,工程勘察人员、设计人员、施工人员、监理人员等都是建筑产品的直接制造者,而他们的素质直接影响到建筑产品的质量优劣。因此,对工程参与人员也应做好质量控制,持证上岗是基本要求,还应综合考虑其文化水平、技术水平、管理能力、作业能力、身体素质及职业道德等方面的素质,以人为本,择优录取质量意识高的工程参与人员。

五、材料、构配件、设备质量风险

《建筑法》第59条规定:"建筑施工企业必须按照工程设计要求、施工技术标准和合同的约定,对建筑材料、建筑构配件和设备进行检验,不合格的不得使用。"

除人以外,构成建筑物本身的材料也是建设工程质量控制的重点内容。建筑材料、建筑构配件、设备是工程质量的基础,材料、构配件、设备不符合质量要求,或使用不当,均会影响工程质量或发生事故。

因此,建议在施工合同中明确约定,工程使用的主要建筑材料、建筑构配件和设备的品名、规格、等级、产地、数量、单价,主要材料、设备必须通过进场试验、试车,经检验合格方可使用。其他建筑材料也必须附上产品合格证明、商品检验证明、产品使用说明书,进口货物还必须有原产地证明、进口许可证明、采购合同、报关单等进口证明。

六、方法因素风险

《建设工程安全生产管理条例》第5条规定:"国家鼓励建设工程安全生产的科学技术研究和先进技术的推广应用,推进建设工程安全生产的科学管理。"

方法包括工艺方法、操作方法、施工方案等,工艺方法是否先进、操作方法是否正确、施工方案是否合理等,都直接关系到施工风险和施工质量。

七、隐蔽工程验收风险

《建设工程质量管理条例》第30条规定:"施工单位必须建立、健全施工质量的检验制度,严格工序管理,作好隐蔽工程的质量检查和记录。隐蔽工程在隐蔽前,施工单位应当通知建设单位和建设工程质量监督机构。”《民法典》第 798 条规定:“隐蔽工程在隐蔽以前,承包人应当通知发包人检查。发包人没有及时检查的,承包人可以顺延工程日期,并有权请求赔偿停工、窝工等损失。”

对于在施工过程中上一道工序的工作成果将被下一道工序所掩盖的隐蔽工程,鉴于其隐蔽特性,法律明确规定须在隐蔽前进行验收,否则承包人可以据此停工,可见其在工程质量控制中的重要性。

除此之外,还有众多方面的质量风险需要注意把控,如政策、环境风险,竣工验收风险等。做好工程质量控制,即应当做到对任何可能影响工程质量的因素都给予认真对待。

第三节　工程目标管理和质量管理的风险防范措施

一、建立项目进度管理目标制度

确定施工进度管理目标时,必须全面、细致地分析与建设工程进度有关的各种有利因素和不利因素,只有这样,才能制定出一个科学、合理的进度管理目标。确定施工进度管理目标的主要依据有:建设工程总进度目标对施工工期的要求;工期定额、类似工程项目的实际进度;工程难易程度和工程条件的落实情况等。

对于大型建设工程项目,应根据尽早提供可动用单元的原则,集中力量分期分批建设,以便尽早投入使用,尽快发挥投资效益。

结合工程的特点,参考同类建设工程的经验来确定施工进度目标,避免只按主观愿望盲目确定进度目标,从而在实施过程中造成进度失控。实际操作中,工期进度要考虑:重大国际国内活动造成的停工期、项目资金投放节点和现金流回笼情况、是否有不可抗力或者政府环保禁令等其他不可预见因素。

合理安排土建与设备的综合施工。要按照它们各自的特点合理安排土建施工与设备基础、设备安装的先后顺序及搭接、交叉平行作业,明确设备工程对土建工程的要求和土建工程为设备工程供施工条件的内容及时间。

做好资金供应能力、施工力量配备、物资(材料、构配件、设备)供应能力与施工进度的平衡工作,确保工程进度目标的要求而不使其落空。

考虑外部协作条件的配合情况。包括施工过程中及项目竣工动用所需的水、电、气、通信、道路及其他社会服务项目的满足程度和满足时间。它们必须与有关项目的进度目标相协调。考虑工程项目所在地区地形、地质、水文、气象等方面的限制条件。

为确保总进度计划的落实,施工期间定期由监理方配合建设方对承包商施工计划完成情况进行综合考评。

当出现关键工作的施工进度明显拖期,直接影响后续工序的施工时,监理方、工程部应立即分析原因、找出解决问题的办法,采取必要的手段落实施工单位"赶工",以此来确保目标节点工期的实现。

项目前期准备工作开展期间,应结合前期工作开展情况,制定项目工程的分部分项实施计划,提出具体的工程发包、甲供材料采购等计划,上报审批后组织招投标实施工作。

要求分包单位根据工程施工实际情况和施工总进度计划编制切实可行的施工方案、施工进度计划进行报审(分包方编制的专项施工方案、施工进度计划应由总包单位先行审核后作进一步报审,其后续报审程序由总包方执行)。

二、落实工程质量责任

项目公司应当根据国务院颁布的《建设工程质量管理条例》,对整个工程的建设质量负责,受托人应确保项目工程质量达到国家、地方及设计图纸规定的验收规范合格标准,并一次性验收合格。包括但不限于以下几个方面。

1. 应将工程发包给具有相应资质等级的单位,不得肢解发包。①

2. 应当依法对工程建设项目的勘察、设计、施工、监理以及与工程建设有关的重要设备、材料等的采购进行招标。②

3. 在编制房屋市政工程概算时,应当落实与建设需求相匹配的建设资金,科学合理确定质量安全风险评估、勘察、设计、施工、监理、检测、监测等确保工程质量安全所需的费用。

---

① 《建设工程质量管理条例》(2019 修订)第 7 条:建设单位应当将工程发包给具有相应资质等级的单位。建设单位不得将建设工程肢解发包。

② 《建设工程质量管理条例》(2019 修订)第 8 条:建设单位应当依法对工程建设项目的勘察、设计、施工、监理以及与工程建设有关的重要设备、材料等的采购进行招标。

4. 应当采取必要措施预防施工单位出现转包、违法分包或者挂靠等违法行为。有权要求施工总承包单位按照合同约定提供工程建设资金流向证明，发现上述违法行为应当及时制止和抵制。

5. 应科学确定工程建设工期，不得随意压缩勘察、设计周期和施工工期。严禁为赶工期、抢进度而迫使工程其他参建单位简化工序、降低质量安全标准；确需调整工期的，应当组织专家对质量安全技术保障措施进行论证；调整合同约定的勘察、设计周期和施工工期的，应相应地调整相关费用。因极端恶劣天气等不可抗力以及重污染天气、重大活动保障等导致的停工，应给予合理的工期补偿。

6. 应当分解并指定各单位工程和分部、分项工程的质量控制目标，制定相应的质量保证措施；应当督促有关单位建立和健全质量管理体系，并对其运作和持续改进状况进行检查；审批监理机构提供的监理大纲和监理实施细则。

7. 应当及时对监理、施工、设计等单位已完成的分部分项工程验收情况进行检查，重点检查分部分项工程质量安全是否符合工程施工验收规范、标准及合同约定。

8. 应当做好甲供材料、设备的质量预查，按有关要求组织验收后提供给相应的施工、安装单位。

9. 应当强化房屋工程质量安全检查，全面落实隐患排查治理，建立月质量安全检查、季度质量安全检查、复工复产前质量安全检查等制度。重点对下列质量安全情况进行检查：工程质量安全管理责任制度和保证体系的落实情况；参建单位各类管理人员质量安全工作履职情况；施工单位等定期自查自评情况；工程实体质量安全管理情况；工程质量安全问题整改要求的落实情况。

10. 应当督促施工单位编制房屋工程质量安全事故应急预案。在接到事故报告后，立即启动相应等级的事故应急处置，采取措施防止事故扩大，并及时、准确、完整地向有关主管部门和应急管理部门报告。要配合事故调查组做好事故调查处理工作，查明事故原因和责任，督促和检查事故处理方案的实施。

11. 建设单位收到工程竣工报告后，应当对承包方编制的项目竣工文件及图纸进行审核，应当依法依规组织设计、施工、监理等有关单位进行竣工验收。建设单位应当积极创造条件，满足竣工联合验收的要求。房屋市政工程经验收合格后，方可交付使用；未经验收或者验收不合格的，不得交付使用。

12. 对于保修期间出现的工程质量问题，参与调查研究，确认发生工程质量问题的责任，研究修补措施并督促相关单位实施。

三、加强施工质量目标控制

任何施工项目都是由分项工程、分部工程和单位工程所组成的，而工程项目的建设，则通过一道道工序来完成。为了加强项目的质量管理，明确整个质量管理过程中的重点所在，可将工程项目质量管理的过程分为事前控制、事中控制和事后控制 3 个阶段。

（一）事前控制

事前控制即对工程施工前准备阶段进行的质量控制。它是指在各工程对象正式施工活动开始前，对各项准备工作及影响质量的各因素和有关方面进行的质量控制。施工技术准备工作的质量控制应符合以下几个方面。

1. 组织施工图纸审核及技术交底

应要求勘察设计单位按国家现行的有关规定、标准和合同规定，建立健全质量保证体系，完成符合质量要求的勘察设计工作。在图纸审核中，审核图纸资料是否齐全，标准尺寸有无矛盾及错误，供图计划是否满足组织施工的要求及所采取的保证措施是否得当。审核设计采用的有关数据及资料是否与施工条件相适应，能否保证施工质量和施工安全。

2. 核实资料

核实和补充现场调查及收集的技术资料，应确保可靠性、准确性和完整性。

3. 审查施工组织设计或施工方案

重点审查施工方法与机械选择、施工顺序、进度安排及平面布置等是否能保证组织连续施工，审查所采取的质量保证措施。

4. 建立保证工程质量的必要试验设施

（1）现场准备工作的质量控制：场地平整度和压实程度、测量数据及水准点的埋设、施工道路的布置及路况质量、水、电、热及通信等的供应质量应满足施工要求。

（2）材料设备供应工作的质量控制：材料设备供应程序与供应方式是否能保证施工顺利进行；所供应的材料设备的质量是否符合国家有关法规、标准及合同规定的质量要求。设备应具有产品详细说明书及附图；进场的材料应检查验收，验规格、验数量、验品种、验质量，做到合格证、化验单与材料实际质量相符。

(二)事中控制

事中控制即对施工过程中进行的所有与施工有关的方面的质量控制,也包括对施工过程中的中间产品(工序产品或分部、分项工程产品)的质量控制。其具体措施是:工序交接有检查;质量预控有对策;施工项目有方案;技术措施有交底;图纸会审有记录;配制材料有试验;隐蔽工程有验收;计量器具校正有复核;设计变更有手续;钢筋代换有制度;质量处理有复查;成品保护有措施;行使质控有否决;质量文件有档案(凡是与质量有关的技术文件,如水准、坐标位置,测量、放线记录沉降、变形观测记录,图纸会审记录,材料合格证明、试验报告,施工记录,隐蔽工程记录,设计变更记录,调试、试压运行记录,试车运转记录,竣工图等都要编目建档)。

(三)事后控制

事后控制是指对通过施工过程所完成的具有独立功能和使用价值的最终产品(单位工程或整个建设项目)及其有关方面(如质量文档)的质量进行控制。其具体工作内容有以下几个方面。

1. 准备竣工验收资料,组织自检和初步验收。

2. 按规定的质量评定标准和办法,对完成的分项分部工程、单位工程进行质量评定。

3. 组织竣工验收,按设计文件规定的内容和合同规定的内容完成施工,质量达到国家质量标准,能满足生产和使用的要求,技术档案资料齐全。

4. 加强对监理单位的管理。具体包括:明确现场监理的权限和范围,并提出要求达到的程度;要求项目监理部针对监理范围和工程特点,结合国家和地方政府的相关规定、监理规划等,制定出有关工程质量、施工进度、安全生产、现场文明及投资控制等方面的管理目标和制度。

5. 加强对总包单位的管理。具体包括:积极参与审查(核)总包单位报送的施工组织设计、专项施工方案、施工进度计划;不定期检查施工工程质量、安全生产、现场文明及进场材料的质量情况,并经常核查施工进度情况,明确节点工期,明确总包方与分包方、各专业承包商之间的关系及总包方在整个工程施工中在工程质量、安全生产、现场文明等方面的责权;检查施工现场各工序的作业情况,核查其施工技术交底的完整性和可操作性、针对性;严格把控对总包方各项报审工作的程序要求(如开工报告、施工组织设计和专项施工方案)。

第七章　管理费用与营销管理

第一节　管理费用与营销管理的概念与意义

一、管理费用

1. 管理费用是指项目公司行政管理部门为组织和管理生产经营活动而发生的各种费用。包括:工会经费、职工教育经费、业务招待费、技术转让费、无形资产摊销、咨询费、诉讼费、开办费摊销、坏账损失、项目公司经费、聘请中介机构费、补偿费、研究开发费、劳动保险费、董事会会费以及其他管理费用。

2. 项目公司经费包括总部管理人员工资、职工福利费、差旅费、办公费、折旧费、修理费、低值易耗品摊销及其他项目公司经费。

3. 劳动保险费指企业缴纳的养老保险金、退休金等有关离退休人员的费用支出,以及生活补贴、医疗费(包括离退休人员参加医疗保险的医疗保险基金)、安家费、职工退休金、职工死亡丧葬补助费、抚恤费、按规定支付给离休干部的各项经费和实行社会统筹办法的企业按规定提取的统筹退休基金。

4. 董事会会费是指项目公司最高权力机构及其成员为执行其职能而发生的费用,如差旅费、会议费等。

二、营销管理

(一)营销管理

房地产营销是以企业经营方针、目标为指导,通过对企业内、外部经营环境、资源的分析,找出机会点,选择营销渠道和促销手段,经过创意将物业与服务推向目标市场,以达到占有市场、促进和引导房地产开发企业不断发展目的的经济行为。不同于商业运营,营销管理特指项目销售过程中的全流程管理。

从某种意义上讲,房地产营销是在对市场深刻理解基础上的高智能的策划。它蕴含在企业生产开发经营的全过程,由市场调查、方案制定和建筑总体设计、价格定位、广告中介服务、售后服务以及信息反馈等组成。

(二)营销费用

营销费用是指项目销售推广、物料包装以及与营销相关的各类服务、维护保养、促销而发生的一切费用。采用自销还是渠道销售,当年促销力度大小等因素均会对营销费用产生影响。同时,销售额增长与营销费用增长也具有强相关性。

(三)营销管理的重要性

1. 为财务部门提供营销总预算

整体项目运作中,营销部门需要准确地将执行各种市场营销战略最适量的预算以及在各个市场营销环节、各种市场营销手段之间费用方面的预算分配进行统计,然后提供给财务部门,以便于财务部门可以对整体项目运营进行成本和产出测算。

2. 对各类支出进行核价控制

对不同类项进行初步预估,不同类项支出比例会不同,单项金额也会不同,所以,需要在项目执行前先想清楚,费用的主要部分支出在哪个部分,哪个部分是可以适当省略的,而最终汇总营销比例。

3. 预算背后的整体营销策略框架

营销费用背后是对整体项目的策略执行,当整体预算出来以后,对于这个项目的全程推广就有了全景视角,在什么时候花什么钱获得什么效果,都可以预估。

第二节　管理费用与营销管理应注意的法律风险

一、管理费用应注意的法律风险

以上海市为例,《上海市国资委监管企业投资监督管理办法》规定,监管企业在境内外从事的股权投资与固定资产投资,应当根据相关法律法规规章、项目公司章程及国资监管部门的规范性要求,建立投资管理体系,健全投资管理制度,合理设定内部管理层级,规范本部及所属企业投资决策程序,对所属企业投资活动进行有效管控,切实履行投资的主体责任和股东监管职责。监管企业未履行或未正确履行投资管理职责造成国有资产损失以及其他严重不良后果的,依照《企业国有资产法》、国务院办公厅《关于建立国有企业违规经营投资责任追究制度的意见》等有关规定,由有关部门追究企业经营管理有关人员的责任。

二、营销管理应注意的法律风险

除同样需遵守以上相关规定外,关于营销费用,还应注意以下风险。

(一)严禁虚假宣传、虚假承诺

根据《广告法》第 26 条[①]规定,在策划和推广过程中应严格遵守《广告法》和房地产广告的规定,避免存在虚假宣传、虚假承诺等违反。否则,根据《广告法》第 58 条的规定,承担罚款等民事及行政的法律风险。

(二)应提供真实、合法、有效证明文件

《房地产广告发布规定》第 6 条[②]规定的证明文件包括营业执照、资质证书、工程竣工验收合格证明、预售许可证明等。否则,根据《房地产广告发布规定》第 21 条规定,对广告主进行罚款。

(三)在广告宣传或招商中不得含有构成要约性质的承诺

如出租率、交付标准及时间、投资回报率、租金、租期、租赁位置及面积、交付时间等。否则根据最高人民法院《关于审理商品房买卖合同纠纷案件适用法律若干问题的解释》的规定,可能被认定为要约性质,如出卖人违约承诺,需承担民

---

① 《广告法》第 26 条:房地产广告,房源信息应当真实,面积应当表明为建筑面积或者套内建筑面积,并不得含有下列内容:

(一)升值或者投资回报的承诺;

(二)以项目到达某一具体参照物的所需时间表示项目位置;

(三)违反国家有关价格管理的规定;

(四)对规划或者建设中的交通、商业、文化教育设施以及其他市政条件作误导宣传。

② 《房地产广告发布规定》第 6 条:发布房地产广告,应当具有或者提供下列相应真实、合法、有效的证明文件:

(一)房地产开发企业、房地产权利人、房地产中介服务机构的营业执照或者其他主体资格证明;

(二)房地产主管部门颁发的房地产开发企业资质证书;

(三)自然资源主管部门颁发的项目土地使用权证明;

(四)工程竣工验收合格证明;

(五)发布房地产项目预售、出售广告,应当具有地方政府建设主管部门颁发的预售、销售许可证证明;出租、项目转让广告,应当具有相应的产权证明;

(六)中介机构发布所代理的房地产项目广告,应当提供业主委托证明;

(七)确认广告内容真实性的其他证明文件。

事违约责任的风险。

（四）防止认购行为与预售行为发生混同

认购主要发生在取得商品房预售许可证之前，标的是期房。但在实务中开发商未取得商品房预售许可证进行认购活动往往会与预售行为发生混同，若发生上述情形并被行政部门查处，款项会存在被查收的情形，开发商会受到相应的行政处罚。

根据最高人民法院民事审判第一庭的观点：如果开发商已办妥立项、规划、报建审批手续，那么开发项目的总面积、容积率、建筑密度、绿化率等建筑指标已经确定，即商品房中位置、户型、朝向、结构等对商品房销售价格有实质影响的条件已确定，但不具备预售条件，此时应当说明开发商已具备签订认购书的条件。但若开发商未立项就进行认购，对于认购书上的条款均系不确定，缺乏基础，与非法融资无异，应当无效。可以看出，开发商进行认购，需要已经办理完毕立项、规划、报建的审批手续，否则擅自进行认购则可能会被认定为非法集资。

认购书作为预约合同，首先其合同的内容应尽量不包含商品房买卖合同中的主要条款。其次认购书中需明确所交付的定金，系履约保证金，即消费者购买房屋行为的履约定金，而非购买房屋的定金，避免定金的歧义而被认定为具有预售性质。

（五）进行广告营销时应避免知识产权侵权的风险

不得利用他人的知识产权作品（包括文章、图片、视频、卡通形象、文字字体等），或他人的人物肖像为自己所用。否则，根据《著作权法》第52条规定，需承担停止侵害、消除影响、赔礼道歉、赔偿损失等民事责任。①

---

① 《著作权法》第52条：有下列侵权行为的，应当根据情况，承担停止侵害、消除影响、赔礼道歉、赔偿损失等民事责任：

（一）未经著作权人许可，发表其作品的；

（二）未经合作作者许可，将与他人合作创作的作品当作自己单独创作的作品发表的；

（三）没有参加创作，为谋取个人名利，在他人作品上署名的；

（四）歪曲、篡改他人作品的；

（五）剽窃他人作品的；

（六）未经著作权人许可，以展览、摄制视听作品的方法使用作品，或者以改编、翻译、注释等方式使用作品的，本法另有规定的除外；

（七）使用他人作品，应当支付报酬而未支付的；

（八）未经视听作品、计算机软件、录音录像制品的著作权人、表演者或者录音录像制作者许可，出租其作品或者录音录像制品的原件或者复制件的，本法另有规定的除外；

（九）未经出版者许可，使用其出版的图书、期刊的版式设计的；

（十）未经表演者许可，从现场直播或者公开传送其现场表演，或者录制其表演的；

（十一）其他侵犯著作权以及与著作权有关的权利的行为。

（六）不得泄露客户信息，不可将信息售卖以谋取利益

应严格遵循《网络安全法》的相关规定，获取客户个人信息需取得客户授权，采集内容符合各方约定及法律规定，否则构成刑事上的侵犯公民信息罪。

第三节　管理费用与营销管理的风险防范措施

一、管理费用管理

管理费用管理是建设过程中成本控制的关键环节之一。作为项目的间接创造利润的环节，此环节涉及的最核心部门无疑是财务部门和办公室。财务部门制订财务需求计划、税务筹划、管理人员成本计划等，严格控制项目公司为筹集资金而发生的各项费用、开发速度和规模与贷款规模，降低人工成本和办公费用，开展合理的税务筹划，降低税务成本，实现间接创造项目利润。以上各核心部门和配合部门所做工作均为高层领导的决策提供最有力的支撑。

（一）费用确认的原则

项目公司在对费用进行核算之前，首先应进行费用的确认。确认费用应遵循对分收益性支出与资本性支出原则、权责发生制原则和配比原则。对应属于本期的各项费用，不论其是否实际支付款项，均应确认为本期的费用；对不属于本期的费用，即使款项已经在本期付出，也不应确认为本期的费用。

（二）界定管理费

1. 厘清费用科目及管控部门

在定管理费率之前，涉及多个部门或项目公司的费用，按照“谁受益谁承担”的原则进行核算，如费用经办与受益对象不同，需要事先沟通确认，便于员工对日常管理活动中的费用科目有清晰的认知，同时可以追溯每项费用的来源以及责任归口。

2. 明确各项费用的管控方式

对各项费用在实际业务中的具体管控情况要进行详细说明。同时，根据金额大小设置不同审批权限。

3. 制定各项费用的定额标准

需要根据地区、职级等不同设定不同的标准。一般而言,行业当中管理费率都有相应的范围,同时,管理费率受市场行情、企业规模及发展阶段等多因素影响,因此,应从以下各方面确保费率的科学性和适用性。

(1)明确费用管控的原则。费用管控要遵循总额可控、费率稳中有降、使用高效、自主经营等原则。企业可根据自身的发展需求及费用管控目标,实行更切合自身需求的费用管控原则。

(2)明确费率影响系数。测算管理费率有两个维度,一个是参考行业标准,另一个是依据业务实际,通过预算编制来确定。

(3)明确费率管控标准。针对项目货值不同,可分类设置费率标准范围,并明确集团控制标准,费率不得超出集团控制标准。

(三)融资计划

1. 确定项目支付计划

项目支付计划包含土地费用支付计划、前期费用支付计划、工程成本支付计划、管理费用支付计划、销售费用支付计划、财务费用支付计划、营业税金及附加支付计划,支付计划须与项目开发进度相匹配。

2. 编制项目融资计划

根据项目销售回笼计划、项目支付计划编制项目融资计划。其中融资方式应依据项目实际情况、取得贷款可能性、项目成本等因素确定;融资金额应依据项目可抵押值、项目总投资额的一定比例(30%~65%),以及贷款银行实际操作要求等综合考虑。

融资利率应依据项目融资方式、行业正常融资水平、金融市场环境等因素确定。银行融资一般为基准贷款利率上浮一定比例,信托成本一般在12%左右。

融资期限应依据项目开发计划确定。房地产开发贷款一般要在项目取得四证后及项目取得预售许可证前通过银行贷款审批,并办理完毕相应抵押手续,贷款资金到位。依据各家贷款银行的贷款规模及监管要求,结合项目实际情况编排,房地产开发贷款的授信期限一般要求在2年以上,尽可能争取3年或以上,以保证在市场形势的变化中争取到足够的开发与销售周期。

项目融资计划必须与项目整体开发计划相匹配,实现项目开发全过程的资金平衡和效益最大化,严禁为了项目评价指标而人为调整收支计划。

(四)税务筹划与清算

税务筹划以土地增值税、企业所得税为重点。

1. 土地费用列支与分摊

对于土地费用,尤其是通过项目转让、股权收购等方式取得的土地,需要考虑取得土地的费用能否全部合法进入项目开发成本,进行税前列支及土地增值税加计扣除。如有涉及土地款通过各类财政补贴等形式返还及各类政策性搬迁补偿等,则一定先争取取得全额土地款合同及发票,然后财政返还部分计入其他收入,而不能用净额直接取得合同与发票,同时争取返还款以其他名义收取,不同形式的返还会导致不同形式的税负。

通过项目转让及股权收购取得,要事先筹划好有土地溢价部分的成本列支,取得该部分的合法发票在税前列支;如果有拆迁的话,应做好有关票据和拆迁形式的设计。

土地费用分摊要结合项目规划方案,事先确定最优成本分摊口径。

2. 土地增值税清算

项目土地增值税清算单位,可以设计成按分期与按项目整体这两种方式,其土地增值税的税负会不相同。税务机关在实际操作过程中对土地增值税的分期或整体清算一般以项目的立项文件为依据,若经测算项目整体清算税负较低,就要争取整体立项。

各地税务机关执行政策会有不同,须事先对当地税收政策情况进行了解,并需要注意账务中对分期的划分也可能会被认为是分期依据。在土地增值税清算年度,要重点关注企业所得税的预缴金额,同时做好因缴纳土地增值税而导致的企业所得税退税工作。预缴土地增值税情况下,预测清算应退税时,要提前做好土地增值税的清算准备并及时申请退税;预测清算应补税时,应尽量推迟清算时间点,同时及时催收未取得的发票。

3. 企业所得税清算

委托国外设计机构时,委托方一般需承担设计费用的营业税及附加、企业所得税等。应要求设计方配合,严格设定合同中设计成果的归属、劳务地点等相关条款,争取企业所得税能够享受两国税收协定的免税待遇等。

项目销售及回笼计划应重点关注按预收款缴纳营业税及土地增值税,以及按照计税毛利率计算企业所得税等。对现场管理职能的日常管理费用是否直接计入开发间接费用核算,应根据预计的土地增值税率、企业所得税实际税负率以及资金时间成本等提前做好测算。

(五)考核与奖罚

1. 建立动态监测体系

在奖惩机制里制定了一套监测指标体系,从管理费率、人力费率、人均效能等维度进行月度监测,根据监测指标的异常程度来提出干预措施。管理费率监测的指标设置也考虑了不同阶段对费用投入的影响,比如获取预售证之前,管理费的投入比较高,则允许前期费率目标高一些,但是获取预售证之后需要把管理费率目标降下来,来确保整体的目标平衡。

2. 奖罚机制

在奖罚上,要将费用执行与团队人员的绩效考核挂钩,加强团队对费用控制的认知及落实,促进目标达成。

二、建立完善营销制度

1. 建立营销管理部门,统筹管理、业务督导、协调服务三大职责协同开展营销系统工作,完成交与的营销指标任务。具体包括:制定营销管理目标;编制项目营销推广工作计划、实施方案。

2. 及时处理营销推广过程中出现的问题。分析原因提出可行建议,及时向营销管理部门汇报情况。

3. 制定营销管理考核制度。考查销售业务及销售人员的工作情况;配合营销中心完成品牌推广工作,评估实施效果,提出可行建议;定期总结分析,及时调整项目推广营销策略。

4. 加强营销监控管理。监控总体运作情况及销售、设计、开发、工程等全流程,做到事前有目标、事中有监控、事后有评估,以适应激烈的市场竞争的需要。

5. 推行营销费用管理"预算管理制"。将营销费用进行上报,经审定的营销费用预算作为各执行单位目标管理的指标之一,是考核的重要依据。

6. 建立品牌推广管理体制。监控、督导品牌推广工作;负责对接、指导、审核外聘品牌策划传播的公关项目公司或广告项目公司的品牌推广业务工作。

7. 审查销售代理资质。对销售代理机构房地产经纪备案登记进行前期调查,并在委托代理合同中,将已进行房地产经纪备案作为受托人义务注明。

三、营销费用管理

(一)控总数:营销费率可控

把握营销费率“先控总、再差异”的管理原则,对标行业标准设定合理费率标准。

宏观层面,对标与项目类型、营销策略相似的企业,选取合理营销率值进行总体把控;微观层面,对照项目情况,再进行差异化灵活配置。

例如,根据项目体量核定项目标准费率,然后通过项目区位、可售商业面积占比等因素进行动态调整。同时,根据销售阶段,划分营销费用总体费用及推广费用控制比例,实现费用与销售进度匹配。

(二)管细项:分项设计合理

营销费用总额由各大营销分项费用组成,这时便会涉及科目的划分。

目前来看,科目划分没有一定标准的模板,但需重点关注其事项的完整性、分解的科学性及应用的方便性。

各企业费用分解科目不同,结构占比存在一定差异,大体来看,一般分为推广费用、渠道费用、薪酬佣金和其他相关费用等。针对营销费用的每个分项,都可进行精细化管理。

1. 渠道费用

项目销售策略不同,各类费用铺排标准不同。

2. 薪酬佣金分项中的佣金体系设计

行业里佣金计算方式由计佣基数、计佣比例及调整系数组成,三大要素的组合使佣金额度紧密挂钩销售业绩指标。

对于计佣基数,常见的有销售认购、销售签约、销售回款 3 种计算口径,企业可根据自身管理情况,选择相对应的基数。

(1)采用销售认购口径

销售认购的优势是对于当期的规模扩张激励性最强,劣势是认购不一定全部转化为签约,未对企业产生真实的规模贡献,存在佣金超发风险。

(2)采用销售签约口径

销售签约的优势是激励的即时性较强,劣势是签约到回款存在一定时间滞后性,对企业的真实资金贡献尚未体现。

(3)采用销售回款口径

销售回款的优势是可体现企业真实效益增长,劣势是回款计佣及时性较弱,对销售条线人员激励性不足。

3. 计佣比例

可选取敏感性影响因素进行分类分档,如以产品类型、区位条件、价格竞争力为衡量标准,划分区间,核定相应计佣比例。

4. 调节系数

可挂钩绩效考核系数,放大考核应用效果;也可挂钩销售阶段调节系数,针对首开期、平销期、尾盘等进行差异化激励。

(三)营销流程合理高效

营销费用的过程管控一般分为计划—定标—执行—验收—支付 5 个环节,针对每个环节都可进行精细化管控。

1. 计划环节

例如,年度营销费用预算,通过总控整体营销费率和阶段性目标偏差率,对营销预算进行过程管控。

2. 定标环节

营销采购定标基于采购类型的不同,匹配不同管理要求,以规避费用管控风险,提升营销业务效率。

例如,针对营销集中采购提出六大关键要求,其中集采比价要求为:单笔业务发生时,集采子合同内未框定该笔业务所有细项价格,且预估目标成本≥10 万元,由营销部选取两家及以上集采供应商,须非营销部门人员 1 人以上同时在场,通过比价形式,确定合作供应商及业务金额。

3. 执行环节

以推广费用为例,某房企设计推广费用的投放金额时,分两种情况。

第一种情况是针对常规持销项目:

季度推广费基数(A)=(年初分解)季度签约目标×推广审批费率

季度实际可用推广费(B)=A+(上季度签约目标完成率-1)×上季度实际推广费

当月可用推广费(C)=季度实际可用推广费(B)×当月签约指标÷季度签约指标

第二种情况是针对指标缺口项目：

若实际当月可用推广费(C)无法满足项目月度最基本物料、月费等，则允许按推广费科目最低使用标准申请(月均签约流量3000万内不超过10万、月均签约流量3000万以上不超过15万)，最低使用标准与实际可用推广费用间差额部分于下月扣回。

针对营销费用过程执行统计口径通常以事项发生(权责费用)为准，实际支付(收付实现)为参考，即营销事项一经审批，不论其是否付款及付款多少，亦不论其是否实施，均按事项金额计入年度费用额度，但可以分摊到月度进行费效统计。

4. 验收环节

验收环节需加强对验收资料的管控，仔细清查验收清单，以便确认工作成果。

例如，针对不同类别营销项目，梳理整理必备验收文件及对应的具体执行要求。

5. 支付环节

原则上所有合同均不允许支付预付款，有质保期的合同必须预留市场平均比率的质保金。对于小额支付，可采用垫付形式，但是需要做到快速报销。

同时需对支付情况建立台账，对费用费效进行逐月分析，尤其对重点超标项目，需做有效盘点及评估。

(四)监控有效到位

销售进度管控费用使用需与认购、签约进度相匹配，非尾盘项目非集中开盘期费用使用进度，须与业绩完成进度正相关。

基于此，营销费用可通过进度评晒管理实现实时监控，以期实现与销售进度和销售目标的有效匹配。

如某房企通过费用使用结余率对营销费用过程使用情况建立3档预警机制，对应采取不同约束手段以实现过程动态管控。

第八章 运 营 管 理

第一节 运营管理的概念与模式

一、运营管理的概念

概括而言,项目运营管理是指从项目“经营”的角度出发,实现对商业项目(指商场)交付竣工以后的运营管理。从本质上讲,经营管理是为完成企业经营管理和经济效益的战略目标而采取的一系列管理手段。

运营目标管理是运营部门最核心的使命和最重要的职能,它包括了目标的制定、目标的监控管理、目标的考核 3 个基本元素。运营目标制定往往围绕平衡计分卡的四维度展开,实际应用中更多的是围绕财务目标展开,包括销售额、回款额、利润率等。

计划管理要把各专业职能部门的关键性工作穿在一条时间主线上。要特别注重里程碑节点的设置、计划的串联分解和分层管理。里程碑节点的制定,一般要包括项目定位、规划方案、单体方案、施工图设计、总包监理确定、开工、达预售条件/开盘、结构封顶、竣工备案、集中入住这 10 个节点,在此基础上,可针对项目管理现状,将难点及进度的过程控制点、对财务/现金流造成影响的节点等增设为关键节点。

运营管理要以关键成果检验,落实责任要以成果落实,检验工作要以成果检验。工作成果/标准类成果反映项目各个阶段需要输出的工作成果内容、提要及深度要求,体现了专业化和标准化操作的要求,是确保下游工作按时、保质开展的前提条件。

工作成果/标准类成果的检验以下游部门的认可或内部会议通过为标准,实体类成果主要指工程项目的实体成果,可以通过现场检查、照片等体现成果的完成情况。运营部门应形成阶段性关键成果管理标准,提出明确的成果管理要求,形成相应的成果模板,推动相关工作效率的提升。

从项目开发的视角来看,运营管理则是在具体经营管理目标与项目开发中起到了传递和监控的关键作用,推动着项目效益最大化。

二、运营模式概述

目前,房地产运营主要有如下模式:一种模式是将商铺整体出售,以各零散商户作为经营的主体,这种模式的优点是开发企业能够迅速地回笼资金,但是鉴于个体商户经营的分散性及随意性,在整体商业规划上不利于形成统一性,并且在经营管理上容易发生纠纷,存在一定的风险。另一种模式则是开发企业长期持有商业地产,对项目进行整体开发、整体规划、整体经营管理,通过将商铺对外出租,以收租作为赢利模式。

在第二种模式中,一般由专门的商业管理顾问公司对商业项目进行综合管理经营,该商业管理顾问公司或为开发企业全资的子公司,或由开发企业聘请的第三方专业公司进行合作。目前,在国内的一线城市,如北京、上海、广州等,商业地产的经营基本上是以第二种模式为主。开发企业在经营商业地产时较为注重以下两点,首先是"区域性",在选择项目所处的位置时,注重考虑周围商圈和商业氛围的现状及未来的成长性;其次是"品牌性",即对商户的有条件选择,开发企业将根据项目整体的经营规划来引进商户,并对经营商品的品牌定位和商户自身实力十分看中。

"售后包租"也是项目快速启动,推进招商运营的一种常规模式,因有诱人的固定投资回报,一段时期以来备受商业项目购房者的青睐与热捧。根据《商品房销售管理办法》第45条的规定,"售后包租"是指房地产开发企业在一定期限内承租或者代为出租买受人所购商品房的方式销售商品房的行为。目前在我国的法律层面,对于"售后包租"并没有绝对禁止,仅在部门规章层面针对期房售后返租表示了否定和限制。"售后包租"在满足一定条件下,也是允许的。当前市场上的"售后包租"模式较多,不同的返租模式,风险利弊各有不同。

第一,未竣工验收的商品房(期房)不得采取"售后包租"的方式进行销售。2001年,原建设部颁布实施的《商品房销售管理办法》规定:"房地产开发企业不得采取售后包租或者变相售后包租的方式销售未竣工商品房。"2006年,原建设部、国家发展和改革委员会、原国家工商行政管理总局发布《关于进一步整顿规范房地产交易秩序的通知》明确，对承诺售后包租、返本销售的，予以严肃处理。

第二，须具有真实房产销售内容，不得采取该模式变相非法吸收资金。2010年12月13日，最高人民法院颁布《关于审理非法集资刑事案件具体应用法律若干问题的解释》，该解释第2条规定：不具有房产销售的真实内容或者不以房产销售为主要目的，以返本销售、售后包租、约定回购、销售房产份额等方式非法吸收资金的，将被以非法吸收公众存款罪定罪处罚。

第三，宣传广告不得含有"升值或者投资回报的承诺"。在《广告法》新修正之前(2021年4月29日前)，工商主管部门对房地产广告管理相对较为松散，监管查处力度不大。但在新《广告法》实施后，相关主管部门对房地产广告开始进行强效监管，全国多家大牌房企违规广告都受到了严厉查处。

第四，科学设计"售后包租"模式，从项目前期宣传推广至后续招商运营整个过程，强化运营风控措施，避免"售后包租"引发的后端争议。近几年来，笔者亲历的多个商业地产项目，或因开发商资金断裂致使租金无法定期兑现，或因开发商或商管公司后续招商运管不力无力支付租金，或因引入的合作第三方违约拒付租金等多种情形，引发了较多群体争议。越来越多的购房人对该类商品房的投资或购买也越来越谨慎，致使售后包租产品的市场需求热度锐减。故此，除开发商自营之外，如引入第三方进行"售后包租"模式合作，除前述注意事项外，慎重考察第三方合作伙伴的运营实力也尤为重要。

第二节　运营阶段应注意的法律风险

一、销售的法律风险

未取得营业执照，擅自销售商品房的，由县级以上人民政府工商行政管理部门依照《城市房地产开发经营管理条例》的规定处罚。

《商品房销售管理办法》第37条规定：未取得房地产开发企业资质证书，擅自销售商品房的，责令停止销售活动，处5万元以上10万元以下的罚款。

《商品房销售管理办法》第39条规定：在未解除商品房买卖合同前，将作为合同标的物的商品房再行销售给他人的,处以警告,责令限期改正,并处2万元以上3万元以下罚款;构成犯罪的,依法追究刑事责任。

《商品房销售管理办法》第40条规定:房地产开发企业将未组织竣工验收、验收不合格或者对不合格按合格验收的商品房擅自交付使用的,按照《建设工程质量管理条例》的规定处罚。

《商品房销售管理办法》第41条规定:房地产开发企业未按规定将测绘成果或者需要由其提供的办理房屋权属登记的资料报送房地产行政主管部门的,处以警告,责令限期改正,并可处以2万元以上3万元以下罚款。

未按照规定的现售条件现售商品房的,未按照规定在商品房现售前将房地产开发项目手册及符合商品房现售条件的有关证明文件报送房地产开发主管部门备案的,返本销售或者变相返本销售商品房的,采取售后包租或者变相售后包租方式销售未竣工商品房的,分割拆零销售商品住宅的,不符合商品房销售条件,向买受人收取预订款性质费用的,未按照规定向买受人明示《商品房销售管理办法》《商品房买卖合同示范文本》《城市商品房预售管理办法》的,委托没有资格的机构代理销售商品房的,根据《商品房销售管理办法》第42条规定,处以警告,责令限期改正,并可处以1万元以上3万元以下罚款。

二、销售代理的法律风险

(一)中介机构需有资质

中介机构需要依法取得工商登记,房地产开发企业委托中介服务机构销售商品房的,受托机构应当是依法设立并取得工商营业执照的房地产中介服务机构。

(二)订立书面委托合同

房地产开发企业应当与受托房地产中介服务机构订立书面委托合同,委托合同应当载明委托期限、委托权限以及委托人和被委托人的权利、义务。

房产中介机构人员在销售房产时需注意的事项有以下几类。

1. 应当向买受人出示商品房的有关证明文件和商品房销售委托书。
2. 应当向买受人如实介绍所代理销售商品房的有关情况,不得虚假隐瞒。
3. 不得代理销售不符合销售条件的商品房。
4. 不得收取佣金以外的其他费用。
5. 商品房销售人员应当经过专业培训,方可从事商品房销售业务。

三、上海市关于销售代理制度

严格落实购房实名制。上海市住房和城乡建设管理委员会《关于进一步加强本市房地产市场监管规范商品住房预销售行为的通知》第 2 条规定，严格落实购房实名制。购房人应当与预订协议预订人、预(出)售合同购买人、预告登记预购人保持一致，认购后不得增加、减少、更改购房人姓名。购房人姓名不一致的，房地产交易中心不予办理网上备案等交易手续。

未取得预售许可的商品房项目，不得认购。上海市住房和城乡建设管理委员会《关于进一步加强本市房地产市场监管规范商品住房预销售行为的通知》第 3 条规定，尚未取得预售许可的商品住房项目，房地产开发企业及其委托的代理销售企业不得以认购、预订、排号、发放 VIP 号等方式，向购房人收取或变相收取定金、预订款等性质的费用。

代理销售企业、其他房地产经纪机构、相关管理机构工作人员，不得以各种方式炒卖房号，不得为他人违规转让期房提供便利或经纪服务。

四、交付的法律风险

开发商未取得商品房预售许可证明，与买受人订立的商品房预售合同，根据最高人民法院《关于审理商品房买卖合同纠纷案件适用法律若干问题的解释》第 2 条规定，可能构成合同无效的法律风险。

根据最高人民法院《关于审理商品房买卖合同纠纷案件适用法律若干问题的解释》第 3 条的规定，商品房的销售广告和宣传资料为要约邀请，但是出卖人就商品房开发规划范围内的房屋及相关设施所作的说明和允诺具体确定，并对商品房买卖合同的订立以及房屋价格的确定有重大影响的，构成要约。该说明和允诺即使未载入商品房买卖合同，亦应当为合同内容，当事人违反的，应当承担违约责任。在商品房开发规划范围内的房屋及相关设施所作的说明和允诺具体确定(如承诺学区房)，如对订立房屋价格有重大影响，构成要约，最终违法的，可能承担违约责任。

房屋主体质量不合格不能交付使用，或者房屋交付使用后，房屋主体结构质量经核验确属不合格，可能产生买受人请求解除合同和赔偿损失的法律风险。

出卖人迟延交付房屋，经催告后仍未履行，可能产生买受人解除合同的法律风险。

未交付租赁保证金前,建议不要将房屋交付承租人,否则产生承租人交不起租金的风险。

签约、交付时应审查承租人、接收人的身份,如签约人、接收人是受委托代为签约和接收房屋,应要求对方出具授权委托书。

交付时,各方应共同查验租赁物业,并制作房屋交接表,将租赁物业内具有的设施设备、水、电、燃气表的读数详细记录在交接表上。

物业管理水平不高,可能产生对房地产品牌造成负面影响的风险;物业经营不善,可能产生造成项目公司物业亏损的风险。

五、租赁的法律风险

(一)租赁期限限制

根据《民法典》第 705 条的规定,租赁期限不得超过 20 年。超过 20 年的,超过部分无效。租赁期限届满,当事人可以续订租赁合同;但是,约定的租赁期限自续订之日起不得超过 20 年。因此,租赁合同约定租赁期限超过 20 年,会产生合同无效的法律风险。

(二)需经消防验收合格

未办理消防验收的出租物业,不得投入使用,造成重大事故灾难的,出租方承担行政责任,或构成刑事责任。《消防法》第 13 条第 3 款规定:"依法应当进行消防验收的建设工程,未经消防验收或者消防验收不合格的,禁止投入使用。"对于商业地产的开发商而言,其开发经营的商业物业和配套公共设施(以下简称出租物业),如商场、商铺、广场、公寓、写字楼及公共区域、设施,均须符合《消防法》规定,如出租方违反消防管理法规,与承租方的出租合同可能因违反《消防法》无效,还需承担行政责任,造成重大事故灾难的,或构成刑责。

(三)需取得建设工程规划许可证等各项批文

根据最高人民法院《关于审理城镇房屋租赁合同纠纷案件具体应用法律若干问题的解释》第 2 条规定,出租人就未取得建设工程规划许可证或者未按照建设工程规划许可证的规定建设的房屋,与承租人订立的租赁合同无效。但在一审法庭辩论终结前取得建设工程规划许可证或者经主管部门批准建设的,人民法院应当认定有效。

出租物业须取得建设工程规划许可证等各项批文，方可投入出租使用，否则租赁合同可能因标的物不合法而无效。

(四) 出租方须承担出租物业的日常维修义务

对于出租物业的维修，如果租赁各方当事人有约定，按照约定办理；对出租物业的维修没有约定的，一般就是由出租方承担维修责任，因此产生的费用也应该由出租方或业主承担，如出租方未及时对出租物业进行修缮，或者拒绝维修，致使出租物业发生安全性事故，如火灾、倒塌、水淹等，造成财产损失、人身伤害，出租方需承担赔偿责任，严重的还需承担行政或刑事责任。

(五) 出租方需尽到安全保障义务

根据《民法典》第 1198 条规定，宾馆、商场、银行、车站、机场、体育场馆、娱乐场所等经营场所、公共场所的经营者、管理者或者群众性活动的组织者，未尽到安全保障义务，造成他人损害的，应当承担侵权责任。出租方未尽到安全保障义务，未尽到告知、提醒义务，未尽监督、管理义务，应承担侵权责任。

(六) 出租方应及时制止承租人利用出租房屋进行违法犯罪活动

明知利用物业进行犯罪活动不制止，出租方及出租方的法定代表人或直接负责人承担行政或刑事责任。《治安管理处罚法》第 57 条第 2 款规定："房屋出租人明知承租人利用出租房屋进行犯罪活动，不向公安机关报告的，处二百元以上五百元以下罚款；情节严重的，处五日以下拘留，可以并处五百元以下罚款。"如果出租方发现有犯罪活动，负有向公安机关举报的法律责任，犯罪活动不仅包括暴力犯罪，还包括软性的商业犯罪活动，比如生产销售伪劣产品，生产销售假药，生产、销售不符合标准的医用器材罪，生产、销售不符合卫生标准的化妆品罪，传销，集资诈骗，非法经营"医美"，侵犯知识产权的犯罪行为等。

承租方将物业用于制售或经营侵犯商标专用权的产品，出租方提供便利条件或经营场所的，承担连带责任。根据《商标法》第 57 条规定，故意为侵犯他人商标专用权行为提供便利条件，帮助他人实施侵犯商标专用权行为的，属于侵犯注册商标专用权。

根据《食品安全法》第 122 条的规定，未取得食品生产经营许可从事食品生产经营活动，或者未取得食品添加剂生产许可从事食品添加剂生产活动的，由县级以上人民政府食品安全监督管理部门处罚。明知从事前款规定的违法行为，仍为其提供生产经营场所或者其他条件的，由县级以上人民政府食品安全监督管理部门责令停止违法行为,没收违法所得,并处5万元以上10万元以下罚款;使消费者的合法权益受到损害的,应当与食品、食品添加剂生产经营者承担连带责任。承租方将物业用于未经许可或违法的食品生产经营,出租方承担连带责任,或受到行政处罚。

承租方将物业用于传销活动,会产生出租方担责的法律风险。《禁止传销条例》第26条规定,为传销行为提供经营场所、培训场所、货源、保管、仓储等条件的,由工商行政管理部门责令停止违法行为,没收违法所得,处5万元以上50万元以下的罚款。

根据《无证无照经营查处办法》第14条的规定,明知属于无照经营而为经营者提供经营场所,或者提供运输、保管、仓储等条件的,由工商行政管理部门责令停止违法行为,没收违法所得,可以处5000元以下的罚款。

六、物业管理阶段的法律风险

(一)物业管理范围不明

在物业管理中,有时会发生约定范围不明的事项,对此,应以社区物业管理行为是否符合社区群众普遍的、明显或可推知的意思表示和利益需求为标准。如果管理人明知或应推知社区群众普遍的意思表示而违反其意思表示进行管理活动,且管理活动实际上也不利于社区群众的普遍利益,则管理人的管理行为就超出了其公共管理的范围,这种管理行为是无效的,应当负民事侵权责任。

(二)物业管理水平不足

目前一部分物业管理行业部门的人员并没有相应的物业管理知识和技能,不能从整体的角度处理问题。而随着房地产业的高速发展,物业管理专业人才发展的速度明显较低,经理人市场又尚未形成,物业管理公司无法招募到更多的合格的物业管理人才,物业管理水平低下也就成为一种必然。同时,在忙于日常烦琐的物业管理活动中,物业管理瑕疵会层出不穷。

(三)物业项目公司的日常管理不当

根据《消防法》第18条规定,同一建筑物由两个以上单位管理或者使用的,应当明确各方的消防安全责任,并确定责任人对共用的疏散通道、安全出口、建筑消防设施和消防车通道进行统一管理。当出现因商业物业消防管理措施瑕疵导致火灾后果进一步扩大的情况时,若物业管理合同没有明确约定消防安全管理的义务和责任,因商业物业消防管理措施瑕疵及火灾导致的人身损害及财产损失,追究物业管理公司的责任则有一定难度。

第三节　运营阶段的风险防范措施

一、项目公司建立完整运营组织体系

项目公司应建立运营组织,建议在合作开发协议中约定运营组织设立、组织、管理、问责等制度。

制定项目运营管理规范制度。其中主要包含项目运营管理工作的基本流程、工作方法、工作模式、工作标准以及工作方针政策等内容。

完成项目运营管理工作与项目资源配置工作。整体而言,企业组织项目运营管理工作的开展需要包含项目总体控制运营管理内容,其中主要包含各类物质资源、人力资源、信息资源与财务资源等内容。

建立项目运营管理信息系统。运营管理信息系统主要负责资料信息收集、整理与报告工作。应用信息系统可以在企业内部共享使用。通过运营管理信息系统可以完成各类信息的收集、处理与发布工作,高效完成项目运营管理信息的传播与处理工作。

组织项目运营管理培训。项目运营管理办公室需要完成组织内部的有关培训工作,需要尽可能地集中企业内部有关项目运营管理的专业运营管理人员完成此项培训工作,为企业内部项目工作的开展提供专业化的运营管理咨询服务,促使企业内部组织中的各项运营管理工作水平不断提高。

开发项目运营管理工作。企业中的项目运营管理工作主要为企业项目经理与项目团队提供必要的行政帮助,在运营管理活动中产生的各类报表与各种专业报告等都属于企业开发项目的运营管理工作。

对项目提供运营管理指导。项目运营管理办公室需对各个项目运营管理人员进行合理的指导与定期的培训,并定期开展各项目之间的交流活动,从而完成经验的分享。

总结推广项目经验。在工作中还需要承担一定的监督检查职责,在项目运

营管理工作中,项目运营管理办公室需要根据要求完成项目的总结分析工作。

二、销售阶段的风险防范措施

(一)开盘销售前,证照齐全

先期办理好土地使用证、建设用地规划许可证、建设工程规划许可证、建设工程施工许可证、商品房预售许可证、企业营业执照、银行按揭协议等手续复印上墙,以示销售合法,消除客户疑虑。

(二)销售承诺严谨且要兑现

对广告内容、宣传资料、视听销讲资料、销售工具(楼书、沙盘等)及合同中的条款内容、小区配套等都要严格审批。

(三)预定款返还

对销售中的“定金”“诚意金”等的收取退还等研究详细并且合法,并将收取预定款的承诺及退还的条件明文先告知客户,同时简化退还预定款的程序,做到有根有据、清楚明白,杜绝不必要的麻烦。

(四)诚实处理违约问题

经常对项目公司所有员工进行诚实守信的教育,对客户的销售承诺进行风险评估,对风险较大的承诺提出附加条件,降低项目公司营销风险。

(五)样板间的销售问题

避免给客户造成错误视觉判断的装修效果,对购买样板间及其装修的客户,就相关问题交代清楚,并在合同中约定。

(六)产权证的办理问题

由于产权证办理时间受到各种因素影响,承诺产权时间要留有余地,把可能影响到房产权办理的相关工作做在前面,有关办理费用要提前收取现金,销售人员需提前先告知办证情况,不要等到客户打电话,并争取一切努力按期办理产权手续。

(七)房屋面积问题

请专业测试部门介入面积计算工作,在签订合同时向客户讲清楚根据图纸计算面积与实地测量面积可能产生误差。

(八)入住时间的确定问题

要克服重开盘轻入住,要求工程施工交付后,请物业项目公司专业人员再次进行详细内部验收,将发现的问题及时提交给相关部门,提出整改建议,整改结束后再全面地检测一遍整改的效果,将大部分问题消灭在客户入住之前,内部验收不合格的房子不能交给客户,并建立客户代表监督机制,以达成各方共赢。

三、交付阶段的风险防范措施

房地产开发企业应当按照合同约定,将符合交付使用条件的商品房按期交付给买受人。因不可抗力或者当事人在合同中约定的其他情形,需延期交付的,房地产开发企业应当及时告知买受人。

房地产开发企业销售商品房时设置样板房的,应当说明实际交付的商品房质量、设备及装修与样板房是否一致,未做说明的,实际交付的商品房应当与样板房一致。

销售商品住宅时,房地产开发企业应当根据《商品住宅实行住宅质量保证书和住宅使用说明书制度的规定》,向买受人提供住宅质量保证书、住宅使用说明书。

房地产开发企业应当对所售商品房承担质量保修责任。当事人应当在合同中就保修范围、保修期限、保修责任等内容作出约定。

非住宅商品房的保修期限不得低于建设工程承包单位向建设单位出具的质量保修书约定保修期的存续期。

房地产开发企业应当在商品房交付使用前按项目委托具有房产测绘资格的单位实施测绘,测绘成果报房地产行政主管部门审核后用于房屋权属登记。

房地产开发企业应当协助商品房买受人办理土地使用权变更和房屋所有权登记手续。

四、租赁阶段的风险防范措施

(一)签订招商合作协议需明确的内容

开发商委托招商代理项目公司招商的,除慎重选择信誉及招商运营能力较好的招商合作伙伴之外,在招商合作协议签订过程中还需要特别注意以下问题:

1. 明确约定招商面积;

2. 明确在某一具体时点招商代理项目公司需完成的入驻商户级别要求及相应级别商户入驻率;

3. 对招商代理机构的招商业绩有明确具体量化的要求及违约条款(如商户具体条件及商户入驻率或开业率等,可设置解除权);

4. 对佣金结算条件作出明确严格的约定(如对招商达标条件的设定,或商户需签订合同且支付保证金和租金方可视为招商完成达到结佣条件,退租时商户已交费用如何处理及是否纳入结佣范围等)。

(二)招商(招租)协议中需要重点关注的问题

1. 务必完善招商(租赁)协议中的商户信息。

2. 商户信息一般包括自然人身份证号码、法定代表人身份证信息、签约商户可邮寄送达的具体联系地址、联系电话等内容。该部分内容在招商(租赁)签约阶段往往会被工作人员忽略或出现填写不完善不准确的情形。

3. 建议明确约定合同解除时对已形成附合的装饰装修物的处理方式。如约定承租人违约导致合同解除,承租人无法请求出租人赔偿剩余租赁期内装饰装修残值损失。

4. 明确商户对室内装饰装修消防验收申报义务和使用营业前消防检查的申报义务。建议在租赁协议中明确由商户或承租人对室内装饰装修消防验收承担报验义务,且开发商对因商户或承租人导致二次消防报验无法通过,不承担责任。

5. 建议在租赁协议中明确商户或承租人对承租商业在投入使用、营业前消防检查承担报验义务,且开发商对因商户或承租人导致使用、营业前消防检查无法通过,不承担责任。

6. 建议明确开业时间和营业时间,设置相应违约条款。

7. 在租赁协议中需全面罗列商户或承租人的违约情形,约定开发商享有单方合同解除权,且在合同解除后,商户或承租人逾期腾房时,约定开发商享有强行腾房权及房屋内留置物品的处分权。

8. 建议在租赁协议中明确保证金(或押金)具有定金性质,如合同履行期间商户或承租人出现任一违约行为,保证金(或押金)全额没收不予退还。

9. 建议约定租赁期限。《民法典》第705条第1款规定:“租赁期限不得超过二十年。超过二十年的,超过部分无效。”因此,建议各方协商确认该租赁期限,且不超过20年。

(三)加强对承租人的管理

1. 对于经营餐饮、食品或添加剂的企业,要特别注意,要核查其经营的资质证明材料,要经常例行和日常检查,防范其在经营过程中出现违法行为,以免造成严重的食品安全事故。

2. 出租方在审查承租人时,对于没有经营资质、没有实体产业,依靠所谓办学、拉人头、搞培训等方式来收入会费、加盟费、学费等的企业,要特别谨慎。

3. 出租方或经营者在招租时,务必要求承租方提供经营的营业执照、特殊行业的经营资质、相关证明材料的原件进行审核、留存备案,对于存在安全性、污染性、影响健康的经营行为,如食品药品经营生产企业,要求其实际控制人提供连带责任的担保。

4. 在经营过程中还需要定期、不定期查看承租人经营情况,定期维修物业和设施的状况,对公共区域进行提示或安全防护,监督物业管理项目公司尽职工作,对突发自然灾害或意外事件要及时预警及采取保障措施,积极贯彻政府对疫情防护的政令和其他规定。

5. 针对涉及商标著作权专利权、餐饮食品药品、医疗美容等特殊行业,注意审查经营资质和经营过程是否守法,出租方需保持高度警惕,"防患于未然",保障物业稳健合法经营。

五、物业管理阶段的风险防范措施

根据《上海市住宅物业管理规定》,在申请房屋预售许可前,应当参照市房屋行政管理部门制作的示范文本,制定临时管理规约和房屋使用说明书,作为房屋销售合同的附件。

建设单位与物业买受人签订的房屋销售合同,应当包含前期物业服务合同约定的内容,以及建设工程规划许可文件载明的建设项目平面布局图,并在房屋交接书中列明物业管理区域内归全体业主所有的配套设施设备。

(一)应明确物业管理范围

《上海市住宅物业管理规定》第44条规定,物业服务企业应当按照物业服务合同的约定,提供相应的服务。物业服务合同可以约定下列服务事项:物业共用部位、共用设施设备的使用管理和维护;共有绿化的维护;共有区域的保洁;共有区域的秩序维护;车辆的停放管理;物业使用中对禁止性行为的管理措施;物业维修、更新、改造和养护费用的账务管理;物业档案资料的保管;业主大会或者业主委托的其他物业服务事项。

（二）应加强对物业项目公司的日常管理

1. 物业管理服务机构的维护保养工作,应保持房屋建筑的完好和设施设备的正常运行。

2. 物业管理服务机构宜从实际出发,充分考虑制定合适、有效的节约能源方案,并付诸实施。

3. 物业管理服务机构应为商场提供全天候的公共秩序维护服务和安全服务,维护人员、财产和建筑物的安全。

4. 物业管理服务机构应按时完成规定的环境保洁服务,为顾客提供整洁、卫生、安全、美观的环境。

5. 物业管理服务机构应对物业管理范围内的绿地和室内绿化进行养护服务,保持整体的景观效果。

6. 物业管理服务机构应对自然灾害、事故灾害、公共卫生事件和社会安全事件等突发公共事件建立应急预案,并组织实施培训、演习、评价和改进,事发时按规定途径及时报告顾客、物业管理管控和有关部门,并采取相应措施。

7. 物业管理服务机构要学法、懂法、守法,物业管理相关合同订阅前要注重合同主体的合法性,合同服务的约定应尽可能地详尽,避免歧义。合同订阅中要明确相关服务标准、服务质量、收费事项、违约责任、免责条件、纠纷处理的方式等。在参与投标、接管项目、提供服务等各个环节自觉执行物业管理相关法律法规,并充分运用法律武器保护自身的合法权益,切实提高风险防范的法律意识、合同意识、公约意识和服务意识。

8. 物业管理服务机构要抓制度建设、抓员工素质、抓管理落实,建立健全并严格执行物业服务机构内部管理的各项规章制度和岗位责任制,不断提高员工服务意识、服务技能和风险防范意识,通过机制创新、管理创新、科技创新改进经营管理方式,提高管理水平和效率,降低运营成本,增强企业自身的市场竞争能力和抵御风险能力。管理中要特别注意对事故隐患的排除,在服务区域的关键位置,设立必要的提示和警示标牌,尽可能避免意外事件的发生。

9. 物业管理服务机构应重视企业的宣传,建立舆论宣传的平台,树立企业良好的形象。要与政府、行业协会、业主大会、新闻媒体等相关部门建立良好的沟通与协调机制。风险与危机发生后,应当从容应对,及时妥善处理,做好相关协调工作,争取舆论支持,最大限度地降低机构的经济和名誉损失。

第九章　国有参股公司的对策与建议

根据以上国有企业参股股权管理的分析，为维护国有企业股东权益，从以下两个方面提出对策建议。

一、进一步完善公司治理，促进股东合作与资源协同

（一）优化股权比例设置和法人治理结构，可增设管理委员会的议事机构

1.优化股权比例设置

国有企业对参股企业股权的设置，应与其对参股企业的管理控制目标相匹配。针对不同管理目标和经营性质（自持、出售等）确定不同的股权比例，并在股东会、董事会中进行权利义务设定和议事规则的设置，以明确参股股东的定位和权利保障。根据《参股办法》规定，结合经营发展需要，合理确定持股比例和股权结构。达到一定持股比例的参股投资，原则上应当享有提名董事的权利。《参股办法》的上述条款为原则性规定，尚无量化性标准，后续国有企业可以在制订的参股管理制度中对此予以明确。有关参股企业设置见表3－9－1。

表3－9－1　参股企业设置

参股股东比例	股东会	董事会
10%以下（不含）	（1）（知情权）参会比例是否要满足全体出席； （2）（否决权）根据管理目标，确定是否需要设置股东会一致决（可针对重大事项）	（1）派出至少1名董事； （2）（知情权）参会人数是否要满足全体出席； （3）（否决权）根据管理目标，确定是否赋予该董事对于重大事项否决权

续表

参股股东比例	股东会	董事会
10%（含）~34%（不含）	(1)（知情权）参会比例是否要满足确定比例（如三分之二、五分之四）； (2)（表决权）根据管理目标，确定是否需要设定决议内容的通过比例（如三分之二、五分之四）	(1)派出至少1名董事，且派出董事人数占董事会总人数比例与股比基本匹配； (2)（知情权）参会人数是否要满足全体出席/确定比例（如三分之二、五分之四）； (3)（否决权）根据管理目标，确定是否赋予该董事对于重大事项否决权（结合股比）
34%（含）~50%（不含）	(1)（知情权）参会比例应不低于三分之二； (2)（表决权）根据管理目标，确定多数决和三分之二决的内容	(1)派出董事人数占董事会总人数比例不低于三分之一； (2)（知情权）参会人数是否要满足确定比例（如三分之二、五分之四）； (3)（表决权）根据管理目标，确定多数决和三分之二决的内容

2. 可以通过增设管理机构以优化法人治理结构

现有《公司法》对公司治理结构，仅规定了股东会、董事会、监事会和经营管理机构的议事规则，并未禁止公司根据运营的实际情况增设管理机构，属于可以由股东各方进行约定的范畴。因此在董事会和总经理两个议事机构层面之间可以增设一个股东各方参与协商决议的管理委员会（以下简称管委会）协商机制，有利于问题的及时反馈和解决。作为国有参股股东，在董事会、股东会层面表决权不占据优势的情况下，增设管委会议事程序，也有利于小股东参与项目开发运营，以及在项目建设开发和运营过程中发挥国有股东在落地所属区域就相关政府审批、报备等事项的沟通、协调作用。

管委会相当于董事会的前置程序，有利于问题的及早反馈和解决。管委会审议事项的内容可以考虑根据重要性原则，将介于董事会审议内容和总经理决策事项中的部分，凡能形成一致决策的则交由管委会最终决定，不能形成一致决策的则提交董事会进行审议。通过较为灵活的方式和较为密集的会议频次，快速地推进问题的落实和解决，可以在确保股东各方均参与的情况下，减少董事会、股东会的召开频次，提高决策效率。

管委会讨论、决议过程中形成的管委会僵局，通常是指项目公司管委会就项目的相关事项因股东方之间无法达成一致而处于僵持状况，管委会会议无法召开或者无法形成有效决议,项目开发进度因此受到严重影响的情形。如果管委会产生僵局,可以由总经理推动各方再进行一轮协商,如达成共识则形成管委会决议,如未能达成一致,则再提交董事会、股东会层面按照决议机制进行,如最终构成项目公司僵局,则按项目公司僵局处理机制来进行处理。

股东方对管委会派出人员,每个股东至少应派出 1 名。对于参股股东,在管委会派出人员的选择上,可以考虑由参股股东派出至项目公司的项目联系副总、董事,或参股股东代表来担任。

（二）以完善公司章程为基础,提升公司治理水平

按照《公司法》、上海市国有资产监督管理委员会关于印发《〈章程示范条款(国有参股股东权益保护)〉的通知》的要求完善项目公司适用的章程模板(章程条款),特别是针对核心管理内容进行逐条落实,既满足现代企业制度要求,又为国企规范行权履职提供制度保障。

《参股办法》提出了对于参股企业的公司治理机制建设的重视,要求责任主体“协调推进各方股东在参股企业章程中明确各治理主体的设置和权责边界”。实践中,部分参股企业的公司治理机构权责边界简单沿用《公司法》(2018 修正)第 37 条(股东会职权条款)、第 46 条(董事会职权条款)等条款的表述,或在此基础上仅微调,少有细致约定或定制化条款。《参股办法》对于各参股主体的治理机制和权责边界的要求更高,国企参股时对于参股企业的公司治理可以约定由各股东进行协商并据此定制参股公司的章程。同时,对参股企业包括章程重要条款修订、重大投融资、重大担保、重大产权变动、高级管理人员变动和薪酬激励及公司合并、分立、变更、解散等重要事项的决策,国有参股股东应当深入研究论证,充分表达国有股东意见。

首先,以章程为“纲”夯实治理基础。制定《项目公司章程建议指引》,规范项目公司章程,并将地产集团、市更新公司、区更新公司的管理要求在项目公司章程中具体化,逐步形成以项目公司章程为基础、务实管用的制度体系。

其次,以三会一层为“要”规范治理运行。有效规范三会一层的运作,通过制度保障、考核评价的全流程管理体系,加快形成权责法定、权责透明、协调运转、有效制衡的公司治理机制。有关项目公司治理见图 3-9-1。

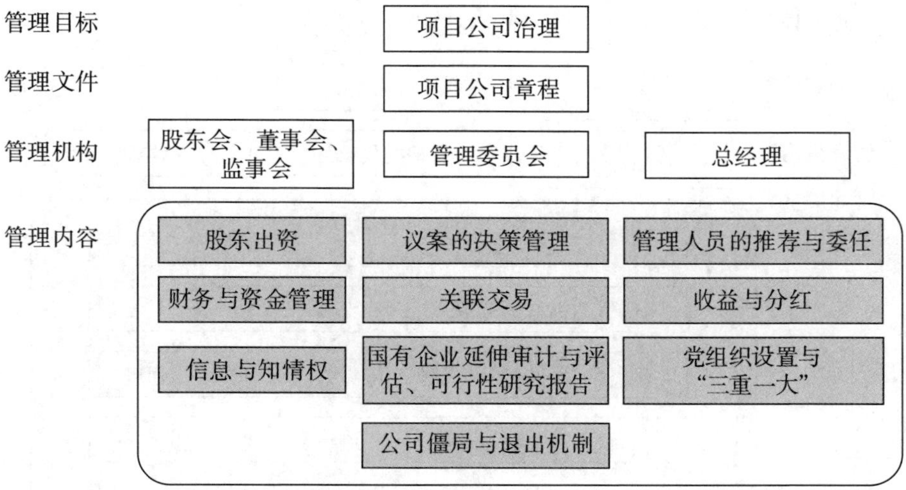

图3-9-1　项目公司治理

（三）规范合作开发协议，充分发挥合同违约责任的约束力

合作开发协议是对合作开发各方权利义务全面、详细的规定，涵盖了项目公司在设立、存续期间与项目全生命周期有关的合同事项。

通过合作开发协议，可以对股东各方关注的核心管理内容进一步明确，同时可以充分利用各方股东的优势资源在项目公司中进行分工和合作，通过有效的公司议事方式进行集体决策，并由以总经理为首的经营管理层负责落实决策内容的具体执行。

义务设定与权利享有是相辅相成的，通过条款落实违约行为的责任后果，虽然违约责任不是合作的目的，仅仅是一种权利救济方式，但可以有效避免一方违约情况下，出现一方无成本违约，另一方追责无据可依的情况。

（四）完善规章制度建设，推动制度管理体系化、规范化、标准化

引导完善制度建设顶层设计，推动制度管理体系化、规范化、标准化。有关项目建设管理及运营的内容见图3-9-2。

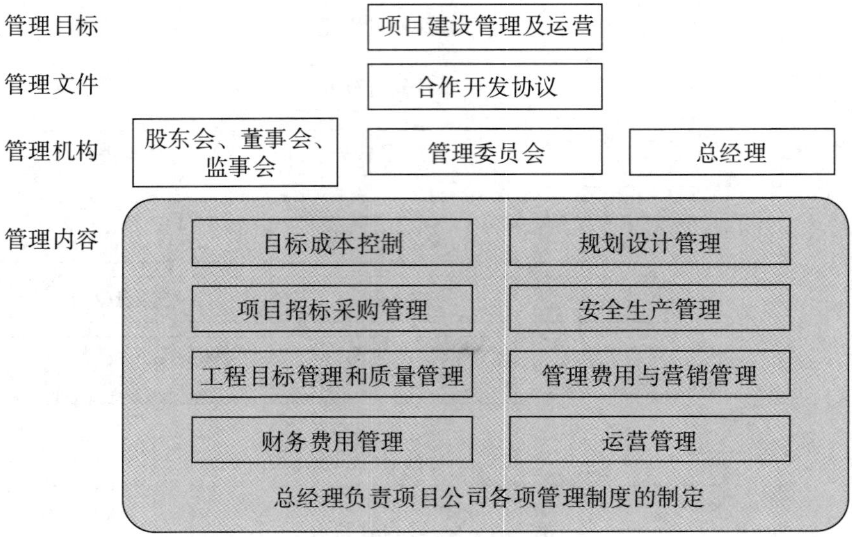

图 3－9－2　项目建设管理及运营

一是统筹规划。明确健全制度体系、搭建制度框架、完善管理制度、明晰管理权责、优化管理流程、强化执行监督等方面作为主要目标，力争打造全面覆盖、界面清晰、流程明确、衔接顺畅的规章制度体系。具体可由股东提出要求，由项目公司总经理负责落实各项制度的制定。

二是规范提升制度管理。根据项目公司项目开发过程中的管理事项，编制项目公司规章制度框架清单。根据规章制度主要内容，可以划分为基本类、管理类、业务类等类别，按照"归口管理、分工协同"原则，明确上一级管理单位的管理权限和责任。

三是保障制度高效执行。建立制度评价工作机制，规章制度制定时遵循合规性、规范性审查，定期开展制度执行评价，强化制度执行的过程管控和监督的有效性。

（五）充分发挥国有企业特别是区属国有企业的作用

从图 3－9－3 的股权结构图可以看出，各区的城市更新公司都是由市更新公司与区国资委下属的区国有投资平台公司共同合资成立，从事本行政区划范围内的城市更新项目建设开发。

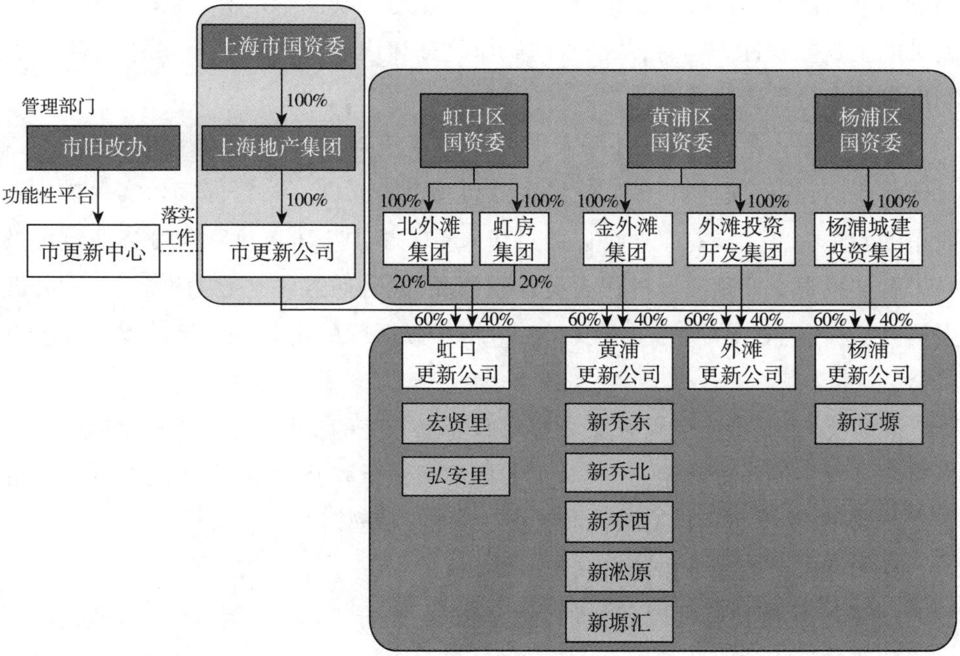

图3-9-3 项目公司股权结构

在项目公司层面,国有参股股东可以通过为项目公司提供增值服务来提升话语权。国有参股股东可以充分发挥自身在行政区划、资金、管理等资源方面的优势,为项目公司提供增值服务,帮助项目公司提升效率、防控风险、提高效益。特别要发挥区属国有企业在项目开发建设中的作用,为项目公司在对接和协调政府部门关系,落实产业政策,办理行政审批、财税等事项方面提供切实有效的帮助,为工程建设、项目运营等具体业务的落地提供保障。同时,也可以使项目公司愿意主动与国有股东多沟通、多协商,实现项目公司与股东共赢的局面。

(六)建立外派人员激励约束机制,提高外派人员履职积极性

根据《参股办法》,国有参股股东应选派股东代表、董事、监事或者重要岗位人员,积极发挥股东作用,有效履行股东权责。对于选派人员的要求,除了“轮换”外,《参股办法》新增了建立健全“选聘、履职、考核等制度”的要求,且进一步要求“确保派出人员具备相应的专业素质和履职能力”。国有企业建立参股管理制度时,需充分考虑关于人员选派的这些要求和机制。

国有企业对参股股权管理,应遵循“谁投资、谁管理、谁受益”原则,对参股股

权管理涉及的外派人员建议进行适度激励,并通过制度予以明确,积极调动外派人员的主观能动性。同时,从国资的纪律检查和违规行为追责等方面,也需要有制度来约束外派人员的行为。

对于外派人员,应明确外派人员的主体责任,与外派人员签订履职协议,进行任前谈话,签订廉洁责任书等,约束其行为,明确其义务,督促其切实保护推荐股东的股东权益。国有企业可以通过建立重大事项报告制度和年度述职制度及时了解被投资企业情况及外派人员履职情况,同时通过建立激励机制,调动外派人员的积极性,对于勤勉履职的行为,应当予以适度的物质或者精神奖励和晋升机会。

同时,派出企业应当对外派人员履职给予充分的支持配合,及时化解外派人员履职过程中的压力和阻碍,并对重大技术问题予以及时指导,提高外派人员的企业归属感,这样也可以有效防止外派人员的立场转化。

具体可以采取如下措施进行风险防控:

1. 国有参股股东可以通过加强党组织的领导,对派出董事进行有效管控。建立健全重大决策合法合规性审查、董事会决议跟踪落实及后评估、违规经营投资责任追究等机制。

2. 实践中国有参股股东派出同一人员到多家国企担任董事、监事、高级管理人员的情形广泛存在。为了避免违反《公司法》(2023 修订)规定的忠实义务而被要求承担相应法律责任的风险,需要建立派出董事任职台账管理机制,如果同时任职的企业属于经营同类业务企业,应及时向任职公司的董事会或者股东会报告,并按照公司章程的规定经董事会或者股东会决议通过。

3. 派出人员应正确理解并合理运用“党组织研究讨论是董事会、经理层决策重大问题的前置程序”的规定,由党支部(党总支)对企业重大事项进行集体研究把关。重大事项经过党委会前置程序讨论后,形成符合国有参股股东利益和公司最大利益的董事会议案,避免因发表不当意见导致公司利益受损而承担个人责任。

4. 派出董事需重点关注股东出资,及时聘请审计机构和资产评估机构对股东出资情况进行核验,督促股东及时足额出资,并及时聘请审计机构和律师就可能涉及抽逃资金的事宜出具专业意见。

5. 派出董事需对可能违法违规的决议事项提请律师发表合法性意见;对违

法违规的董事会决议，书面表达反对意见并在会议记录中留痕。

6. 派出董事需重点关注公司清算事项，督促股东按法定程序依法减资，并聘请律师对减资合法性发表意见；分配利润时注意以审计结论为基础进行分红和代扣代缴。

7. 派出人员需要注意遵守《公司法》（2023 修订）关于关联交易、同业竞争事项时的回避程序规定。派出人员自营或者为他人经营的业务主体与其任职公司进行关联交易或经营同类业务以及派出单位与其任职公司进行关联交易或派出单位与其任职公司经营同类业务的，应当向董事会或者股东会报告，并按照公司章程的规定经董事会或者股东会决议通过；如直接或者间接与本公司订立合同或者进行交易，应当就与订立合同或者进行交易有关的事项向董事会或者股东会报告，并按照公司章程的规定经董事会或者股东会决议通过。同时需注意根据派出单位内部管理制度事先向派出单位请示回避问题。

8. 派出人员尤其应当结合《公司法》（2023 修订）注意防范《刑法》第 165 条规定的非法经营同类营业罪、《刑法》第 166 条规定的为亲友非法牟利罪、《刑法》第 169 条规定的徇私舞弊低价折股、出售国有资产罪所涉情形。

9. 国有参股股东可以考虑要求公司为其派出董事购买相应的董事责任险，以对冲相关风险可能造成的损失。

二、强化事前、事中、事后管理，分阶段落实管理要求

（一）事前阶段

事前阶段主要是指招商股转之前，需要在合作方选择、合作原则确定、合作文件准备上做好充分的准备工作。

1. 合作方匹配

加强和完善对项目公司招商环节（即通过挂牌转让项目公司股权引入合作方）的管控力度，提高可行性研究报告的编制水平，审慎开展财务、法律等尽职调查，需要提前全面了解意向合作方的各项情况，降低合作方选择风险，并优先考虑与国有企业或标杆企业合作。充分审查合作方资格资质信誉，评估意向合作方的法人治理水平，选择经营管理水平高、资质信誉好的参股合作方，根据《参股办法》不得选择与集团公司及各级子企业领导人员存在特定关系（配偶、子女及其配偶等亲属关系，以及共同利益关系等）的合作方。在方法上，可以事先对于

市场内的优质潜在意向合作方的优缺点、过往同类项目情况等进行数据收集，建立合作库，再针对不同类型的项目（建设/运营）匹配合适的合作方，邀请其参与挂牌竞标。

2. 确定合作文件

《参股办法》规定了各股东方需要明确的重点事项包括“分红权、人员委派、高级管理人员薪酬激励、审计监督、信息披露、安全生产、特定事项否决权及股权退出”。与央企参股旧规中的要求相比，《参股办法》对于需明确的重点事项的范围有了明显扩张。招商项目应在投资谈判阶段，合理设计项目公司章程、合作开发协议等条款，包括：合理界定股东会、董事会、管委会、经营管理层不同的管理职权范围；对重大事项的表决应当设置保护性条款，必要时设置一票否决制度；设定董事会、监事会（监事）和经理层以及关键核心岗位的提名权，深度参与参股企业日常经营管理；对高级管理人员薪酬激励、审计监督、信息披露、安全生产、分红原则、违约责任、僵局条款等予以明确并就各事项的具体安排（或决策机制等）作出相对明确的约定，各方应在合资的前期就上述重要事项达成基本一致，这也有助于控制各方就该等重要事项在后期产生不必要争议的风险。章程、合作开发协议会作为招商挂牌条件，所有意向受让方均需要以接受上述条件为前提参与股权竞买，为后续经营过程中维护股东权益提供有利的依据，防止出现被动局面。

（二）事中阶段

事中阶段主要是指项目开发建设过程，需要在以下几个方面完善工作。

1. 丰富参股企业管理方式，全面细化参股股权管理

实现国有资产保值增值，参股企业股权的保值增值是重要的组成部分，应引起足够的重视，并实施有效的管理。国有企业的参股股权管理归口部门，应当充分整合各职能部门、各外派人员等资源，集思广益，丰富对参股企业的管理方式。除了常规的参加股东会、董事会、监事会（监事）会议等方式外，还可以通过联合其他股东资源，共同对参股企业进行业务、技术、管理经验的赋能等其他多种途径和方式，综合实现对参股企业的股权管理。

2. 拓展多样信息渠道，保持股东有效沟通

国有股东应当拓展参股企业信息获取途径，多种方式多种角度收集参股企业的信息，尽可能全面了解参股企业。对于收集到的信息，充分利用各种管理工

具进行数据分析、挖掘，提取出有用的关键指标，如可以通过定期搜集参股企业的财务报表、经营报告等，深入分析企业的经营发展情况，以挖掘投资价值或者暴露投资风险，为下一步管理提供决策支撑，有利于在决策中起到重要的参考作用；也可以保持与其他中小股东的联络沟通，在重大问题上提前充分交流达成共识，形成合力，增加中小股东的话语权，维护自身利益。

3. 优化审批流程，整合股东各方管理制度

可以根据拟定的开发建设关键事项（详见附件1“业务审批权责体系表”），细化、优化项目全生命周期的可视化推进和管理，明确各职能部门和管理岗位的权限和责任。

同时，根据各专业板块拟定规章制度清单，在项目公司原有的制度模板基础上，根据股东各方的管理体系和制度在总经理的组织下进行优化。需要提示的是，对于核心管理内容，如不希望在招商后进行大规模颠覆性调整，则可以在招商前先行审议通过相关制度，并规定制度的修改需要董事会审议通过，且需要国有参股股东的同意。

4. 完善投后管理评价体系，扩展投后管理覆盖面

第一，要明确参股企业投后管理的归口责任部门，避免多头管理和无序管理。指定归口管理部门，有利于明确参股企业管理事项的责任划分，杜绝管理盲区。《参股办法》提出了要建立“参股经营投资台账”及“重要参股企业名单”，以及要求“全面”“准确”掌握参股企业基本情况，对国有企业参与设立、持续监督和管理参股企业提出了较高的要求。

第二，要建立健全参股企业投后管理体系。对于股东会、董事会、监事会（监事）的议题表决，应当形成一套完整的处理程序，从会议材料的收文、议案的处理、内部审签流程、参会表决、会后跟进等方面予以规范完善。建立重大事项上报制度，股权管理归口部门、外派人员及其他主体，对于发现的影响股东权益的重大事项，应当按照程序及时上报。同时，在项目公司存续期间，也应当对合作方资信风险保持持续关注，通过实控人是否变更、资本市场违约、司法风险、股权受限、公开信息等维度进行定期查询，遇有风险事项及时研究处理。

第三，建立完善后评价制度。《参股办法》提出了要建立“参股投资评估机制”，评估内容较全面，包括参股企业公司治理、盈利水平、分红能力、增值潜力、与主业关联度等多个方面。意味着国有企业向参股企业的派出人员需对参股企

业有相对全面且深入的了解,且需对其所处行业也应有必要的了解。评价方法上可以相互制衡、相互分离为原则,指定参股股权管理归口部门之外的其他部门,牵头开展参股股权的投后评价工作,定期对参股股权的投资决策实施、投后管理、投资效果等方面,进行分析评价。

(三)事后阶段

事后阶段是指国有参股股东退出或项目公司清算阶段。

无论是股东争议还是经营困难等原因导致的公司僵局或清算,都需要公司事先制定相应的应对机制。如在章程中提前约定关于僵局处理的流程、股权回购的定价依据和流程、公司解散清算的流程等,避免到时无法就流程达成一致,导致僵局处置无法化解和推进,国有资产投资的长期无法收回。

综合来看,事中阶段、事后阶段遇到的矛盾和困难,大多来源于事前阶段埋下的伏笔,因此更需要在事前阶段进行充分沟通、准备、研判和决策,为项目的顺利开展奠定基础。

附件1:业务审批权责体系表(参考)

关键事项		项目公司											股东单位职能中心									股东单位总经理室					股东单位董事会	关键成果及备注
		工程管理	设计管理	审算合约	营销企划	商业资产管理	财务	行政/法务	总经理	管委会	董事会	股东会	战略投资	财务资金	法务	技术管理	工程管理	成本管理	行政人力资源	营销企划	商业资产管理	分管子公司副总裁	分管业务副总裁	分管行政副总裁	分管财务副总裁	总经理	董事长	
1	专业体系建设																											
1.1	专业相关管理及技术标准(包括制度/流程/规范/模板等)																											
2	战略规划及投资																											
2.1	战略规划方案																											
2.2	战略咨询类合同																											
2.3	可行性研究报告及投资决策																											
2.4	股权转让																											
2.5	股权收购																											

续表

关键事项		项目公司											股东单位职能中心									股东单位总经理室					股东单位董事会	关键成果及备注
		工程管理	设计管理	审算合约	营销企划	商业资产管理	财务	行政/法务	总经理	管委会	董事会	股东会	战略投资	财务资金	法务	技术管理	工程管理	成本管理	行政人力资源	营销企划	商业资产管理	分管子公司副总裁	分管业务副总裁	分管行政副总裁	分管财务副总裁	总经理	董事长	
2.6	项目运营目标确定（年度/整体）																											
3	规划设计																											
3.1	设计类供方采购－建筑类（含结构/机电/幕墙顾问公司）																											
	设计比选文件确定（建筑概念/方案阶段或包括至扩初和施工图；结构/机电/幕墙顾问公司）																											
	供方入围、供方确定（建筑概念/方案阶段或包括至扩初和施工图）																											
	供方入围、供方确定（结构/机电/幕墙顾问公司）																											
	供方入围、比选文件确定、供方确定（扩初/ 施工图阶段）																											

续表

关键事项		项目公司											股东单位职能中心									股东单位总经理室					股东单位董事会	关键成果及备注
		工程管理	设计管理	审算合约	营销企划	商业资产管理	财务	行政/法务	总经理	管委会	董事会	股东会	战略投资	财务资金	法务	技术管理	工程管理	成本管理	行政人力资源	营销企划	商业资产管理	分管子公司副总裁	分管业务副总裁	分管行政副总裁	分管财务副总裁	总经理	董事长	
3.1	设计合同(概念/方案阶段)(含结构/机电/幕墙顾问公司合同)																											
	设计合同(扩初/施工图阶段)(含其他顾问公司)																											
3.2	设计类供方采购-景观/室内/其他类																											
3.2.1	设计类供方采购-室内类																											
	设计比选文件确定(概念/方案阶段,或包括至施工图)																											
	供方入围(概念/方案阶段,或包括至施工图)																											
	供方确定(概念/方案阶段,或包括至施工图)																											
	设计合同																											

续表

关键事项		项目公司											股东单位职能中心									股东单位总经理室					股东单位董事会	关键成果及备注
		工程管理	设计管理	审算合约	营销企划	商业资产管理	财务	行政/法务	总经理	管委会	董事会	股东会	战略投资	财务资金	法务	技术管理	工程管理	成本管理	行政人力资源	营销企划	商业资产管理	分管子公司副总裁	分管业务副总裁	分管行政副总裁	分管财务副总裁	总经理	董事长	
3.2.2	设计类供方采购－景观/其他类																											
	供方入围、比选文件确定、供方确定																											
	设计合同																											
3.3	建筑类概念/方案设计－设计任务书（含结构/机电/幕墙）																											
3.4	建筑类概念/方案设计－设计成果（含产品建造标准）评审（含结构/机电/幕墙）																											
3.5	建筑类扩初/施工图设计－设计任务书																											
3.6	建筑类扩初/施工图设计－设计成果审核																											
3.7	室内、景观设计－设计任务书																											

续表

关键事项		项目公司											股东单位职能中心									股东单位总经理室					股东单位董事会	关键成果及备注
		工程管理	设计管理	审算合约	营销企划	商业资产管理	财务	行政/法务	总经理	管委会	董事会	股东会	战略投资	财务资金	法务	技术管理	工程管理	成本管理	行政人力资源	营销企划	商业资产管理	分管子公司副总裁	分管业务副总裁	分管行政副总裁	分管财务副总裁	总经理	董事长	
3.8	室内、景观设计－概念/方案/施工图设计成果评审																											
3.9	专项设计成果评审																											
3.10	重要材料设备选型定板报告(涉及外观的主材选型)																											
3.11	一般材料设备选型定板及调整																											
3.12	重大设计方案调整(面积调整≥10%/总投资≥10%/立面风格及主材改变/规划指标改变/业态配比≥5%/需重新报审)																											
3.13	其他非重大设计方案调整																											
3.14	设计变更－金额≤50万元																											
3.15	设计变更－金额>50万元或累计变更金额超过合同的5%																											

续表

关键事项		项目公司											股东单位职能中心									股东单位总经理室					股东单位董事会	关键成果及备注
		工程管理	设计管理	审算合约	营销企划	商业资产管理	财务	行政/法务	总经理	管委会	董事会	股东会	战略投资	财务资金	法务	技术管理	工程管理	成本管理	行政人力资源	营销企划	商业资产管理	分管子公司副总裁	分管业务副总裁	分管行政副总裁	分管财务副总裁	总经理	董事长	
4	成本管理(涉及目标成本调整、工程签证及结算,分管工程副总裁先审核后,分管成本副总裁审批)																											
4.1	项目目标成本(方案版)																											
4.2	项目目标成本(施工图版)																											
4.3	目标成本调整(二级/三级科目)																											
4.4	目标成本调整(一级科目及总额>3%)																											
4.5	动态成本月报																											
4.6	工程签证(金额<100万元)																											
4.7	工程签证(金额≥100万元)																											
4.8	工程结算(金额≤1000万元或结算变化率≤5%)																											

续表

关键事项		项目公司											股东单位职能中心									股东单位总经理室					股东单位董事会	关键成果及备注
		工程管理	设计管理	审算合约	营销企划	商业资产管理	财务	行政/法务	总经理	管委会	董事会	股东会	战略投资	财务资金	法务	技术管理	工程管理	成本管理	行政人力资源	营销企划	商业资产管理	分管子公司副总裁	分管业务副总裁	分管行政副总裁	分管财务副总裁	总经理	董事长	
4.9	工程结算（金额>1000万元或结算变化率>5%）																											
5	招采管理(5.3－5.4涉及总包/投资监理供方评议、总包/投资监理供方入围、总包/投资监理供方采购供方确认、总包/投资监理供方合同及非评议类特殊工程类供方确定，由分管成本副总裁先审核后，分管工程副总裁审批)																											
5.1	项目工程材料设备类采购总体策划(重要采购事项及合约规划，施工图后)																											
5.2	项目工程材料设备类采购阶段性计划																											
5.3	总包/投资监理供方评议																											
	评议文件确定																											

续表

关键事项		项目公司											股东单位职能中心									股东单位总经理室					股东单位董事会	关键成果及备注
		工程管理	设计管理	审算合约	营销企划	商业资产管理	财务	行政/法务	总经理	管委会	董事会	股东会	战略投资	财务资金	法务	技术管理	工程管理	成本管理	行政人力资源	营销企划	商业资产管理	分管子公司副总裁	分管业务副总裁	分管行政副总裁	分管财务副总裁	总经理	董事长	
5.3	供方入围(总包)																											
	供方入围(投资监理)																											
	供方确定(总包)																											
	供方确定(投资监理)																											
	供方合同																											
5.4	其他工程材料设备类供方采购																											
5.4.1	招议标类(工程监理/分包/甲供等)																											
	评议文件确定(金额≥1000万元)																											
	评议文件确定(金额<1000万元)																											
	供方入围、供方确定(金额≥1000万元)																											
	供方入围、供方确定(300万元≤金额<1000万元)																											

续表

关键事项		项目公司											股东单位职能中心									股东单位总经理室					股东单位董事会	关键成果及备注
		工程管理	设计管理	审算合约	营销企划	商业资产管理	财务	行政/法务	总经理	管委会	董事会	股东会	战略投资	财务资金	法务	技术管理	工程管理	成本管理	行政人力资源	营销企划	商业资产管理	分管子公司副总裁	分管业务副总裁	分管行政副总裁	分管财务副总裁	总经理	董事长	
5.4.1	供方入围、供方确定(金额<300万元)																											
	供方合同(金额≥1000万元)																											
	供方合同(300万元≤金额<1000万元)																											
	供方合同(金额<300万元)																											
5.4.2	特殊工程类(水/气/有线/高压输电/土方/供暖等)																											
	供方确定(金额≥1000万元)																											
	供方确定(300万元≤金额<1000万元)																											
	供方确定(金额<300万元)																											
	供方合同																											
5.4.3	其他特殊工程类(非评议类)																											
	供方确定(金额≥100万元)																											

续表

关键事项		项目公司											股东单位职能中心									股东单位总经理室					股东单位董事会	关键成果及备注
		工程管理	设计管理	审算合约	营销企划	商业资产管理	财务	行政/法务	总经理	管委会	董事会	股东会	战略投资	财务资金	法务	技术管理	工程管理	成本管理	行政人力资源	营销企划	商业资产管理	分管子公司副总裁	分管业务副总裁	分管行政副总裁	分管财务副总裁	总经理	董事长	
5.4.3	供方确定(金额<100万元)																											
	供方合同																											
6	工程管理																											
6.1	项目启动报告(含项目整体开发计划)																											
6.2	施工总进度计划																											
6.3	监理规划、施工组织设计																											
6.4	重要施工方案(幕墙/基坑支护/机电设备等)论证																											
6.5	重大质量、安全事故处理方案																											
6.6	工程重要节点验收(基础/结构正负零/结构封顶/景观绿化施工完成等)																											
6.7	工程管理月报																											
6.8	项目后评估																											

续表

关键事项		项目公司											股东单位职能中心									股东单位总经理室					股东单位董事会	关键成果及备注
		工程管理	设计管理	审算合约	营销企划	商业资产管理	财务	行政/法务	总经理	管委会	董事会	股东会	战略投资	财务资金	法务	技术管理	工程管理	成本管理	行政人力资源	营销企划	商业资产管理	分管子公司副总裁	分管业务副总裁	分管行政副总裁	分管财务副总裁	总经理	董事长	
7	营销管理																											
7.1	集团品牌推广类合同																											
7.2	集团品牌推广类合同付款																											
7.3	项目定位报告																											
7.4	整体/阶段性(含年度)的营销方案(包括策划方案、销售计划、入市、策划推广计划、价格策略、销售费用预算等)																											
7.5	开盘/交付等重大活动方案																											
7.6	月度/季度营销推广方案																											
7.7	销售物料-销售合同及补充协议范本、租赁合同范本等																											
7.8	销售物料-其他																											
7.9	交楼标准																											

续表

关键事项		项目公司											股东单位职能中心									股东单位总经理室					股东单位董事会	关键成果及备注
		工程管理	设计管理	审算合约	营销企划	商业资产管理	财务	行政/法务	总经理	管委会	董事会	股东会	战略投资	财务资金	法务	技术管理	工程管理	成本管理	行政人力资源	营销企划	商业资产管理	分管子公司副总裁	分管业务副总裁	分管行政副总裁	分管财务副总裁	总经理	董事长	
7.10	项目均底价方案（含破底价特殊折扣）确定																											
7.11	各阶段价格方案																											
7.12	销售变更																											
7.13	公共展示区（样板间/展示区等）设计－设计任务书																											
7.14	公共展示区（样板间/展示区等）设计－方案/施工图设计成果评审																											
7.15	销售代理（议标）管理																											
	资质预审（供方入围）、评议文件、供方确定																											
	合同审批																											
7.16	策划类（仅指广告代理）/物业类供方（议标）管理																											
	资质预审（供方入围）、招标文件、供方确定																											

续表

关键事项		项目公司											股东单位职能中心									股东单位总经理室					股东单位董事会	关键成果及备注
		工程管理	设计管理	审算合约	营销企划	商业资产管理	财务	行政/法务	总经理	管委会	董事会	股东会	战略投资	财务资金	法务	技术管理	工程管理	成本管理	行政人力资源	营销企划	商业资产管理	分管子公司副总裁	分管业务副总裁	分管行政副总裁	分管财务副总裁	总经理	董事长	
7.16	合同审批																											
	物业招投标(住宅):招标文件																											
	物业招投标(住宅):定标审批																											
	物业招投标(住宅):合同审批																											
7.17	媒体/活动类供方(比价)管理																											
	合同审批																											
7.18	物料等其他类供方(比价)管理																											
	合同审批																											
7.19	客户投诉及维修(含费用预算)																											

续表

关键事项		项目公司											股东单位职能中心									股东单位总经理室					股东单位董事会	关键成果及备注
		工程管理	设计管理	审算合约	营销企划	商业资产管理	财务	行政/法务	总经理	管委会	董事会	股东会	战略投资	财务资金	法务	技术管理	工程管理	成本管理	行政人力资源	营销企划	商业资产管理	分管子公司副总裁	分管业务副总裁	分管行政副总裁	分管财务副总裁	总经理	董事长	
8	商业管理（商管所有涉及1000万元以上的合同，均由分管商管副总裁及分管财务副总裁审批后，报总裁审核）																											
8.1	商业项目定位报告																											
8.2	招商方案及底价确定																											
8.2.1	项目总租金底价，含破底价租金特殊折扣的确定																											
8.2.2	招商方案及调整（含总招商进度/MD/总租金底价/总推广计划/年度预算等）																											
8.3	定位策划招商/运营单位确定																											
8.3.1	定位策划招商代理/运营单位的入围、招标文件、定标																											
8.3.2	定位策划招商代理/运营单位委托管理合同（金额<1000万元）																											

续表

关键事项		项目公司											股东单位职能中心									股东单位总经理室					股东单位董事会	关键成果及备注
		工程管理	设计管理	审算合约	营销企划	商业资产管理	财务	行政/法务	总经理	管委会	董事会	股东会	战略投资	财务资金	法务	技术管理	工程管理	成本管理	行政人力资源	营销企划	商业资产管理	分管子公司副总裁	分管业务副总裁	分管行政副总裁	分管财务副总裁	总经理	董事长	
8.3.2	定位策划招商代理/运营单位委托管理合同(金额≥1000万元)																											
8.4	年度经营计划(含酒店和商业)																											
8.5	商家确定																											
8.5.1	主力店、次主力店(指面积超过单层商业平面7%以上单铺)合同审批(金额<1000万元)																											
	主力店、次主力店(指面积超过单层商业平面7%以上单铺)、租赁面积3000平方米以上、租期10年以上的合同审批(金额≥1000万元)																											
8.5.2	其他商户合同审批(金额<1000万元)																											

续表

关键事项		项目公司											股东单位职能中心									股东单位总经理室					股东单位董事会	关键成果及备注
		工程管理	设计管理	审算合约	营销企划	商业资产管理	财务	行政/法务	总经理	管委会	董事会	股东会	战略投资	财务资金	法务	技术管理	工程管理	成本管理	行政人力资源	营销企划	商业资产管理	分管子公司副总裁	分管业务副总裁	分管行政副总裁	分管财务副总裁	总经理	董事长	
8.5.2	其他商户合同审批（金额≥1000 万元）																											
8.5.3	开业后租金减免																											
8.6	酒店管理																											
8.6.1	酒店管理集团甄选																											
8.6.2	酒店管理合同（金额＜1000 万元）																											
	酒店管理合同（金额≥1000 万元）																											
8.6.3	酒店总经理选聘																											
8.6.4	酒店管理集团开业前预算（金额＜1000 万元）																											
	酒店管理集团开业前预算（金额≥1000 万元）																											
8.7	推广类合作供方管理（含活动/媒体/景观及装饰等物料）																											

续表

关键事项		项目公司											股东单位职能中心									股东单位总经理室					股东单位董事会	关键成果及备注
		工程管理	设计管理	审算合约	营销企划	商业资产管理	财务	行政/法务	总经理	管委会	董事会	股东会	战略投资	财务资金	法务	技术管理	工程管理	成本管理	行政人力资源	营销企划	商业资产管理	分管子公司副总裁	分管业务副总裁	分管行政副总裁	分管财务副总裁	总经理	董事长	
8.7	供方确定/合同审核(金额<50万元)																											
	供方确定/合同审核(50万元≤金额<1000万元)																											
	供方确定/合同审核(金额≥1000万元)																											
8.8	其他资产经营收入合同																											
8.9	物业招投标(商业):招标文件																											
	物业招投标(商业):定标审批																											
	物业招投标(商业):合同审批																											
9	财务管理																											
9.1	资金借贷及相关事务																											
	银行融资-股东公司																											

续表

关键事项		项目公司											股东单位职能中心									股东单位总经理室					股东单位董事会	关键成果及备注
		工程管理	设计管理	审算合约	营销企划	商业资产管理	财务	行政/法务	总经理	管委会	董事会	股东会	战略投资	财务资金	法务	技术管理	工程管理	成本管理	行政人力资源	营销企划	商业资产管理	分管子公司副总裁	分管业务副总裁	分管行政副总裁	分管财务副总裁	总经理	董事长	
9.1	银行融资－项目公司																											
	基本及临时账户开立、变更和注销																											
9.2	财务预算																											
9.2.1	年度财务预算																											
9.2.2	各项目公司月度计划																											
9.3	行政管理费用																											
9.3.1	派出员工个人费用(指固定费用,包括通讯、交通费)																											
9.3.2	各项目公司行政管理费用(指业务招待费、差旅费用、日常办公费用、诉讼费、会务费、固定资产修理支出、低值易耗品及其他物资购置费等)																											

续表

关键事项		项目公司											股东单位职能中心									股东单位总经理室					股东单位董事会	关键成果及备注
		工程管理	设计管理	审算合约	营销企划	商业资产管理	财务	行政/法务	总经理	管委会	董事会	股东会	战略投资	财务资金	法务	技术管理	工程管理	成本管理	行政人力资源	营销企划	商业资产管理	分管子公司副总裁	分管业务副总裁	分管行政副总裁	分管财务副总裁	总经理	董事长	
9.3.2	计划内（其中业务招待费金额<3 万元）或者计划外金额（不含业务招待费）<5 万元或者计划外小于 3 万元																											
	计划内（仅指业务招待费金额≥3 万元）或者计划外（3 万元≤业务招待费金额<5 万元）																											
	计划外（金额≥5 万元）																											
9.3.3	个人借款																											
	集团员工借支																											
	各项目公司员工借支																											
9.4	合同款/工程款支付																											
9.4.1	战略咨询类合同付款																											
9.4.2	设计类合同付款																											
	计划内（金额≥50 万元）																											
	计划内（金额<50 万元）																											

续表

关键事项		项目公司											股东单位职能中心									股东单位总经理室					股东单位董事会	关键成果及备注
		工程管理	设计管理	审算合约	营销企划	商业资产管理	财务	行政/法务	总经理	管委会	董事会	股东会	战略投资	财务资金	法务	技术管理	工程管理	成本管理	行政人力资源	营销企划	商业资产管理	分管子公司副总裁	分管业务副总裁	分管行政副总裁	分管财务副总裁	总经理	董事长	
9.4.2	计划外(金额>5万元)																											
9.4.3	工程材料进度款支付																											
	计划内(金额≥100万元)																											
	计划内(金额<100万元)																											
	计划外付款(金额>5万元)																											
9.4.4	营销类合同付款																											
	计划内(金额≥20万元)																											
	计划内(金额<20万元)																											
	计划外(金额>5万元)																											
9.4.5	招商类合同付款																											
	计划内(金额≥20万元)																											
	计划内(金额<20万元)																											
	计划外(金额>5万元)																											
10	行政人事管理																											

续表

关键事项		项目公司											股东单位职能中心									股东单位总经理室					股东单位董事会	关键成果及备注
		工程管理	设计管理	审算合约	营销企划	商业资产管理	财务	行政/法务	总经理	管委会	董事会	股东会	战略投资	财务资金	法务	技术管理	工程管理	成本管理	行政人力资源	营销企划	商业资产管理	分管子公司副总裁	分管业务副总裁	分管行政副总裁	分管财务副总裁	总经理	董事长	
10.1	OA/财务/成本/销售系统权限申请或变更申请																											
10.2	股东单位培训																											
	个人及部门培训金额≤5000元																											
	个人及部门培训金额>5000元																											
10.3	股东单位预算内固定资产购买及处置(≤2万元)																											
	股东单位预算内固定资产购买及处置(>2万元)																											
	预算外固定资产购买及处置(≤2万元)																											
	预算外固定资产购买及处置(>2万元)																											
10.4	项目公司固定资产购置及处置(计划内/计划外金额≤10万元)																											

续表

关键事项		项目公司											股东单位职能中心									股东单位总经理室					股东单位董事会	关键成果及备注
		工程管理	设计管理	审算合约	营销企划	商业资产管理	财务	行政/法务	总经理	管委会	董事会	股东会	战略投资	财务资金	法务	技术管理	工程管理	成本管理	行政人力资源	营销企划	商业资产管理	分管子公司副总裁	分管业务副总裁	分管行政副总裁	分管财务副总裁	总经理	董事长	
10.5	项目公司固定资产购置及处置(计划外金额>10万元)																											
10.6	组织架构调整及岗位说明书																											
10.7	股东单位中层/各项目公司经营班子成员的任用、调派																											
10.8	股东单位中层/各项目公司经营班子成员的起薪、调薪																											
10.9	股东单位其他员工任用、调派、起薪、调薪等																											
10.10	项目公司中层(部门经理)人员的任用、调派、起薪、调薪等																											

续表

关键事项		项目公司											股东单位职能中心									股东单位总经理室					股东单位董事会	关键成果及备注
		工程管理	设计管理	审算合约	营销企划	商业资产管理	财务	行政/法务	总经理	管委会	董事会	股东会	战略投资	财务资金	法务	技术管理	工程管理	成本管理	行政人力资源	营销企划	商业资产管理	分管子公司副总裁	分管业务副总裁	分管行政副总裁	分管财务副总裁	总经理	董事长	
10.11	项目公司员工、部门经理以下人员的任用、调派、起薪、调薪等																											
10.12	股东单位薪酬方案及调整																											
10.13	各项目公司薪酬方案及调整																											
11	法务及合同管理																											
11.1	诉讼（含仲裁）案件																											
11.2	行政管理、工程、技术、营销、商管、财务、战投、审计、法务等合同																											
	合同金额≤1000万元																											
	合同金额＞1000万元																											
11.3	项目公司法律中介顾问类合同																											

续表

关键事项		项目公司											股东单位职能中心									股东单位总经理室					股东单位董事会	关键成果及备注
		工程管理	设计管理	审算合约	营销企划	商业资产管理	财务	行政/法务	总经理	管委会	董事会	股东会	战略投资	财务资金	法务	技术管理	工程管理	成本管理	行政人力资源	营销企划	商业资产管理	分管子公司副总裁	分管业务副总裁	分管行政副总裁	分管财务副总裁	总经理	董事长	
11.4	项目公司诉讼、仲裁标的[≥100万元,或小于100万元但对公司或集团的经营、商誉产生重大影响、刑事案件及涉及群体性诉讼(5户以上,含5户)]																											

附件2:国有企业参股公司管理办法(参考)

第一章　总　　则

第一条　为规范管理国有企业(以下简称"企业")参股公司,防范对外投资风险,维护企业合法权益,确保企业资产保值增值,根据《公司法》《国有企业参股管理暂行办法》等法律、法规,结合企业实际,制定本办法。

第二条　本办法所称参股公司,是指企业直接或间接持股比例不超过50%且不具有实际控制权的公司。

第三条　本办法所称企业,是指参股公司的出资企业或出资企业的母公司。

第四条　企业依照法律法规、参股公司章程等规定,按出资比例行使股东权利,参与参股公司的经营决策,对其实施管理并对结果进行绩效评价,依法维护企业权益。

第五条　企业派驻参股公司的董事、监事、高级管理人员(以下简称"外派人员")及企业各职能部门负责本办法的有效执行。

第二章　管理体制

第六条　企业应当制定对参股公司的控制政策及程序,并在充分考虑参股公司业务特征等的基础上,督促其建立内部控制制度,并加强内部审计监督检查。

企业作为股东,通过在股东会上作出决议来影响参股公司的经营策略、风险管理以及相关业务经营计划等。

第七条　对参股公司的监督与管理由企业各个职能部门负责。

第八条　企业总经理(或董事会)办公室(以下简称"总经理办公室")为参股公司管理工作的牵头部门,履行以下职责:

1. 负责组织协调各部门履行参股公司管理职责；

2. 负责参股公司管理文件传递；

3. 负责有关参股公司议案的提出；

4. 出具委派参加参股公司股东会、董事会、监事会表决及委派至参股公司任职人员的文件；

5. 对拟由参股公司股东会、董事会、监事会审议的事项，特别是对参股企业章程重要条款修订、重大投融资、重大担保、重大产权变动、高级管理人员变动和薪酬激励及公司合并、分立、变更、解散等事项，结合外派人员及相关职能部门的建议，深入研究论证，进行审议并出具企业的意见；

6. 按照相关规定，向国有股参股审批部门报送审批材料。

第九条 企业人力资源部门负责对外派人员行使人事、监督和管理工作，具体履行以下职责：

1. 筛选、推荐外派人员候选人，确保派出人员具备相应的专业素质和履职能力；

2. 组织对外派人员的履职情况进行考核，并提出任免、轮换、奖惩建议。

第十条 企业财务部门负责对参股公司财务指导、监督管理工作，加强财务管控，及时获取参股企业财务报告，掌握财务状况、经营成果等信息，注重投资回报，根据公司章程等督促参股企业及时分红。具体履行以下职责：

1. 依照财政部《企业财务通则》、《企业会计准则》规定，根据参股公司实际情况，进行财务分析，提出改善经营的建议；

2. 对参股公司年度财务预算、决算、利润分配和弥补亏损、资产处置等方案进行审查并提出意见；

3. 股权投资的支付与利润的收取；

4. 严格控制对参股企业提供担保，确需提供的，应当严格履行决策程序，且不得超股权比例提供担保；

5. 对于投资额大、关联交易占比高、应收账款金额大或账龄长的参股企业，应当加强风险排查；

6. 对参股公司财务实施监督。

第十一条 企业股权管理部门（以下简称“企业管理部门”）负责企业股权管理，具体履行以下职责：

1. 参股公司股权变动管理。包括新设参股公司、投资入股、增资、减资、股权转让或受让、解散、清算等;

2. 股东事务管理。包括股权收益管理、参加股东会议、推荐股东代表、董事候选人、监事候选人及经营管理者;

3. 重大事项管理。包括对参股公司重大事项进行分析、判断和报告;

4. 审查参股公司发展规划、投资管理方案、计划等;

5. 建立参股经营投资评估机制,结合企业发展战略、主营业务等,加强对参股企业公司治理、盈利水平、分红能力、增值潜力、与主业关联度等的综合分析,全面评估参股经营投资质量;并根据参股经营投资质量评估等情况,对参股股权实施分类管控。

第十二条 企业法律事务部门负责协同参股公司其他股东共同拟定投资协议、合资协议等法律文本;并加强运行监测和风险管控,及时掌握参股企业异常情况,积极采取应对措施,防范化解风险隐患。

第三章 管理方式

第十三条 企业依据对参股公司资本控制的需要,行使对参股公司的重大事项进行审核、管理的权利。同时,负有对参股公司指导、监督和相关服务的义务。

第十四条 企业根据参股公司章程规定等,通过以下方式对参股公司实施管理:

1. 通过外派人员以及授权股东代表参加参股公司股东会、董事会、监事会等管理机构的形式,对参股公司行使管理、协调、监督等职能;

2. 通过企业职能部门对参股公司的经营情况和财务状况进行监控等渠道进行管理;

3. 企业不直接干预参股公司的日常经营活动。

第十五条 企业依照所持有的股权(股份)份额,对参股公司享有如下权利:

1. 获得股利和其他形式的利益分配;

2. 按照参股公司章程和《外派人员管理办法》(如有)向参股公司提名、委派或推荐董事、监事和/或高级管理人员;

3. 委派股东代表参加股东会,并行使相应的表决权;

4. 依照法律、法规及参股公司章程规定转让、质押企业所持股权(股份),收购其他股东股权(股份);

5. 查阅、复制参股公司章程、股东名册、公司债券存根、股东会会议记录、董事会会议决议、监事会会议决议、财务会计报告和公司会计账簿及原始凭证等会计凭证,对参股公司的经营提出建议或者质询;

6. 参股公司终止或者清算时,参加剩余财产的分配;

7. 法律、法规或参股公司章程规定的其他权利。

第十六条 参股公司股东会、董事会、监事会在审议有关事项时,公司外派人员须在接到会议通知的1个工作日之内将会议资料报送企业总经理办公室;总经理办公室应及时将上述资料报送企业全体高级管理人员,并抄送企业相关职能部门。

第十七条 外派人员须如实按照企业意见进行表决,并及时将决议、会议纪要等报送企业总经理办公室备案存档。

第十八条 在同一派驻企业派出人员两人以上的,由企业指定其中一人作为首席代表。由首席代表负责将资料、文件等及时报送企业相关职能部门,以及定期或不定期向总经理办公会汇报工作情况及派驻公司情况等。

第十九条 参股公司股东会、董事会、监事会审议以下事项时,总经理办公室应在接到会议通知后,及时报送企业董事会成员及全体高级管理人员(提交企业董事会审议的具体事项可以补充,还可以进一步明确哪些需要在企业董事会审议后再提交企业股东会审议):

1. 参股公司重组、改制、兼并、清算、破产等事项;

2. 参股公司增加或减少注册资本方案;

3. 参股公司股东股权转让;

4. 参股公司发行股票、债券;

5. 参股公司利润分配方案或亏损弥补方案;

6. 参股公司超过国有企业标准规定的资产购置、配置及其他事项;

7. 参股公司重大对外投资、对外担保及关联交易等事项;

8. 参股公司合并、分立或变更公司形式等;

9. 参股公司修改其《公司章程》;

10. 参股公司高级管理人员薪酬激励;

11. 参股公司审计监督事项；

12. 参股公司安全生产事项；

13. 参股公司股东知情权及信息披露事项；

14. 企业董事会认为需要报送的其他事项。

第二十条 企业应当加强对参股公司党建工作的领导和指导，推动党的组织和工作有效覆盖，充分发挥党组织和党员作用，确保党的领导和党的建设在参股企业得到充分体现，维护国有资产权益和社会公共利益，严防国有资产流失。

第四章 新设、投资参股公司

第二十一条 新设参股公司，应当向企业管理部门提交投资计划书并附如下资料：

（一）投资方案。

1. 公司名称、经营地址、业务范围或经营方式。

2. 注册资本、股权结构和投资金额、出资方式。

3. 设立的必要性、可行性报告。

（二）股东或合伙人的基本情况说明、股东或合伙人的财务和资信证明、资质证书、合资合作各方设立公司的意向协议和章程草案。

（三）设立公司的其他材料。

第二十二条 投资参股公司，应当向企业管理部门提交投资计划书，并附如下材料：

（一）投资方案

1. 参股公司名称、经营地址、业务范围、注册资本、现有股权结构、经营方式、主要市场及客户。

2. 拟投资金额、出资方式、是否溢价及溢价率、取得股权比例、投资后股权结构。

3. 投资参股的必要性、可行性报告。

（二）参股公司及股东各方的基本情况说明、财务和资信证明、资质证书、投资协议草案及章程修正案草案。

（三）参股公司的其他材料。

第二十三条 企业管理部门应当组织相关部门对投资方案进行可行性研

究,并形成意见书,建议的董事、监事名单与投资计划书一并提交总经理办公会,总经理办公会研究通过后,总经理办公室应当编写议案提交董事会审议。根据总经理办公会纪要、董事会决议,签订投资协议、参股公司章程,办理工商税务登记手续,委派或推荐股东代表、董事、监事、高级管理人员等。

第二十四条 投资协议应当包含股东各方的出资金额、出资方式、股权结构及出资时间;委派或推荐股东代表、董事、监事、高级管理人员等;股东会、董事会、监事会议事规则;利润分配、债务分担规则;违约责任和争议解决方式;公司的终止与清算等关键条款。应当在投资协议的基础上,完善参股公司章程。

第二十五条 参股投资决策权如需向下授权的,应当作为重大经营管理事项经企业党委(党组)前置研究讨论,由董事会决定,授权的企业管理层级原则上不超过两级。达到【】额度的参股投资,应当纳入"三重一大"范围,由企业集团公司决策。

第五章 股东事务管理

第二十六条 企业向参股公司派出董事、监事及高级管理人员按照《外派人员管理办法(如有)》规定办理。

第二十七条 参股公司应在其股东会、董事会、监事会会议召开前将会议材料报送企业管理部门,经企业管理部门汇总后提交企业总经理办公会审议;企业外派人员应当根据企业决定参与表决,未按规定履行企业审查、决策程序的,不得擅自参与表决和签字。

第二十八条 参股公司股东会、董事会、监事会议结束后,企业外派人员应及时将决议原件送企业管理部门存档备查。

第二十九条 企业外派的董事、监事及高级管理人员,经企业同意,可以保留与企业的劳动关系,由企业考核并发放薪酬(根据实际情况确定)。在从事参股公司经营决策的过程中,应严格按《公司法》和参股公司章程履行职责,不得从事有损于企业利益的活动。

第三十条 企业外派的董事、监事及高级管理人员应当于参股公司年度会计报表编制完成后至公司述职。根据实际情况,其考核方式采取定期召回述职与年度考核、任期期满考核相结合的方式,进行综合评价。

第六章 股权变更、退出

第三十一条 参股公司资本金、经营范围、法人代表等发生变更的,应当根据投资协议与参股公司章程规定,履行股东会、董事会审批程序,外派人员根据公司决定参与表决,并将相关决议原件及时送企业管理部门归档。

第三十二条 参股公司股权结构发生变更,企业决定增持、减持参股公司股权或放弃优先购买权的,应当提交总经理办公会研究通过后,提交企业董事会(或股东会)审议。涉及退出参股公司股权的,均应当严格执行国有资产监督管理有关规定,依法合规履行财务审计、资产评估和产权交易等程序,及时办理工商变更登记。

第三十三条 企业增持或减持参股公司股权或放弃优先购买权的,建议部门应当向企业管理部门提交增、减资计划书,并附以下材料:

1. 参股公司目前的经营、财务等基本情况、股东各方基本情况;
2. 企业累计投资情况、累计分配利润;
3. 增资或减资的可行性分析;
4. 拟转让方或意向受让方的基本情况;
5. 股权变动后,参股公司的股权结构;
6. 参股公司章程、投资协议、历年股东会决议、董事会决议等文件。

第三十四条 企业管理部门应组织相关部门分析增(减)资计划书,形成书面意见提交总经理办公会。经总经理办公会研究通过后提交企业董事会(或股东会)审议。

第三十五条 参股公司股权变更登记完成后,应在 20 日内将有关材料的复印件报企业管理部门备案。

第三十六条 除战略性持有或培育期的参股股权外,企业应当退出 5 年以上未分红、长期亏损、非持续经营的低效无效参股股权,退出与企业职责定位严重不符且不具备竞争优势、风险较大、经营情况难以掌握的参股投资。

第三十七条 企业加强研究论证,创新方式方法,合理选择股权转让、股权置换、清算注销等方式,清理退出低效无效参股股权。企业退出参股股权的,应当严格执行国有资产监督管理有关规定,依法合规履行财务审计、资产评估和产权交易等程序,及时办理工商变更登记。

第七章　参股公司终止

第三十八条　参股公司歇业、撤销、关闭或者因其他原因终止的，应按照国家法律法规、公司规章、投资协议办理注销手续，注销完成后，应及时将注销证明等有关材料报企业管理部门备案。

第八章　附　　则

第三十九条　本办法由企业管理部门负责解释。

第四十条　本办法自　　年　月　日起试行。